现代职业教育研究丛书

崔景贵　夏东民◎主编

职校生心理健康教育模式研究

主　编◎崔景贵　顾进法　陈同清

副主编◎黄　磊　杨永年　贾仕林

知识产权出版社
全国百佳图书出版单位

图书在版编目（CIP）数据

职校生心理健康教育模式研究/崔景贵等主编. —北京：知识产权出版社，2013.12

ISBN 978-7-5130-2516-4

Ⅰ.①职… Ⅱ.①崔… Ⅲ.①心理健康—健康教育—教学研究—中等专业学校 Ⅳ.①G479

中国版本图书馆 CIP 数据核字（2013）第 300936 号

内容提要

本书对当代职校生心理健康教育模式的基本内涵、类型、现状、问题，模式建构的理念、路径、策略与趋向等进行探究。从职校生心理健康教育的现状出发，深入分析职校生心理健康教育模式应具备的功能特征、结构要素，系统探讨科学建构职校生心理健康教育模式应遵循的理论框架和实践智慧，从理论和实践两个层面阐述职校生积极型心理健康教育模式、自助式心理健康教育模式、发展型心理健康教育模式、学习型心理健康教育模式、心理—道德教育模式、青春期心理健康教育模式、就业心理健康教育模式、心理健康教育文化模式、家校合作心理健康教育模式以及心理健康教育整合模式等十大模式。

本书对当代职校生心理健康教育模式的发展现状、科学理念与建构策略进行全面系统研究，教育思想先进，专业视野开阔，结构体系完整，思路条理清晰，论述深刻充分，实用操作性强，富有鲜明的职教特色。

本书是目前国内第一本研究职校生心理健康教育模式建构的学术论著，适合职业院校一线心理健康教育教师、职教管理与科研人员、职教教师教育类专业学生阅读。

责任编辑：冯　彤　　　　**责任出版**：刘译文

职校生心理健康教育模式研究

ZHIXIAOSHENG XINLIJIANKANG JIAOYU MOSHI YANJIU

主　编　崔景贵　顾进法　陈同清

出版发行：	知识产权出版社有限责任公司	**网　　址**：	http://www.ipph.cn
社　　址：	北京市海淀区马甸南村1号	**邮　　编**：	100088
发行电话：	010-82000860 转 8101/8102	**发行传真**：	010-82000893/82005070/82000270
责编电话：	010-82000860 转 8386	**责编邮箱**：	fengtong@cnipr.com
印　　刷：	北京中献拓方科技发展有限公司	**经　　销**：	各大网上书店、新华书店及相关销售网点
开　　本：	787mm×1092mm 1/16	**印　　张**：	19
版　　次：	2014年3月第1版	**印　　次**：	2014年3月第1次印刷
字　　数：	331千字	**定　　价**：	58.00元

ISBN 978-7-5130-2516-4

目 录

第一章

职校生心理健康教育模式概述

一切科学研究都从问题开始。科学研究起源于“问题”，而不是单纯的观察或理论。“问题”既是科学研究的动力，也体现科学研究的价值，指示科学研究的方向。一部人类的科学史在某种意义上可以归结为科学问题的发展史：“问题”的深入表明科学研究的深入；“问题”的拓展表明科学研究领域的拓展；“问题”的转换表明科学研究的转向。[1] 提出一个有价值的问题往往比解决一个有价值的问题更为重要，正是从这个意义上说，心理健康教育模式研究需要有“问题意识”，要揭示、分析、理解心理健康教育模式中所存在的各种“问题”。

第一节　心理健康教育模式的建构与分化

模式是理想与现实之间的中介，是观念理性与经验理性之间的中介。模式研究是现代科学研究的一种重要方法。用模式方法去分析问题，简化问题，有利于较好地解决问题。心理健康教育模式是心理健康教育理论与实践相结合的产物，是心理健康教育理论应用于心理教育实践的中介环节和桥梁。探讨心理健康教育模式的建构，对于促进心理健康教育的科学发展很有现实意义，而且可以在一定程度上改变心理健康教育理论脱离实际的嫌疑或局限。

---

[1] 石中英．教育学的文化性格［M］．太原：山西教育出版社，1999：11.

一、心理健康教育模式的意涵

英文“模式”的概念，可以分别选取两个英文词汇与之相对应。一是Model，“模型、原型、样式、假设模型”，其通俗意义指可以模仿学习的“典范”、“范例”，它是一个完整的“组织”，包含许多“部分”，却不是“部分”的零散聚合，而是一个有机的整体。二是Paradigm，译为“派典”，又称“范例、样式、范式”，它主要不是理论本身的内容，而是理论所揭示的思考方式（ways of thinking ）或研究的形态、研究框架（patters for research）。无论选取哪一个英文词汇，我们所用的中文“模式”一词，都不是原型本身，而是一个概念性的整体结构，是一种概念框架，是一组观念、价值和规则，由它们指导着有特定信念和价值取向的行动。所以，模式的概念本意为“共同显现”，即创造某种模式的一群人有相同的信念，有相同的探索目标，有相同的研究方式，是一个“科学共同体”，它的主要特征是：撇开事物次要的、非本质的部分，抽出事物主要的、有特色的部分进行研究。

心理健康教育模式是在一定的心理健康教育理念指导下，对心理健康教育过程及其组织形式做出特征鲜明的简要表述。所谓建构学校心理健康教育模式，就是在现代教育理论指导下，为实现学校素质教育的总目标而建立一种心理健康教育的合理的结构和程序，或总结实施心理健康教育的经验，创造新的心理健康教育模式。心理健康教育模式上承教育理论，下推操作程序，体现为理论与实践的沟通，从某种意义上说是现实与未来的沟通。一种行之有效的心理健康教育模式具有较大的推广价值，比心理健康教育理论更具可操作性，而比心理健康教育实践经验更具外推性。从这个意义上说，学校实施心理健康教育的过程，也就是构建学校心理健康教育模式的过程。[1] 只有关注心理健康教育模式的研究，心理健康教育的发展才可能有理论提升的希望和实践进步的辉煌。

二、心理健康教育模式的建构

系统科学的整体性原理表明，心理健康教育模式是一个有机的整体，模式的性质、特点和功能都是由这个整体决定、体现的。系统的要素具有自己独立存在的特点、功能，又同时互相联系、连接，共同构成新的整体所产生的新的

---

[1] 张履祥，李学红等．学校心理素质教育［M］．合肥：安徽大学出版社，2000：87.

特点和功能。各要素之和要尽可能接近于整体的关键，就是各要素之间经过优化选择，并匹配、组合得当。建构心理健康教育模式，要具备哪些最基本的条件呢？第一，内在的基本要素是明确的；第二，具有范型意义的教育活动及其具体类型；第三，探索、形成并筛选出一批具体可感的操作样式。❶

心理健康教育模式的建构过程正是对各种价值观、教育观等进行审视、选择、认同、整合并不断体系化的过程。这一过程是把心理健康教育实施过程当做一个系统的整体性建构，它强调心理健康教育的操作策略和全部教育因素的有效组合。一般而言，主要从四对常用范畴（维度）来阐释和把握心理健康教育模式建构的方法论思想，即整体性与单项性的建构、结构性与功能性的建构、事实性与价值性的建构、科学性与人文性的建构。❷

心理健康教育模式的建构一般有三种思路：❸ 一是从心理健康教育实践开始，通过大量的观察，从多种教育实践中进行比较，在这个过程中就会产生心理健康教育模式的想象与创生；二是从心理健康教育理论出发，从心理健康教育理论语言开始，借鉴相关理论概念后产生；三是从心理健康教育理论与实践的结合中产生，这种思路尤其适合具有较高理论素养的心理健康教育实践者和具有丰富实践经验的心理健康教育研究者。

心理健康教育模式的建构大致可以概括为两类方式：一类是从实践中概括形成，这种模式大多来自心理健康教育第一线教师的探索实践，其模式建构的实践基础较好，但随机性较大，理论基础较弱，属于自发形成的心理健康教育模式；另一类是以理论模型作为起点，结合心理健康教育实践所形成的模式，这种模式大多由心理健康教育理论工作者和实践工作者共同完成，其理论指导性较强。从心理健康教育理论建设的高度来看，更应强调第二类心理健康教育模式的建构方式，因为只有在科学的心理健康教育理论指导下，在扎实的心理健康教育实践基础上形成的心理健康教育模式，才能更好地适应我国学校心理健康教育实践和发展的要求。

心理健康教育模式的建构要具有本土特色、较高的理论起点和便于实际操作。有的学者认为建构教育模式存在三级水平："第一级是低水平，其特点是

---

❶ 朱小蔓. 小学素质教育实践：模式建构与理论反思［M］. 南京：南京师范大学出版社，1999：27.

❷ 朱小蔓. 小学素质教育实践：模式建构与理论反思［M］. 南京：南京师范大学出版社，1999：38－41.

❸ 薛晓阳，班华. 模式研究与教育的实践哲学［J］. 清华大学教育研究，2002（3）：24－31.

缺乏理论，照搬模式，盲目实践；第二级是中水平，其特点是了解理论，学习模式，重视经验；第三级是高水平，其特点是研究理论，探索模式，指导实践。”❶ 无疑，心理健康教育模式的建构应当着眼于第三级水平。

心理健康教育模式的建构，是一个广阔的、综合的理论与实践域，存在着不同的学科视野、价值取向和表现形式。从我国心理健康教育的实际和实践出发，可以从不同的维度去把握心理健康教育的模式，如从内容维度、形式维度、对象维度、年龄维度、目标维度、策略维度等。按照大心理教育观，我们可以从宏观、中观、微观三个层次上研究心理健康教育模式：宏观上研究心理健康教育的发展战略模式，中观上研究心理健康教育系统的管理模式，微观上研究各级各类学校心理健康教育教学的过程模式。此外，还可以从认识论、教学论、课程论、价值论、方法论等方面研究心理健康教育模式。本书主要从中观和微观上探讨心理健康教育模式。

三、多元分化的心理健康教育模式

心理健康教育模式研究的意义就在于用分类、结构或类型的方式为心理教育实践提供知识和行动的基础。英国教育管理学专家托尼·布什在讨论教育管理模式时认为，为了使教育理论能够为教育实践所接纳，“有必要对这些理论进行相对的集中和归类，从而使真正不同的理论能够清晰而独立地呈现出来”。“为了更好地理解这样繁多的理论模式，我们有必要按照一定的条理来思考，并对这些理论进行必要的分类。”❷ 在教育实践中，心理健康教育模式正走向多元的分化。

有学者认为，国内外采用的心理健康教育模式大致可以分为四类：以消除心理疾患为目标，采用心理治疗方法的医学模式；以改善心理障碍和行为障碍患者的社会适应性为目标，采用活动法或脱敏法等行为矫正技术的社会学模式；以学生的自我发展为目标，采用心理辅导法的教育学模式；以解决或消除某一方面、某一层面的心理问题为目标，采用专门的心理咨询或辅导的心理学模式，心理学模式又分为行为模式、认知模式、人本模式。❸ 显然，这是从学科分化的视野来划分心理健康教育模式的类型。

---

❶ 查有梁．教育模式［M］．北京：教育科学出版社，1996：2.

❷ ［英］托尼·布什．当代西方教育管理模式［M］．强海燕主译．南京：南京师范大学出版社，1998：35.

❸ 陈旭，张大均．心理健康教育的整合模式探析［J］．教育研究，2002（1）：71.

有学者认为，立足于加强社会大众的心理健康，提高个人生活适应能力，尽量创造有益个人心理健康发展的社会环境，从有效途径方面可以将心理教育（心理健康）划分为四种模式：一是社会学模式，从社会文化层面来增进大众的心理健康，处理与预防社会变迁导致的社会问题；二是心理学模式，强调个人生活适应功能，增进对健康人格发展的认知，培养良好习惯，减除不良适应等；三是精神医学模式，采取三级预防措施，提供临床精神医学的专业服务，预防心理不健康的产生；四是教育学模式，通过教育的历程引导人养成良好习惯，启导正确价值判断，学习为人处世之道及适应环境技能，从而维护身心健康，享受幸福美满人生。❶

有学者认为，现阶段我国各级各类学校探索的心理健康教育模式主要有六种：一是从课程学的高度进行探究的课程模式；二是以组织活动为中心，旨在训练和开发学生心理机能的活动模式；三是在常规的教育、教学活动中注重帮助学生提高各种认知技能、情意和人格特质，完善心理机能的渗透模式；四是针对青少年学生身心发展需要，以性生理与性心理教育为重心的青春期教育模式；五是以预防心理障碍与疾病的产生、调控心理问题发展为目标的矫正模式；六是通过建立或健全教育机构来开展心理教育的管理模式。❷ 不难看出，这是从心理健康教育的主要载体和基本途径来确定心理健康教育的多样模式。

回顾近30年来的发展历程，我们可以发现，如同世界上许多发达国家所经历的变化一样，我国心理健康教育的模式也在不断演变、发展，逐步向科学规范的目标迈进。大致说来，其演变历程是：❸ 从医学模式向教育模式演变；从分析模式向自主模式演变；从单一模式向复合模式演变；从个别模式向团体模式演变；从障碍模式向发展模式演变。尤其是在当前，发展性心理健康教育将成为我国学校心理健康教育的重点，心理健康教育将由重障碍、重矫正的咨询模式转变为重发展、重预防的教育模式，由服务于少数人转向服务于多数人或所有的人，由少数专业人员从事的工作转变为众多教育、医务、社会工作者共同参与的事业。这将使心理健康教育的发展迈入一个更为广阔的发展空间。

心理健康教育模式是经常不断地发展变化的，是开放的、发展的、进化的。初级的心理健康教育模式中孕育着高级的模式，高级的心理健康教育模式

---

❶ 朱敬先．健康心理学：心理卫生［M］．北京：教育科学出版社，2002：18－19.

❷ 沈贵鹏，李苹．心理教育模式观［J］．南京师大学报（社会科学版），1998年增刊：37－43.

❸ 金辉．我国学校心理健康教育的模式及其演变［J］．中小学心理健康教育，2003（1）：4－6.

有待于发展到更高级的模式。探寻和建构一个更理想、更合适的心理健康教育模式，是一个长期的实践过程。在研究和建构心理健康教育模式时，我们必须同时考虑到：第一，要确立科学的心理健康教育观；第二，要不断提高实际工作者的素质水平；第三，要建立科学的心理健康教育规划和制度。只有将这几方面的工作与建立健全组织机构有机地结合起来，心理健康教育模式才能发挥它应有的作用和功能。

第二节　心理健康教育模式的特征与功能

研究当代职校生心理健康教育模式，需要对心理健康教育模式的特征、价值和操作策略进行分析，这也是充分认识和科学建构心理健康教育模式的前提条件。

一、心理健康教育模式的基本特征

之所以重视心理健康教育模式，并提出积极实践、科学研究的要求，正是因为它具有形成性与功能性的特征。

（一）心理健康教育模式的形成性特征

1. 系统性与独特性

这是指模式特有的性能。它总是比较完整地反映一种心理健康教育的结构。各种模式实际上就是各种特定的相对完整的心理健康教育系统。心理健康教育模式的一个重要思想，就是不能局限在某一角度看待问题，而应该把它们作为一个系统的整体来对待。任何一种心理健康教育模式，都有其特定的应用目标、条件和范围。如果超越或不具备其特定的应用目标、条件和范围，就很难产生良好的教育效果。

2. 稳定性与灵活性

几乎所有关于模式的定义都指出，模式应具有相对稳定性。这是因为模式不是从个别、偶然的现象中产生出来的，它是大量教育实践活动的理论概括，在不同程度上揭示了普遍性的教育规律。从实践的角度看，科学性、普遍性是稳定性的基础，只有具有稳定性，才有可行性。在谈论教育模式的时候，人们一般都把它看成一个稳定的程序、程式或范式。然而，模式并非一劳永逸的“法宝”。模式的稳定性是相对的而不是绝对的，因为模式总是与特定历史时期社会政治、经济、科学、文化的水平相联系，受教育方针、教育目的制约。

如果上述客观条件发生变化，心理健康教育模式也会相应发生变化。

3. 开放性与发展性

心理健康教育模式是一个开放的系统，处在不断发展的过程中。职校生心理健康教育，有教学模式、活动模式、课程模式、评价模式、研究模式和管理模式等。作为开放系统的心理健康教育模式，不仅在纵向上表现为发展阶段的历史性跃迁，而且在横向上表现为多种模式的同时并存。这种跃迁和并存，都说明心理健康教育模式的开放性。没有适应于一切领域的绝对的模式，也没有适应于一切时代的永恒的模式。心理健康教育模式不是固定不变的，随着人们对心理健康教育实践的认识不断加强，心理健康教育思想、理念的更新，心理健康教育模式也会不断地得以修正、完善和发展。心理健康教育模式不是僵化的，而是充满发展的生机与活力。

4. 适用性与操作性

建构当代职校生心理健康教育模式，必须研究职校学生年龄特征和心理特点，注重激发他们在教育过程中的主动性、自觉性和积极性，而不是让学生记住有关条目，养成有关传统美德，或为学生构思未来的价值观念与行为准则。建构职校生心理健康教育模式，要基于未来社会对人才心理素养的需求，重在使职校学生具有解决各种心理问题的能力，不注重学生记住了哪些心理概念和心理规律，而注重学生怎样理解、思考和实践这些准则，实实在在地提高心理健康教育实效。各种心理健康教育模式不仅具有深刻的理论基础，而且具备一整套策略体系，使有关心理健康教育理论经得起实践的检验；同时，通过实践，又使有关心理健康教育理论更趋丰富和完善。

（二）心理健康教育模式的功能性特征

作为一个完整的教育功能系统，职校生心理健康教育模式有着同其他教育系统相区别的特征。这些特征是：

1. 直观性与简约性

模式的直观性，可以通过图像或象征性的符号来反映它的基本特性，从而形成一个比抽象理论要具体一些的框架。模式总是从某种特定的角度、立场和侧面来揭示规律、反映实际。职校生心理健康教育模式来源于职业教育活动的现实，是职校心理健康教育现实的归纳和概括。心理健康教育模式不是凭空想象出来的，即使在某些情况下可以依据教育理论通过逻辑的方法推演出某种“理论模式”或假想模式，这种推演出的“理论模式”或假想模式也必须在实践中接受检验，以验证其现实性。心理健康教育模式是对教育现实进行描述的一种简化形式，在建构心理健康教育模式时应突出心理健康教育现象的基本特征和主要因素，所体现的关系应是其本质的关系，而不必面面俱到。只有这样的职校生心理健康教育模式才能帮助人们认识心理健康教育现象的本质。如果把所有的教育因素、关系等都纳入模式，就会削弱心理健康教育现实主要的、本质的因素和关系，从而也失去建构模式的意义。

2. 双向性与中介性

心理健康教育模式上有理论基础，下有操作程序，能够有效沟通教育理论和教育实践，通过从教育实践到教育模式到教育理论、从教育理论到教育模式到教育实践的双向路径，成为心理健康教育理论和实践结合的“中介”。显然，模式能沟通理论与实践，既能促进心理健康教育理论的拓展，又能促进心理健康教育实践的发展。心理健康教育模式既要将心理健康教育基本理论转化为教育实践，促进职业学校教育实践的变革，又要在实践中探索新的心理健康教育理论。它从实践出发，经概括、归纳、综合，可以提出各种模式，模式一经证实，即可能形成理论；也可以从理论出发，经类比、演绎、分析，提出各种模式，从而促进实践发展。

3. 优效性与参照性

这是职校生心理健康教育模式所特有的效力。由于心理健康教育模式能将比较抽象的理论化为具体的策略，能对心理健康教育实践起到良好的指导作用，因此，优效性是心理健康教育模式的生命力之所在。如果一种心理健康教育模式不是有效、高效和优效的，就会被淘汰、被摒弃。建构心理健康教育模式，其目的除了帮助人们认识心理健康教育现象外，更重要的是提供一种可操作的样式，使理论变得更直观、更便于操作，这样可以更有效地指导教育的实践。心理健康教育模式不是空洞的思辨推论，它具有一套确定的操作程序，这就使之便于理解、把握和运用。职校生心理健康教育模式提供了借鉴、模仿和遵循的参照，必然具有可模仿性和可操作性。

4. 本土性与创新性

心理健康教育模式是一个富有教育特色的本土化概念。心理健康教育模式既是时代发展与文化教育的产物，也是职业学校教育理论建设和话语创新的宝贵财富；既是职业学校心理健康教育本土化的一种尝试，又是职业学校德育改革创新的一种模式。职校生心理健康教育模式是在中国文化与职业教育模式实践基础上的一种创新性的建构，以心理健康教育模式为基础，但立足于对心理健康教育模式的超越、融合与创新。同时，心理健康教育模式研究因其综合性，也显示出它的创生性和创新性。

二、心理健康教育模式的基本功能

在现代科学方法论中，模式方法是一种重要的研究方法。用模式方法分析问题、简化问题，便于较好地解决问题。模式有什么功能？美国社会科学家多伊奇曾研究过一般意义的模式的功能，指出模式一般具有四种功能：组合、启发、推断和测量。组合功能指模式能把有关资料（经验的与科学的）按关系有规律地联系起来，显示出一种必然性。启发功能指模式可以启发人们探索新的未知的事实与方法。推断功能指模式可以使人们依据它所提示的必然规律，推断预期的结果。测量功能指模式能通过揭示各种关系，以表明某种排列次序或比率。多伊奇对一般模式功能的研究，对我们认识职校生心理健康教育模式的功能有启发。总的来说，心理健康教育模式的基本功能有五个方面。

1. 建构科学理论

心理健康教育模式一方面以教育科学理论为指导，是心理健康教育过程组织方式的简要概括，可以为职业教育实践提供选择；另一方面是职业教育实践经验的概括，可以升华为科学的职业教育理论。心理健康教育模式能以简约化的形式表达一种职业教育思想和教育理论，便于为人们掌握和运用；心理健康教育模式不仅是对心理健康教育实践中某一类具体教育活动的加工，而且具有指向性和探索性，它所提出的框架可以通过不断的实践和试验，在理论上进一步系统化、规范化，为心理健康教育理论的研究不断提供各种素材。因此，心理健康教育模式又是个别的特殊经验转化为一般理论的中介环节，对心理健康教育理论的丰富和发展具有原料加工、理论建构的功能。

2. 指引教育实践

心理健康教育模式具体包括指导、预见、系统化和改进四种功能：指导功能是指心理健康教育模式能够为心理健康教育实践者提供达到教育目标的条件、程序和活动方式；预见功能是指心理健康教育模式能够在某种程度上帮助预见教育结果，提供事件的进程，根据系统内的变化描述可能的结局；系统化功能是指心理健康教育模式是一个有机的系统，是一个整体结构，对心理健康教育的诸要素都发生作用；改进功能是指心理健康教育模式能够改进心理健康教育过程、方法和结果，在整体上突破已有的心理健康教育框框。

3. 创新智慧行动

模式研究旨在提升学校心理健康教育实践的理论性与实践性，改变职业学校心理健康教育的行动气质，它以行动的创造为主要目的，同时进行模式的理论探讨。心理健康教育模式是一种综合性的研究，表现为一种富有智慧的专业实践，对问题的研究具有一些鲜明的优点：构造功能，以一般性图景提供一种整体的形象，包括系统内各个部分的次序以及相互关系；解释功能，将复杂含糊的信息以简洁的方式描述和呈现给研究者；启发功能，引导研究者关注某一过程或系统的核心环节。正是因为这些优点，面对复杂的心理健康教育问题，才能够通过模式对其进行简约、鲜明、准确且具有普遍性和启发意义的研究。

4. 促进主体发展

心理健康教育模式是在加强理解，在理性认识的基础上形成的，是从人的主体存在出发重构的与时俱进的教育模式。这一职业教育模式既有利于提高教育者的理论联系实际水平，更有利于促进受教育者心理素质的发展，提升职校学生的社会适应能力并促进学生素质的全面和谐发展。心理健康教育模式研究更注重相关学科的研究，注重理论与实践的结合，也更加关注职校生主体的和谐发展，尊重职校生的主体发展性。

5. 拓展学科领域

从学科的角度来说，系统的心理健康教育模式研究还有其特殊的“功能”——对于学科的重要模式进行勾勒性的整理，则可以从两方面对学科建设做出贡献：一是横向上利用模式勾勒出学科全面或者部分的面貌，通过模式来对学科进行白描，为学科提供清晰的基本理论参考；二是纵向上在阐述模式的基础上，用历史回顾的形式，再现学科研究的发展情况。从这一意义说，心理健康教育模式研究具有其他研究形态不可替代的学科建设意义和价值。

第三节　职校生心理健康教育模式的要素与类型

基于模式（模型）方法构建职校生心理健康教育，就是在遵循心理与教育规律的基础上，对职校生心理健康教育应有的理念、现实的构成、本真的状态进行深入的理性分析与必要的实践探索。

一、职校生心理健康教育模式的结构要素

模式方法的主要特点是：排除事物次要的、非本质的部分，抽出事物主要的、有特色的部分进行研究。模式方法要将事物的重要因素、关系、状态、过程，突出地显露出来，便于人们进行观察、实验、调查、模拟，便于进行理论

分析。建构心理健康教育模式，离不开对“模式”的系统结构要素的分析与把握。任何模式都有其内在的结构，职校生心理健康教育模式的结构是由模式包含的诸多因素有规律地构成的系统。完整的现代心理健康教育模式结构一般包含如下因素：

1. 理念

理念因素指心理健康教育模式赖以成立的教学思想或理论。理念因素在心理健康教育模式结构中既自成独立的因素，又渗透或蕴含在其他因素之中，其他因素都是依据理念因素而建立的。有什么样的心理健康教育理念，就会有什么样的心理健康教育操作，继而就会呈现什么样的心理健康教育图景。

2. 目标

任何心理健康教育模式都指向一定的教育目标，都是为完成一定的目标而创立的。目标是心理健康教育模式结构的核心因素，对其他因素有着制约作用。

3. 条件

条件因素指完成一定的目标，从而使心理健康教育模式发挥效力的各种条件。任何心理健康教育模式都是在特定的条件下才能有效。条件因素包括的内容很多，有教师、学生、教材、教学工具、教学时间与空间等。

4. 程序

任何心理健康教育模式都有一套独特的操作程序，详细具体地说明心理健康教育教学活动的逻辑步骤、各步骤完成的任务等。

5. 评价

由于不同心理健康教育模式完成的目标、使用的程序和条件不同，因而评价方法和标准也就不同。一个心理健康教育模式一般要规定自己的评价方法和标准。

理念、目标、条件、程序和评价这5个因素相互依存、相互作用，构成一个完整的心理健康教育模式。一般来说，任何心理健康教育模式都要包含这5个因素，至于各因素的具体内容，则因心理健康教育模式的不同而不同。一个比较理想的心理健康教育模式，必须具备普遍性、启发性、科学性、针对性、实效性、原创性和简约性等基本特征。

二、职校生心理健康教育模式的基本类型

应用模式方法研究心理健康教育，就要探究多元共生的心理健康教育模

式。从不同的理念出发，可以看到职校生心理健康教育的不同侧面、不同维度。这些不同的侧面和维度，有助于加深对职校生心理健康教育的理解，开阔研究职校生心理健康教育的视野。

（一）积极型心理健康教育模式

相对于消极型心理健康教育模式而言，积极型心理健康教育是指通过培养、增强职校生的积极心理力量来促进其心理和谐发展、心理潜能充分开发的一种教育活动。消极型心理健康教育过分强调了其矫治功能，以致将工作的重心放在发现少数“问题学生”，通过一对一的心理咨询解决学生心理问题上。积极型心理健康教育是对消极型心理健康教育的修正，代表的是一种全新的教育理念、思维方式和认识视野。积极型心理健康教育，就是把以缓解或消除职校生心理障碍为主要目的的心理健康教育，引领到以促进职校生心理发展和心理潜能开发这一核心旨趣上来，以凸显职校生心理健康教育理念的正向性；就是把针对少数问题学生的心理健康教育，引领到面向有心理服务需要的一般学生上来，以凸显职校生心理健康教育受众的全面性；就是把具有浓厚医学色彩的个别诊疗和个别咨询为主要工作形式的心理健康教育，引领到充满浓厚教育色彩和人文关怀的讲座、心理剧、团体辅导等工作形式上来，以凸显职校生心理健康教育方式方法的丰富性；就是把以专职专门心理健康教育工作者为主导力量的职校生心理健康教育队伍，拓展到全体教师、家长乃至整个社会共同参与的新图景上来，以凸显职校生心理健康教育参与者的广泛性。总之，实施积极型心理健康教育，要不断更新教育理念，优化教育实践，以更加开放互动的积极姿态、更加宽阔融合的积极视野、更加灵活多样的积极方法，投身到职校生心理健康教育工作中来。

（二）主体性心理健康教育模式

主体性心理健康教育是在现代主体性教育思想指导下，对传统心理健康教育理念的匡正，是心理健康教育价值取向由工具性走向人性化的一次重要回归。传统的职校生心理健康教育，往往重知识的传播而轻学生的主动实践，重教师的说教而轻学生的自主建构，使得学生在教育过程中更多地处于被动地位。职校生主体性心理健康教育，就是在肯定职校生主体地位的前提下，以发挥职校生的自主性、能动性、积极性为基本特征，以提升学生的主体心理素质、实现学生心理的最优发展为根本目的而建立的一种全新的心理健康教育模式。实施主体性心理健康教育，一要转变教育观念，将以社会为本、以教师为主导的心理健康教育转变到以人为本、以职校生为主体的教育轨道上来，尊重职校生的主体地位和主体人格，肯定职校生的主体辨别能力和选择能力，坚信职校生具有正向的自我心理调适和自我向上成长的潜能；二要建立新型的师生关系，从“我说你听”、“我讲你做”的“单向命令式”转变为平等、民主、宽容氛围下教师与学生的“双向互动式”，给予职校生在教育内容、教育过程等方面自主选择、自我判断的自由；三要重视学生自主体验，鼓励职校生主动参与实践活动，并以活动中的体验为切入点，促进情感和认知的相互影响，以生成和发展良好的行为模式。从一定意义上讲，心理健康教育本质上是对个体主体性的培育过程，是一种主体自我教育。职校心理健康教育工作就是要鼓励职校生自己去观察、去体验、去活动、去思考、去感悟、去拼搏，启人以思想，教人以智慧。

（三）发展性心理健康教育模式

发展不仅是现代教育理念的体现、现代心理学精神的要求，同时也是个体心理发展的现实需要。“实际上每一个人都具有一种对健康的积极向往，一种希望发展，或希望人的各种潜力得到实现的冲动”。[1] 发展性心理健康教育是指针对职校生在不同发展阶段面临的矛盾、任务和需要，依据职校生心理发展的规律，施以一定的教育和辅导，从而推动职校生心理矛盾解决、心理潜能开发以及健康健全人格形成的一种教育活动。实施发展性心理健康教育，既要着眼于职校生心理发展的阶段性，又要立足于心理发展的连续性；既要看到心理发展的结构性，又要重视心理发展的层次性；既要关注心理发展的稳定性，又要关照心理发展的可变性。要善于抓住职校生心理发展的“关键期”，施以恰当的教育手段促进职校生的心理发展，而不是等待职校生心理自然发展；要致力于创建职校生心理发展的“最近发展区”，将心理健康教育的目标定位在职校生可能发展的程度，使心理健康教育走在职校生发展的前面而不是停留在现有的发展水平，从而引领职校生向着更高的、可能的、潜在的水平不断发展；要将预防与发展结合起来，将全面发展与个性发展结合起来，将全体学生与个别学生结合起来，将主导课程与学科渗透结合起来，将学校、家庭、社会结合起来，不断开拓发展的途径，创新发展的方法。总之，实施职校生发展性心理健康教育，就是要以职校生的心理和谐发展为核心目标，一切为了学生的发展，为了一切学生的发展。

---

[1] 周琢虹．职校生发展性心理健康教育模式的建构［J］．职教通讯，2005（12）：50－52.

（四）自助式心理健康教育模式

自助式心理健康教育，是在肯定学生主动建构的基础上，发挥学生自我建构的潜能，利用学生自身的力量，让学生自己帮助自己，实现学生心理最优发展的过程。之所以提出自助式心理健康教育，主要基于以下原因：从教育的手段来看，传统知识化、灌输式、刻板化的心理健康教育，仅仅是教师的“独角戏”，学生只是被动的接受者，主动性无从发挥，因而迫切需要激发学生主动参与心理健康教育的积极性；从教育的效果来看，不管职校教师对学生心理需求的把握如何准确、教育的手段如何高明，都不可能完全适合每一个学生，需要通过学生的主动参与来提高教育的适切性；从教育的对象来看，每一个学生都具有一定的自我认知、自我判断和自我发展的能力，具有自我教育的潜力，这就为自助式心理健康教育提供了必要的前提；而从教育目的来看，乔姆斯基曾指出：“促进自我教育的教育才是真正的教育。”❶ 因此，职校生心理健康教育由教师帮助下的心理“他助”，走向学生之间的心理“互助”，进而实现学生自己的心理“自助”，是心理健康教育发展的应然走向。开展自助式心理健康教育，一方面要培养职校生心理自助的意识，激发职校生心理自助的动力，鼓励职校生心理自助的行为；另一方面要拓展心理自助的途径，如通过“自助式心理探究”、“自助式心理训练”、“自助式心理辅导”、“自助式心理暗示”、“自助式心理激励”、“自助式心理社团”❷ 等活动，教会学生心理自助的方式方法，提升学生心理自助的能力。

（五）青春期心理健康教育模式

青春期心理健康教育是在把握青春期心理发展规律、了解青春期心理发展动态、破解青春期心理发展难题的基础上，帮助职校生完成青春期心理的平稳过渡和顺利成长的教育过程。职校生所处的青春期，是人的心理发展过程中变化最激烈的时期，也是容易产生心理困惑和心理冲突的时期；是人情绪情感、自我意识、价值观念、个性特征和行为方式等发生重大改变的时期，也是人格发展的关键期。因此，开展有针对性的青春期心理健康教育是职业学校无法回避且必须重点关注的话题，主要包括以下几个方面：青春期是职校生心理性征的觉醒期，职校教师要引导职校生学习科学的性生理和心理知识，认识青春期性心理发展的一般规律，正确对待性意识冲动，学会主动进行性心理调适；青

---

❶ 崔景贵. 助人自助：学校心理教师专业化的理念与策略［J］. 思想理论教育，2007（12）：4－8.

❷ 王希永. 论自助式心理健康教育［J］. 中国教育学刊，2005（2）：26－28.

春期是职校生异性交往的敏感期，职校教师要善于因势利导、循循善诱，引导职校生学会和异性同学交往交流，恰当把握异性之间交往的“度”；青春期是职校生心理断乳的关键期，职校教师既要给予职校生必要的自主性，保护他们的自尊心，满足他们的成人感，同时又要给予职校生一定的指导，及时纠正职校生认知上的偏差和思维上的狭隘，协助职校生实现青春期心理的顺利过渡；青春期是职校生自我心理的统合期，要求职校教师全面指导职校生树立积极向上的自我意识，引导职校生理性认识自我，积极悦纳自我，客观评价自我，努力实现自我。总之，职校生青春期心理健康教育，要紧扣职校生青春期的心理发展特点，给予学生更多的爱心、耐心和关心，使职校生顺利度过人生第二次成长期。

（六）职业类心理健康教育模式

2004 年教育部《中等职业学校学生心理健康教育指导纲要》指出：“中等职业学校学生正处在身心发展的转折时期，随着学习生活由普通教育向职业教育转变，发展方向由升学为主向就业为主转变，以及将直接面对社会和职业的选择，面临职业竞争日趋激烈和就业压力日益加大的环境变化，他们在自我意识、人际交往、求职择业以及成长、学习和生活等方面难免产生各种各样的心理困惑或问题。”这表明职校生具有不同于一般学校学生的心理特点和心理需要，开展职业类心理健康教育是以“就业为导向”的职业学校必须认真对待的重要课题。事实上，90 后职校生面临着专业心理的迷茫、择业心理的困惑、就业心理的压力以及创业心理的挑战等难题，迫切需要进行职业心理方面的指导。开展职业类心理健康教育，在教育内容上，要纠正职校生在所学专业认识上的偏差，加深对所学专业的了解，培养对所学专业的兴趣；要指导职校生树立合理的择业观，确定恰当的择业目标，做出明智的择业决策；要引导职校生理性地看待就业压力，积极地应对就业挫折，造就良好的就业心态；要培养职校生自主创业的意识，激发敢于创业的勇气，塑造成功创业的信心。在教育形式上，既要进行独立的、专门的职业心理健康教育，又要渗透到日常职业技能教育的过程中，融合到一般性心理健康教育的过程中，做到全员参与、全面渗透。在实施过程上，要将职业心理健康教育贯穿于职校生的整个学生生涯，针对不同年级职校生的职业心理需求，开展有针对性的职业心理健康教育。总之，开展职业类心理健康教育，就是要使职校生树立正确的职业价值观，养成良好的职业道德，塑造得体的职业气质，最终形成较好的职业心理素质，以实现个人职业生涯的最优化发展。

（七）文化层心理健康教育模式

“文化环境对人类心理建构的影响和作用反映着人类心理的文化本质；人类心理的文化本质突出地表现在人类心理的文化构建上。”[1] 职校生正处于一个文化开放的时代，一个多元文化激烈碰撞的时代，各种文化理念深深影响着职校生心理的发展。将职校生心理健康教育置于文化学的视野中来审视，有助于我们更好地把握心理健康教育的内在规律，更加清醒地认识心理健康教育的文化属性，更加充分地发挥心理健康教育的文化功能。构建职校生文化层心理健康教育，一方面要整理、更新、创造适合于职校生成长的良好文化环境，为职校生心理的自我建构创造条件；另一方面要让职校生在理性认识自己所处的文化背景的基础上，能够从容应对消极文化因素带来的挑战，把握积极文化因素带来的机遇，更好地构建自我心理世界与文化生活。开展职校生文化层心理健康教育，职校教师要尊重职校生的文化取向，理解职校生的文化需要，依据职校生的文化背景、文化立场、文化特征，营造正向的、有利于职校生成长的校园文化环境、班级文化制度和专业文化氛围；要注重引导职校生正确看待社会上风行的“网络文化”、“非主流文化”、“性文化”等，自觉抵制不良文化的影响；要重点关注现代文化和传统文化碰撞下职校生可能出现的矛盾心理状态，使职校生明白如何在“个人本位”与“集体本位”的文化抉择中做出适当取舍；要有意识地从多元文化视角出发，将文化的差异充分利用，作为实施职校生心理健康教育的重要契机和基本准则。总之，职校教师要在职校生心理与文化的双向建构中发挥积极的作用，努力实现职校生心理与文化的良性互动。

（八）网络化心理健康教育模式

如果说心理健康教育的发展是依靠理念和技术两个巨轮在推动，那么毫无疑问，网络给心理健康教育展现了一种令人难以抗拒的技术。网络以其快捷性、即时性、互动性，打破了传统教育的时空限制，提供了一种全新的教育模式。事实上，很多职业学校或者在其门户网站上设置了专门的心理健康教育网页，或者建立了独立的心理健康教育网站，已经开始了网络心理健康教育的实践探索。网络心理健康教育可以通过以下几个方面展开：一是拓展网络心理健康教育内容的呈现路径，从文字和图片拓展到动画、视频等多媒体形式，丰富对学生感官的刺激，激起学生参与的热情；二是培养学生自主学习和协作学习

---

[1] 崔景贵．文化学视野中的心理教育［J］．现代教育科学，2005（3）：3－7.

的意识，利用网络的开放性加强学生之间心理的沟通与协作；三是加强职校教师同学生的交流与对话，不能让网络心理健康教育再次成为教师的“一言堂”；四是加强学生的主体性地位，广泛发动学生参与到网站维护、信息更新上来，发挥学生的能动性；五是扩大网络心理健康教育的参与人群，将家长纳入到网络心理健康教育的体系中来，加强学生、家长以及教师之间的互动，发挥家庭教育的积极作用，以构建“学生—学校—家长”一体化的网络心理健康教育模式。需要指出的是，网络心理健康教育尽管是一种很好的教育形式，但只是心理健康教育在教育技术上的一种延伸和拓展，不能取代真实情境下的心理健康教育。职业学校不能将开展网络心理健康教育视为职校生心理健康教育的主要形式，更不能视为唯一形式。

（九）整合态心理健康教育模式

理论的分析和实践的探索都已表明，单一学科视野的心理健康教育不可能取得令人满意的效果，借鉴其他学科的长处去弥补某一学科视野的不足已成为当下心理健康教育的现实走向。同时，从人的心理发展的整体性以及教育的整体目标来看，心理健康教育需要站在更高的层面上来确定其目标体系，以最大限度地发挥心理健康教育的整体功能。因此，整合态心理健康教育模式的出现成为一种必然。首先，从字面意思来看，整合态心理健康教育模式就是心理健康教育模式的整合。但这种整合不是实现心理健康教育模式的大一统，不是各学科视野下的心理健康教育模式的机械拼凑、平均用力，而是强调整体协调、重心突出、特色分明，最终实现整体大于部分之和的效果。其次，整合态强调了心理健康教育模式的存在状态——动态性，这就意味着心理健康教育模式不能“画地为牢”、“固步自封”，而应随着时代的变迁、理念的更新、技术的进步不断发展变化。再次，构建整合态心理健康教育模式要以科学的系统论为依据，不仅要实现课程的整合、内容的整合、学段的整合、资源的整合，更要实现理念的整合、目标的整合、学法的整合以及视野的整合。总之，要构建起全方位、立体型的心理健康教育模式，就要把心理健康教育作为专门的教育活动来开展，同时也要与职业学校教育、教学、管理等工作融合起来，还要努力营造物质形态和精神形态的心理健康教育氛围，从而真正实现职校生心理健康教育模式的整合。

以上几种心理健康教育模式，是基于不同学科视野、理论视角和实践立场所作的积极思考和探索。在社会转型变革日益迅速的现代，在职业教育理念日新月异的今天，我们理应紧跟心理科学发展的步伐，不断革新、拓展与优化，积极开展行动研究，实施职校心本和谐管理，走向积极职教实践范式，着力构建高起点、有特色、可操作的职校生心理健康教育模式，才能更好地促进和引领95后、00后职校生的心理和谐发展。这是新时期做好职校生心理健康教育工作的“法宝”和“奥秘”，也是科学构建职校生心理健康教育模式的核心旨趣和本真追求。

本章小结

模式是心理健康教育研究的新视角。心理健康教育模式是一个有机的整体，具有形成性与功能性的基本特征，一个理想的心理健康教育模式具有建构科学理论、指引教育实践、创新教育行动、促进学生发展、拓展学科领域等基本功能。建构当代职校生心理健康教育模式是全方位、基础性的系统工程、复杂工程和创新工程，要着眼于模式的理念、目标、条件、程序、评价等五个方面，以积极型、主体性、发展性、自助式、青春期、职业类、文化层、网络化和整合态心理健康教育模式为主导类型。只有通过积极开展行动研究，实施职校心本和谐管理，走向积极职教实践范式，着力建构高起点、有特色、可操作的职校生心理健康教育模式，才能更好地促进和引领95后、00后职校生的心理和谐发展。

（江苏理工学院　崔景贵）

第二章

职校生心理健康教育模式的理性反思

自2004年教育部发布《中等职业学校学生心理健康教育指导纲要》以来，职校生心理健康教育进入了一个全新的阶段，职业学校开展心理健康教育的热情空前高涨。然而，职校心理健康教育在取得诸多成绩的同时，也暴露出一些问题，显现出一些弊端。本章从应然的层面来审视职校生心理健康教育理念的走向，从实然的层面剖析职校生心理健康教育实践的误区，通过深化对职校生心理健康教育的认识，着力建构更为理想的职校生心理健康教育模式。

第一节　职校生心理健康教育的存在问题

30多年来，我国职校心理健康教育从无到有，相对独立，得到了较快发展。尤其是在教育部的三个文件颁布之后[1]，我国职业学校在21世纪之初掀起了一场心理健康教育的“热潮”。但冷静理智地思考，我国职业学校心理健康教育表面的“虚假繁荣”无法掩盖其已经显现或真正潜在的问题与危机，职业学校心理健康教育的发展现状不容乐观，令人担忧。职业学校心理健康教育在发展过程中出现一些问题并不为怪，关键是对问题应该如何认识。这些错综复杂的问题至少表现在理论、认识和实践三个方面。

---

❶ 教育部颁发的《关于加强中小学心理健康教育的若干意见》(1999年)、《中小学心理健康教育指导纲要》(2002年）和《中小学心理健康教育指导纲要（2012年修订)》三个文件，本章引文未注明出处的均来自这三个文件，以下分别简称《意见》、《纲要》和《纲要》(2012版)。

一、曲解混乱：职校生心理健康教育的理论问题

俗话说，“名不正则言不顺，言不顺则事不成”。分析我国现阶段职业学校心理健康教育的基本理论建设和发展，尚存在以下问题或不足之处。❶

1. 定名问题

目前国内学者对心理方面教育的提法有心理教育、心理素质教育、心理健康教育、心理卫生教育、心理品质教育、心理辅导、心理咨询、心理辅导与教育、心理健康辅导等。这些提法反映了人们对心理教育本质、内涵及外延的不同理解，有待于进一步深入研究。现实的情况是，不少职业学校领导和教师在使用心理健康教育称谓上比较模糊杂乱，随意性比较大。

2. 定义问题

目前国内学者对心理健康教育概念基本内涵和外延的理解与界定可谓是仁者见仁，智者见智，远未形成共识，而对心理素质、心理健康、心理辅导、心理咨询、心理发展、心理潜能等一些基本概念和术语的说法也是众说纷纭，莫衷一是。这种对心理健康教育界定上的模糊、混乱乃至曲解极易造成而且事实上已经造成广大职业教育实践工作者的困惑与误解，妨碍了职业学校心理健康教育的科学实施和积极推进。

3. 定位问题

关于心理健康教育在职业教育体系中的定位问题，目前主要有三种说法：第一种说法是认同我国著名学者王国维的主张，认为心理健康教育是职业学校智育、德育、美育的上位概念，心理教育包括智育、德育、美育；第二种说法是主张心理健康教育是职业教育整体中不可或缺的一部分，或是职业学校全面发展教育的一个组成部分，成为现行“五育”之外的第六种因素或途径；第三种说法是认为心理健康教育是职业学校广义德育的一个组成部分，即广义德育由政治教育、思想教育、道德教育（狭义）、心理健康教育四个方面组成，因而心理健康教育成为职业学校德育的一条途径、一种补充。第一种说法当然有过于宽泛之嫌，第三种说法虽然写进了一些教育行政部门的红头文件，为一些职业学校领导和教师所接受，但忽视了心理健康教育的独特性、独立性，这两种定位观都是有失偏颇的。

---

❶ 崔景贵．我国学校心理教育的反思与发展［J］．中国教育学刊．2003（2）：39－42.

4. 定性问题

从性质上理解，我国心理健康教育有两种目标，即消极性（补救性）目标和积极性（发展性）目标。20 世纪 80 年代中期，我国心理健康教育从心理咨询入手，较多地关注解决少数学生的心理问题与障碍；但随着对心理健康教育认识的深化，越来越多的职业教育工作者认识到职业学校的心理健康教育的对象应是全体学生，职业学校心理健康教育应为每一个学生的成长发展和人格现代化服务。但现实教育中仍有不少人认为“心理教育是针对少数有心理问题学生的补救性教育”，把心理健康教育理解为单一的心理咨询或心理治疗，相当一部分职业学校的心理健康教育仍停留在消极性的目标层次上，只是着眼于职校生心理障碍及问题行为的矫治，即心理健康教育的主要作用是缓解和消除学生各种严重的心理异常，而忽视了职校生更高层次的心理发展、潜能开发和人格健全需求。

5. 定向问题

综观我国职业学校心理健康教育的现状，至少在以下四个方面摇摆不定：一是实践路向上的科学主义与人文主义的分歧，何去何从争论不休。二是学科取向上的不良分化，尤其是心理学取向与教育学取向等不同学科取向之间存在着各执一端、相互“拆台”、相互指责的倾向。三是价值取向上的“钟摆”现象。心理健康教育应当以社会功能为本，还是坚持“以人为本”，许多教育工作者在认识上、在实践中还是忽左忽右。四是发展路向上的偏差。在当今教育发展国际化、全球化的潮流中，一些职业学校盲目趋附国外心理健康教育的发展路向，简单沿袭、移用或照搬普通学校心理健康教育的做法和模式，缺乏应有的本土特色、职教特色和中国化探索。

二、功能错位：职校生心理健康教育的认识问题

有人认为，现阶段我们国家的中等职业教育运行机制还是一切围绕就业或升学（对口招生）这个中心，随着高考“指挥棒”在行动，教师、家长以及职校生需要与追求的只是高分数或高技能，职业学校实施素质教育还是“海市蜃楼”，职业教育改革还没有真正走上健康的发展轨道，要真正实施心理教育，就好比是“茅草屋上绣花”或者“草鞋上绣花”，还为时过早，明显不切实际。姑且不论这种比喻是否恰当，应当肯定的是，这种说法指出了当前职业教育发展的“顽疾”。的确，现实的职业学校教育教学制度不从根本上进行变革，心理健康教育的实施就难以得到保证。但应当明确指出的是，心理健康教

育是职业学校教育的一个侧面、一个方面，心理健康教育并不是完全外在于或高于其他教育而存在的，我们不能够坐等观望职业教育改革的完善，而应当在脚踏实地实施心理健康教育的过程中逐步推进职业学校素质教育的深入，推动职业教育改革的良性循环。

有人认为，过去没有所谓的心理健康教育，职业学校学生的心理发展也没有什么问题，现在强调要开展和实施心理健康教育，反而使职校生的心理问题更加突出、更加普遍、更加严重。这一认识隐含着的一个想法，就是职业学校心理健康教育是多余的、没有必要的，这实在是对心理健康教育的误解。实际上，并不是因为职业学校开展了心理健康教育，学生的心理问题才增加了；而是因为职校生的心理问题日益增多、更加复杂，我们才更有必要重视心理教育。也不是说职业学校开展了心理教育，我们就能够保证学生不会再有心理问题。道理很简单，这就好比社会上有各种各样的医院但不可能保证没有人再生病一样。职校生心理问题的产生既不是由心理健康教育引发的，也不是仅凭心理健康教育就能够完全解决的。

上述两种观点实质上是对中等职业学校实施心理教育的必要性与可能性的怀疑。实施心理教育真有这个必要与可能吗？对于我们来说，这个问题的答案不言自明。然而，开展职业学校心理健康教育是否真的有必要，心理健康教育是否真的可能，却并非不证自明。倘若开展职业学校心理健康教育既无必要又无可能，那么所谓的心理健康教育就只是一个虚妄的概念，而任何与心理健康教育有关的讨论都是多余的，甚至本书的思考和写作都是毫无价值的。即使有充足的理由证明中等职业学校心理健康教育的必要性与可能性，不同理由支撑下的心理健康教育，其意义和蕴含也大不一样。

提出“开展心理健康教育真的有必要吗”这样的问题，容易引起一些人的激动和愤慨，其实，这个问题是由反对和怀疑心理健康教育的人首先提出来的，认为任何职业教育都能对心理产生作用，职业学校没有必要单独开展心理健康教育。这也促使坚信开展心理健康教育有必要与可能的人，为自己的教育信念进行合理的辩护。但另一个问题又接踵而至，当我们在为开展职业学校心理健康教育的必要性与可能性辩护时，同样会产生不同的认识分歧，或者说，对这个问题的回答存在着明显的不同，也显示了各自对中等职业学校心理健康教育价值和功能认识的不同立场。

有人提出，开展心理健康教育之所以有必要，是因为现在有心理问题的职校生人数越来越多，问题越来越严重，层出不穷，直接影响到职业学校教育教学的质量和秩序。没有心理健康教育，职业学校就永无宁日；有了心理健康教育，职校生的心理问题少了，职业学校领导和教师的日子就好过多了。这是一种将心理健康教育看做职业学校教育问题“灭火器”的观点。

有人提出，开展心理健康教育之所以有必要，是因为传统的职业学校德育工作已经过时，失去了吸引力，难以取得实效。实施心理健康教育，是对原有德育的一种改进和变革，对并不景气的德育注入了一剂“强心针”和“维他命”。因而，心理健康教育成为不少职业学校德育的一大特色和亮丽的风景线，是推进中等职业学校德育现代化的一个新抓手。这是一种视心理健康教育为职业学校德育改革“氧气瓶”的观点。

有人提出，开展心理健康教育之所以有必要，是因为现在的“应试教育”大行其道，职校生处于“水深火热”之中，中等职业技术学校的素质教育徒有虚名，职业教育已经走进了“死胡同”。对当今的职业教育改革发展和职业学校素质教育的深化推进来讲，心理健康教育无疑是一种有效的“催化剂”和“解毒剂”。这是一种把心理健康教育作为职业教育改革发展的“助推器”的观点。

有人提出，开展心理健康教育之所以有必要，是因为现在的教育行政部门比较重视，各项检查评比、达标验收都有这一条，实行的是“一票否决”，中等职业学校要争先创优上台阶，不搞心理健康教育通不过，总不能因小失大，即使没有真的也要做出点像样的。这倒是一部分职业学校领导的心里话、大实话。这是把心理健康教育当做粉饰职业教育大厦的“墙面砖”的观点。

上述种种观点从一定意义上讲并不为错，这也是当下许多中等职业学校重视心理健康教育的主要原因。退一步讲，对职业学校心理健康教育能有这样的认识已经是很不容易了，这在20年前那简直是不可想象的。但从心理健康教育理论建构的层面看，这样的认识又是不到位的，至少是不够完整的。就其思维方式而言，这些都是工具主义的教育思想，其特点就是心理健康教育的存在合理性由心理健康教育能够完成某种独特的任务这一点加以辩护。换言之，心理健康教育本身仅是作为一种工具而获得意义的。而心理健康教育其他更为重要的内在价值与人性意义被有意或无意地忽视了。事实上，心理健康教育是当代职校生健全人格与完善个性的内在需要，是当代职校生人性发展与品格提升的自觉需要，是当代职校生学会学习与学会做人的自主需要，更是当代职校生全面发展与成长成才的现实需要。

三、步入误区：职校生心理健康教育的实践问题

理性地审视当前我国职业学校心理健康教育的现状，有关心理教育的种种认识和实践误区并不少见，如“职业学校心理健康教育就是维护学生心理健康的教育”，“心理健康教育就是心理学基础知识的教育”，“心理健康教育应当由少数合格的专业工作人员承担”，“心理健康教育与道德教育无关，两者应当相分离”，等等。这里不作过多的分析，只是就职业学校现实存在的心理健康教育实践误区进行简要解说。

1. 心理健康教育方式：医学化倾向

有的职业学校违背心理健康教育的本质要求和内在规律，将心理教育简单地理解为心理咨询和心理治疗，肆意地采用医学化方式，刻意地营造医学、医院的氛围，让校医兼做心理辅导人员，或者心理辅导人员穿上白大褂，用诊断心理疾病的量表来测量、诊断职业学校学生的心理发展状况，像医生记录病人的病情、病历一样来作“病史”记录，像医生给患者开处方似的给出几条建议，甚至经常性地让来访的职校生服用一些药物来缓解焦虑、抑郁等不良情绪。

2. 心理健康教育队伍：德育化倾向

有的职业学校把心理健康教育和德育混为一谈，无视两者之间的差别，或者简单地把心理健康教育看做德育的一个方面，认为没有必要单独进行心理健康教育。特别是职业学校心理健康教育的教师大多是职业学校思想政治工作人员“摇身一变”而来的，而专业的思维定势使得他们习惯于把职校生的心理问题当做思想品德问题，用德育的方式方法来处理、对待心理问题，使得心理健康教育雷同于思想政治教育，缺乏本应有的生气和吸引力。

3. 心理健康教育载体：课堂化倾向

有的职业学校狭隘地理解心理健康教育的载体，将心理健康教育的空间局限在课堂上，片面追求心理健康教育课程的开设，以为开设了心理健康教育课程就是到位了。而教师在课堂上也努力向学生灌输一些心理学或心理健康的有关名词、定义、概念，要求学生记忆一些心理原理和规律，甚至像其他课程一样机械设定知识体系、目标任务和教学过程，采用考试或心理测验的方式来评价职校生的学习情况和心理发展，使得心理健康教育流于形式、空泛无力，不但没有提高职校生的心理素质，反而加重了学生的心理负担，出现了事与愿

违、适得其反的结果。

4. 心理健康教育对象：个别化倾向

有的职业学校把心理健康教育的主要任务和工作对象放在少数甚至个别学生的心理障碍与疾病上，忽视和消极对待绝大多数学生，使得绝大多数学生心理发展的需求没有得到合理的满足，心理健康水平没有得到真正提高，心理素质没有得到发展，结果是本末倒置、主次颠倒，“捡了芝麻丢了西瓜”，职业学校学生的心理问题层出不穷，仅有的一两个专业的、专门的心理教育人员像救火似的忙于应付，其结果往往是出力不讨好、事倍而功半，从而使职业学校心理健康教育的路越走越窄。

5. 心理健康教育技术：简单化倾向

有的职业学校几乎将心理测验等同于心理健康教育，滥用、乱用心理测验，强制或半强制地要求所有学生参加各种心理测验，似乎唯有心理测验才是科学的手段，似乎只有对学生进行名目繁多的心理测验才能给职业学校带来心理健康教育蓬勃发展的“光环”。有的职业学校不考虑心理测验的社会文化背景，直接移用国外的心理量表，似乎心理量表只要是国外的就是先进的，并且随意地将心理测验的结果公开，轻率地、武断地给职校生的心理状况下结论、贴标签、“戴帽子”，等等。

6. 心理健康教育过程：形式化倾向

有的职业学校把心理教育看做一种时髦的教育口号和标志，抓心理健康教育只是为了满足一时之需，如应付检查、评比、达标等；开展一些名不符实的心理健康教育活动，为的是对上级教育行政部门有一个“交待”。一些职业学校的心理健康教育机构形同虚设，甚至成了“无人问津”的一种摆设，只有一两个心理教师或辅导人员在“孤军奋战”，使得职业学校心理健康教育难以达到预期的目标。

职业学校心理健康教育诸多实践误区所蕴含的问题也颇为复杂，非只言片语所能透析。所有这些误区至少都可以归结为一个最大的实质性的“误区”，就是当前我国职业学校心理健康教育存在功利化倾向。当然，在职业学校心理健康教育的发展过程中，尤其是在发展初期，出现一些“盲动和浮躁”问题是在所难免的。但这些问题如果不能及时匡正，很可能会使我国职业学校心理健康教育事业偏离健康发展的轨道而误入歧途。

第二节　职校生心理健康教育模式的现状分析

模式，其实就是解决某一类问题的方法论。把解决某类问题的方法总结归纳到理论高度，就是模式。模式是一种参照性指导方略，有助于得到解决问题的最佳办法，进而高效完成任务；有助于按照既定思路快速做出优良的设计方案，达到事半功倍的教育效果。正因为如此，建构职校生心理健康教育模式得到职业教育界的关注和重视。

一、职校生心理健康教育模式的基本类型

模式是一种重要的教育研究方法，可以用来分析问题、简化问题、解决问题；同时又是一种有着其内在结构的有机系统，包括目标、内容、过程、形式、评价等要素。由于对心理健康教育认识视角的不同，研究者对职校生心理健康教育模式的具体设计也不尽相同。根据国内公开发表的相关文献资料，较为明确的职校生心理健康教育模式主要有以下几种类型：

1. 发展性心理健康教育模式❶

有研究基于人本化的价值取向、心理辅导的价值理念以及职校生心理发展的基本原理，从目标、内容、原则以及实施途径四个层面对职校生心理健康教育模式的建构进行了探讨，认为职校生发展性心理健康教育应该以发展性为主，预防性、矫治性为辅，建构面向全体学生、教师全员参与、全面展开、全过程进行、最大限度地实现学生全面发展的职校生心理健康教育模式。

2. 互助式心理健康教育模式❷

有学者从职校生的心理特点出发，针对职校生的心理需要，提出通过互助式心理探究、互助式心理暗示、互助式心理激励、互助式心理训练以及互助式心理辅导等形式，建构互助式心理健康教育模式，以提高职校生心理健康教育的实效性，达到助人与自助的目标。

---

❶ 周琢虹．职校生发展性心理健康教育模式的构建［J］．职教通讯，2005（12）：50－52.

❷ 张桂春，康婷．互助式心理健康教育模式在教学中的运用［J］．中国职业技术教育，2006（7）：50－52.

3. 全员参与心理健康教育模式[1]

有学者针对某职校学生心理问题现状，认为要提高职校生心理健康教育的实效性，必须发挥社会、学校、家庭三方面的力量构建全员参与心理健康教育模式。该模式提出的具体策略为：社会应树立全新的职业教育观念，为职校生的成长营造良好的社会氛围；学校应在管理、机构、制度、师资、学生自助等方面加强建设，积极发挥学校育人的作用；将家长纳入职校生心理健康教育的体系中来，发挥家校协同教育的作用。

4. 六环节操作式心理健康教育模式[2]

为探索职校生心理健康教育的有效途径，有研究提出以学生为主体、以学校为主导的六环节操作模式，主要通过引导职校生对自我、职教、职校和现有人际关系的角色认同，确立适当的职校生角色目标，积累成功的角色体验，进行角色调整，认清自身人格特点，以及开展就业指导进行角色转换六个环节，实现职校生心理的和谐发展。

5. “三位一体”心理健康教育模式

所谓的“三位一体”心理健康教育模式是指将职业学校、家庭和社会纳入职校生心理健康教育的体系中来，通过三方面的合力，共同致力于职校生的心理健康教育。如有研究提出了针对职校生青春期心理健康教育的三位一体模式[3]，有研究提出了针对职校生心理全面发展的三位一体模式[4]。

6. 三维立体式心理健康教育模式[5]

有研究提出采用建立“监测—保健—教育”三个系统、运用“课堂教学—心理辅导—心理咨询”三种方式、达到“矫治—预防—发展”三个目的，针对职校护士生的三维立体式心理健康教育模式，并通过 SCL－90 量表对这一模式的实效性进行了实验组与控制组的对比研究，结果表明实验组的心理健康水平在这一教育模式的干预下具有明显的改善。

---

[1] 邹玉玲等. 全员参与中职学生心理健康教育模式的探讨［J］. 校园心理，2010，8（4）：253－255.

[2] 徐光明. 职校生心理健康教育模式的构想及构建原则［J］. 九江职业技术学院学报，2007（2）：43－44.

[3] 杨淑芳，蒋伟凤. 构建“三位一体”的职校生青春期心理健康教育模式［J］. 职教通讯，2006（10）：56－57.

[4] 刘昱. 中职生心理健康教育“三位一体”模式的构建［J］. 职业技术教育，2008（8）：72－76.

[5] 戴肖松等. 护生三维立体式心理健康教育模式的研究［J］. 护士进修杂志，2005，20（7）：588－590.

7. 整合型心理健康教育模式[1]

有学者基于实践中各职校心理健康教育模式多元分化的现实倾向以及职校教育对象和教育环境的复杂性，提出职校生心理健康教育应坚持理念、目标、课程、内容、学法、学段、资源以及视野等八个方面的整合，做到整体协调、彰显重心、突出特色，以最大限度地发挥心理健康教育的整体功能，构建全方位、多渠道、立体化的职校生心理健康教育模式。

8. 心理道德教育一体化模式[2]

有研究者认为，可以将职校生心理健康教育与道德教育加以整合，发挥二者的优势，弥补各自的不足，通过思想观念的整合、工作机制的整合、目标内容的整合以及工作队伍的整合，形成相得益彰、相互借鉴、相互配合的一体化工作格局，更好地服务于职校生的人格成长。

另外，一些文献虽然没有明确提出职校生心理健康教育模式的具体名称或类型，但这些研究也应该属于“职校生心理健康教育模式建构”这一大的范畴，暂且将这些模式称为“准心理健康教育模式”，比如“五线四环”型心理健康教育模式[3]、“三全”式心理健康教育模式[4]等。还有一些文献基于课程建设、咨询技术、心理辅导、校园文化等视角，对职校生心理健康教育模式的某一组成部分进行了专门的探讨，这些研究同样值得我们关注。

建构职校生心理健康教育模式，很难形成标准统一的答案，但在基本问题上已经达成一些宝贵的共识，比如要重视和加强职校生心理健康教育。在教育定位上，心理健康教育是职校素质教育的有机组成部分，不能等同于一般学科知识的教育；在教育方式上，要灵活多样、注重活动与体验，应当摒弃单一的课堂说教和机械灌输；在教育目标上，要关注职校生心理的自主和谐发展，应当促进职校生的成人成才；在教育主体上，要增强所有教师的“心理育人，人人有责”的意识，应当形成有效教育合力，等等。这些理性认识，为进一步科学建构职校生心理健康教育模式奠定了不可或缺的思想基础。

---

[1] 崔景贵．中等职校心理健康教育整合模式的建构［J］．职教通讯，2006（4）：20－22.

[2] 贾仕林．分化·趋向·整合——当代职校生心理健康教育与道德教育整合模式的研究［J］．职教论坛，2011（33）：70－72.

[3] 林洪信．职业学校心理健康教育模式的研究［J］．现代阅读，2012（10）：48.

[4] 孟淑清．中专生心理健康问题及对策研究［J］．兰州石化职业技术学院学报，2004，4（2）：55－57.

二、职校生心理健康教育模式建构存在的不足

总体来看，当前职校生心理健康教育模式建构仍处于起步阶段，水平参差不齐，在理论研究、实践探索以及理论与实践的结合等方面表现出一些不足和误区。

1. 模式建构取向问题化

有的研究按照“发现学生心理问题—分析问题影响因素—提出有针对性的心理健康教育模式”的步骤来建构模式，重视解决当前所面临的问题，关注有严重心理问题的职校生，重点是预防和诊治心理障碍，或干预职校生的心理危机。实施系统的职校生心理健康教育，关注并解决学生存在的心理问题不可或缺，但是全部的工作仅仅围绕着学生的心理问题，似乎又回到“消极型”、“矫治型”心理健康教育的老路，站在积极型、发展性的现代心理教育理念的对立面。可以说，心理健康教育越是急切地想成为拯救现实的“灵丹妙药”，实际上就可能离本真的心理健康教育越来越远。

2. 模式建构路径经验化

从心理健康教育模式的形成过程来看，既有的模式多来自职业教育一线教师的实践经验，侧重探讨心理健康教育的条件和程序，是对过去和现在经验的总结和概括，属于自发形成的心理健康教育模式。这样的教育模式实践基础较好，但由于缺乏必要的理论指导，随机性较大，可能导致实践操作偏离应然的轨道。目前，对模式的研究多集中在一般性、经验性的文字描述上，进行的是逻辑的、思辨的研究。有的研究虽然冠以“职校生心理健康教育模式”之名，但对模式方法理解不透彻，或没有采用明确的模式方法，从经验的角度按照社会、家庭、学校、个人“四步曲”来分析，似乎有“泛模式化”之嫌。从实际情况来看，有的研究没能扮演好理论追随者的角色，更不用说成为自觉的理论先行者。可以说，当前职校生心理健康教育模式建构欠缺的不是对现实的描述和对现状的说明，而是对现代心理健康教育思想、理论的思考和贯彻。

3. 模式建构过程形式化

当前，有的职校生心理健康教育模式研究照搬普通学校的做法或模式，职教“校本”特色意识明显不足。有的研究对“模式”本身的结构属性并没有形成清晰明确的认识，所建构的职校生心理健康教育模式要素孤立庞杂，彼此之间衔接不畅等，没有形成有机的整体，出现理论与实践“两张皮”现象，操作运用的实效性不足。如有的研究提出要“全员参与”、“全面渗透”，而对

教师在学科教学或班级管理中的心理健康教育策略却鲜有论及；有的研究提出要“开发职校生的潜能，促进职校生的发展”，然而对于怎样在实际操作过程中实现又显得办法不多，空喊心理健康教育的口号。心理健康教育模式理论和实践的脱节，究其原因并非是理论过于抽象，而是实践研究缺乏足够的行动力，没有为理论的执行创造足够的环境与条件。

职校生心理健康教育从无序走向有序、由经验走向理性、从消极走向积极，离不开对职校生心理健康教育模式的科学建构。如何进一步提高职校生心理健康教育的水平、层次、质量与效益，更好地为职校生心理和谐与人格成长服务，成为建构职校生心理健康教育模式需要认真审视和积极回答的问题。

第三节　职校生心理健康教育模式建构的教育反思

正因为对职校生心理健康教育本质认识不足，对职校生心理需要把握不到位，在实施过程中没有遵循职业教育的一般规律，当前职校生心理健康教育存在的实践误区日益显现，值得关注和警惕。

一、职校生心理健康教育模式建构的教育误区

（一）教育目的功利化

随着心理健康教育越来越受到教育行政部门的重视，开展心理健康教育已经成为职业学校必须承担的教育责任。但是，心理健康教育在某些职校并未得到应有的重视和真心的认可，仅仅是在教育行政部门要求下不得不开展的一项教育活动。并且，有些职校看到了开展心理健康教育背后的“利益”，以开展心理健康教育为由向教育行政部门申请教师编制，实际上招入的仍然是专业课与基础课的老师。还有一些职校，为了创建所谓的学校特色，开展了一些心理健康教育活动，但多流于形式，“雷声大雨点小”，并未真正地落到实处使学生受益。在这样的职校，心理健康教育成为职业教育管理体系中的“陪衬品”，成为美化职校教育教学体系的“化妆品”，成为应付教育行政部门检查和评比的“装饰品”。

（二）教育取向工具化

随着时代多元价值观念的冲击、职校生本身所处的尴尬境地以及其他多方面因素的影响，职校生群体出现的心理问题似乎越来越多、越来越严重，而这成为德育不能承受之“重”，素质教育难以维系之“痛”。于是，心理健康教

育成为某些职校注入德育改革的“兴奋剂”，施行素质教育的“助推器”，解决学校教育问题的“灭火器”。心理健康教育存在的意义，似乎就是为了消解学校教育中出现的问题，使学生的问题少一些，使“问题学生”少一些，从而为学校日常教学工作的开展扫清障碍，铺平道路。而这恰恰是心理健康教育在实际施行过程中价值取向工具主义的体现。但是，心理健康教育的地位应该是独立的，绝不是其他教育领域的附庸和补充；心理健康教育应该是作为目的而存在的，而绝非手段。心理健康教育的根本目的在于育人，心理健康教育只有回到人本身，才能体现其存在的价值，这也是人性发展与提升的自觉需要。可惜的是，现实中许多职校对这一点的认识似乎并不充分自觉，尚未到位。

（三）教育重点问题化

一些职校认为，既然是心理健康教育，顾名思义，就是让心理不健康的学生变得健康。这些职校将心理健康教育工作的重点放在对学生心理问题和行为问题的矫治上，开展工作的思路即为“发现学生问题，分析问题原因，寻找解决对策”。不能说这样的做法是错误的，但至少是片面的。这直接导致心理健康教育工作只会围绕所谓“问题学生”来开展，纵然可以使处在困境中的学生走出困境，却不能使绝大部分心理比较健全的学生发展的需要得到满足。开展职校生心理健康教育需要有“问题”意识，但不能唯“问题”是论，这种“头痛医头、脚痛医脚”的做法，由于忽视了大部分职校生心理素质的提高，致使新的问题仍然层出不穷。

（四）教育内容知识化

有些职校在实施心理健康教育的过程中，简单地认为心理健康教育就是教给学生心理健康知识的过程，就是学生掌握教材上心理学的理论概念的过程。无论是通过课堂教学，还是心理健康知识专题讲座，或者是心理健康知识宣传，其强调的都是学生对心理健康知识的掌握。然而，心理健康教育不单单是心理学基础知识的教育，也不是类似于语文数学英语等基础学科的“符号的教育”；学生对心理健康知识的内化不等同于学生心理素质的提升和完善，也不等同于学生心理调适技能的掌握和运用。将心理健康知识的传授作为心理健康教育的主要内容，将心理健康知识像传统的学科知识一样灌输给学生，是不合理、不科学的，没有体现心理健康教育的本质和特色，是传统“填鸭式”教育的固有思维模式在心理健康教育中的体现，同时也是学校没有真正理解和掌握心理健康教育内在规律的深刻体现。

（五）教育形式课堂化

如果把职校生心理健康教育放到学校课程体系的重要组成中去看，心理健康教育作为一门新兴的课程，离不开课堂教学这一基本的教学形式。有些职校认为，将心理健康教育排上课程表，按照教学大纲制订教学计划，由专门的教师负责授课，就是开展心理健康教育了，就是将心理健康教育落到实处了。这样的做法同样是片面的。课堂教学作为心理健康教育的一种重要载体，对心理健康教育的开展具有重要意义，但是课堂教学仅仅是心理健康教育的一种基本形式，一种有益途径，并不是心理健康教育的全部。将心理健康教育简化为课堂教学，是对心理健康教育的一种误解，是实施心理健康教育的一种误区。心理健康教育与其他课程的最大区别在于，心理健康教育是最需要触动人内心的教育，是一种最需要学生去体验、感受的教育，而单纯的课堂教学囿于条件的限制显然难以达到这一目标。

（六）教育地位边缘化

与基础知识教育和专业技能教育相比，心理健康教育在某些职校没有获得应有的认可，一直处于边缘的地位。一些职校仍然从传统的教育理念出发，在“技能教育”、“就业教育”的定势思维下，认为既然是职业学校，让学生掌握某一专业领域的技能，适应就业市场，提高学校的就业率才是最为重要的，其核心旨趣是培养所谓的具备“专业技能”的“人才”，创造一个个就业的“神话”。在某些教师的眼里，心理健康教育甚至是令人厌烦的，占用了教学资源，浪费了教学时间，耽误了专业教师培养所谓的“专门人才”。然而，现实的情况却是，职校生专业素质与社会需求实现“接轨”的同时，职校生的心理素质却往往与社会需求相背离而严重“脱轨”。职校与其说是为社会输送了大批生产能手、高级蓝领，不如说是为社会制造了一批“机器人”、“残缺人”或者“变态人”，而这显然已经背离了职校教育“育人为本”、“先成人再成才”的核心旨趣。

尽管职校生心理健康教育存在这样那样的问题，但这些问题在昭示不足与缺陷的同时，也提供了科学发展的专业挑战和实践机遇。关键在于，职校教育工作者能否从诸多问题的背后看到希望和前进方向，进而匡正职业教育教学理念，优化心理健康教育实践。

二、职校生心理健康教育模式建构的教育策略

加强和改进心理健康教育，职校应当秉承以人为本、育人至上的理念，遵

循职校生心理发展以及教育教学的一般规律，着力建构多元共生、富有特色的职校生心理健康教育模式。

（一）价值取向：以发展性为主，以矫治性为辅

很长时间以来，职校心理健康教育将工作的重点放在对学生心理问题的诊断和矫治上，形成了矫治型的心理健康教育。这种教育，主要指专业性的心理咨询人员，在专门的心理咨询室，通过一对一的心理咨询服务解决学生的心理问题和行为问题。在矫治型心理健康教育下，心理健康教育工作者常常带着解决问题的眼光去看待学生，从问题入手来开展工作，他们的职责在于修复学生受伤的心灵。他们的日常工作，就是用诊断病人的心理量表来测量、诊断学生，用类似于记录病史的方式来建立心理咨询档案，形成了一种心理健康教育“医学化”的倾向。有学者认为，“这种‘医学式’的心理科学也许正是导致社会或心理问题泛滥的根本原因”[1]。这种说法未免过于激进，但也从另一方面说明了心理健康教育“医学化”倾向的深刻弊端。矫治型心理健康教育的弊端在于其背后的价值取向，在于其导向，而不在于其所为。

当今时代对人性回归的呼声越来越强烈，矫治型心理健康教育已经无法满足人性发展的需求，这就要求心理健康教育必须从消极心理学的理念中走出来，将心理健康教育的功能由修补学生的心理问题转移到引领学生走进心理的“最近发展区”，更好地致力于学生心理的发展。发展型心理健康教育把促使学生主动发展、幸福生活看做自身的主要任务，认为心理健康教育应致力于培育学生的勇气、乐观、理想、信念、诚实、坚定等优良的心理品质，开发学生的潜能以及培养学生的积极力量。许多职校生将自己看做应试教育的“失利者”，其对心理发展的呼唤是强烈的；将自己看做学历教育的“失败者”，对心理发展的前景是迷茫的。职校生比其他学生更渴望发展型心理健康教育，比其他学生更需要发展型心理健康教育以唤起他们的自信和力量。因此，以发展型心理健康教育为主，辅之以矫治型心理健康教育，成为当前职校生心理健康教育发展的明智选择。

（二）教育平台：以实体化为主，以网络化为辅

实体平台是职校生心理健康教育的主要平台。所谓心理健康教育的“实体”平台，是相对于虚拟的网络心理健康教育平台而言的，是指所处的环境、参与的人员是可触知的、有形的，存在于特定具体的时间空间。比如心理健康

---

[1] 任俊. 积极心理学［M］. 上海：上海教育出版社，2006：24.

教育课程、讲座、游戏、团体辅导、心理剧等，这些心理健康教育形式有固定的场所、专门的人员，可以为学生直接感知到，是真实的、具体的、有形的，也即所谓“实体化”的。网络时代的迅速崛起为心理健康教育提供了新的平台，通过网络开展心理健康教育受到了职校的青睐。一些职校或者在其门户网站上设置了心理健康教育的专题，或者建立了专门的心理健康教育网站，利用网络的快捷性、保密性、开放性、平等性等优势，传播心理健康知识，进行心理健康教育。网络心理健康教育拓展了心理健康教育的途径，具有“实体”平台不具备的优势，值得推广。

网络心理健康教育作为一种新兴的心理健康教育平台，更好地发挥其作用还有待在实践中深入研究。毫无疑问，网络这一虚拟平台顺应了当代职校生交流、学习以及生活的习惯，受到95后职校生的欢迎。但试图以网络的形式取代实体形式，仅仅是通过建设心理健康教育网站就宣称进行心理健康教育的做法是片面的。实体模式仍是职校生心理健康教育的主阵地，不可本末倒置。建构职校生心理健康教育模式，必须坚持以实体化平台为主，以网络化平台为辅，发挥二者的优势，弥补各自的不足，通过思想观念的整合、工作机制的整合、目标内容的整合以及工作队伍的整合，形成相得益彰、相互借鉴、相互配合的一体化工作格局，更好地服务于职校生的心理发展。

（三）教育形式：以活动体验为主，以传授说服为辅

心理健康教育是一种特殊的教育。没有哪一种教育比心理健康教育更需要触动人的心灵，也没有哪一种教育比真正的心理健康教育更能触动人的心灵。心理健康教育需要以课堂为阵地，向学生传授基本的心理健康知识；需要通过专题专家讲座，向学生传授心理调节的方法。但是传授不应是心理健康教育的主导形式，更不能成为心理健康教育的唯一形式。所谓体验型心理健康教育，就是要区别于刻板化、程式化的教学，创造并选择能够让学生的知、情、意、行全部投入其中并能触动学生心灵的教育形式作为教育的主要手段。事实上，类似的教育手段在职校生心理健康教育的实践中已经开始运用，比如心理剧、角色扮演、情景模拟、团体心理辅导等。在这样的教育形式中，以“教师为中心”的教学必须转变为以“学生为中心”。教师和学生都需要转换自己的角色，教师要从“主角”走向“配角”，而学生要从“旁观者”变成“当事人”。要让职校生在活动过程中体验心理冲突，感受心理变化，获得心理感悟，进而促进心理成长。职业学校要不断创新适合职校生的教育活动形式，优化心理健康教育成效。

（四）教育队伍：以全员参与为主，以专职专门为辅

维护学生心理健康、提升学生心理素养仅仅依靠专门的心理教师是远远不够的，一个极端的印证是对学生心理健康没有任何意识的其他课程的老师，在其不当教育教学方法的影响下，可能使原本没有心理问题的学生出现问题，比如学生在遭受体罚、责骂后出现自残自杀行为。因此，全员参与心理健康教育最基本的意义，不在于学校行政管理岗位和教学岗位的老师都去开展专门的教育活动，这在短期内并不现实也没有必要；而是说学校的行政决策能否考虑到学生的心理需求，教师的教学方法是否符合学生心理发展的规律，这才是问题的关键。我们不能让学校不当的行政和教学行为成为导致学生心理问题的“纵火者”，而让专职的心理老师去充当“消防员”；恰恰相反，要让全体教职员工成为学生心理健康的共同维护者，专职专门的心理教师成为学生心理素养的提升者和开拓者。全体教职员工参与，实际上是要提升行政和教学岗位的老师对学生心理健康的重视，营造良好的职校生心理健康教育校园氛围。

心理健康教育是一项复杂的专业性很强的教育工作，其开展离不开专职的心理教师。比如心理咨询、心理测量等工作，没有一定的专业知识和专业技能是无法胜任的。专职的心理教师在学校心理健康教育中处于主导的地位，其专业水平的高低、专业技能的优劣，对学校心理健康教育工作的成效有着重大的影响。因此，专职的心理教师需要不断学习更新心理健康教育的理念、提升心理健康教育的技能，以更好地满足学生心理发展的需求。当然，在专职心理教师的引领下，其他学科的专业教师进行协同合作，创新心理健康教育模式，会取得更好的教育成效。比如，体育老师参与心理健康教育，将团体心理辅导和户外拓展活动结合起来，发挥两种活动的优势，就是一种很好的心理健康教育方式。总之，推进职校生心理健康教育，离不开职校全体师生员工的共同参与，专职教师更是责无旁贷。

综观世界职业教育的发展趋势，大众化、国际化、网络化和集团化已经或正在形成，它同样昭示着心理健康教育模式的未来。深入研究、科学推进、自觉建构心理健康教育模式，必将有助于促进我国职业教育与世界职业教育的互动对话、沟通交流。探寻和建构更为理想、更具特色、更加科学的职校生心理健康教育模式，需要一个长期的职业教育实践创新过程。可以相信，研究与建构职校生心理健康教育模式，必然能够丰富和拓展职校教育管理模式，也必将为职业学校教育实践创新做出自己的贡献。

本章小结

当前我国职校生心理健康教育在理论研究、功能定位、实践探索等方面存在一定的误区，需要及时匡正，而匡正的方法之一就是科学建构职校生心理健康教育模式。关于职校生心理健康教育模式建构的研究，在一些基本问题上达成了较多的共识，但仍存在模式建构取向问题化、建构路径经验化、建构过程形式化等不良倾向。特别是模式建构过程中的教育误区依然存在，如教育目的功利化、教育取向工具化、教育重点问题化、教育内容知识化、教育形式课堂化、教育地位边缘化等。解决这些问题需要把握一些基本策略：价值取向要以发展性为主，以矫治性为辅；教育平台要以实体化为主，以网络化为辅；教育形式要以活动体验为主，以传授说服为辅；教育队伍要以全员参与为主，以专职专门为辅。

（江苏理工学院　崔景贵　青海师范大学　黄亮）

第三章

职校生心理健康教育模式建构的理论依据

心理健康教育是职校素质教育的重要内容和组成部分，加强和改进新时期职校生心理健康教育，是一项复杂的系统工程和创新工程。唯有更新观念，科学探索，狠抓落实，提升水平，创建特色，坚持不懈，才能推动职校生心理健康教育的积极发展，建构高起点、有特色、可操作的职校生心理健康教育模式。从理论的角度建构心理健康教育模式，必然不能脱离建构模式所要遵循的基本原则和科学方法。建构职校生心理健康教育模式，既要依托相应的心理学理论，也要分析组成模式的各要素以及它们之间的关系。

第一节　职校生心理健康教育模式建构的心理学基础

虽然赫尔巴特早在 19 世纪就提出要在伦理学基础上建立起教育目的论，在心理学基础上建立起教育方法论；但在心理健康教育研究和实践过程中，人们并没有自觉地引进心理科学理论成果，往往是凭直觉来应用有关心理学知识。自从开始研究和建构教育模式后，人们才自觉引进心理科学的新理论、新成果来作为当代心理健康教育模式的理论基础。人本主义心理学、建构主义心理学和积极心理学是职校生心理健康教育模式建构的三大理论基石。

一、积极心理学的思想

“积极心理学是致力于研究人的发展潜力和美德等积极品质的一门科学”❶，

❶ 任俊．积极心理学［M］．上海：上海教育出版社，2006：3.

最早由美国当代著名心理学家塞里格曼发起。积极心理学把研究重点放在人自身的积极因素方面，主张心理学要以人固有的美德作为出发点，倡导用一种积极的眼光对人的心理现象做出新的解读，以激发人自身内在的积极力量，并最大限度地挖掘人的潜力。积极心理学不仅致力于研究如何使身处逆境中的人学会生存和发展，更注重研究如何使处在正常境况下的人学会建立起高质量的、有尊严的生活。显然，积极心理学是对传统消极心理学的一种修正，它将传统消极心理学过于集中于人的心理问题的研究转移到了人的发展和幸福生活上，使现代心理学的研究方向重新回到了心理学发展的“应然”轨道上，具有极其重要的意义。需要指出的是，积极心理学并不是不研究人的心理问题，恰恰相反，其着力于心理疾病的治疗和预防方面，而不是修正缺陷。预防的大部分任务将是建造一门有关人类力量的科学，其使命是提出与众不同的思想：“预防工作中所取得的巨大进步是来自个体内部系统地塑造各项弄清如何在青年人身上培养出这些品质。”❶ 由此可见，积极心理学并非是对消极心理学的全盘否定，而是提出了心理学发展的一种新的导向，进而使得倒向消极心理学的心理学天平重归平衡：实现积极心理学和消极心理学的价值平衡，实现现代心理学的重构以及功能的完善，实现心理学本身的价值回归——为了人类的幸福而存在。

积极心理学的思想对于开展职校生心理健康教育具有重要的启示。在积极心理学理念的指导下，职校教师应致力于培养学生积极的心灵和品德。职校教师要善于用积极的人性观去认识学生，用积极的思维方式去看待学生，用积极的认知去理解学生的不足和缺点，而不是简单责怪和歧视学生，以建立一种基于人格平等、理解信任基础上的积极的师生关系。职校教师不仅要用积极的心态对待教学过程中出现的问题，用积极的心态解决学生发展过程中出现的问题，更要重视引导学生运用积极心理学的思想自己去分析问题、解决问题。

二、人本主义心理学的思想

被誉为心理学发展“第三势力”的人本主义心理学是 20 世纪五六十年代在美国兴起的一股心理学思潮，其最主要的代表人物是马斯洛和罗杰斯。人本主义心理学反对行为主义的环境决定论以及精神分析的生物还原论，在自然人

---

❶ 崔丽娟，张高产. 积极心理学研究综述——心理学研究的一个新思潮 [J]. 心理科学，2005，28 (2)：402 -405.

性论的基础上，突破了自然科学的实验方法，从现象学的角度对正常人、健康人的高级心理进行了开创性的研究，主张心理学应该致力于研究人的本性、潜能、价值、经验、创造力等。人本主义心理学将人性的尊重与关怀上升到了一个新的高度，把人的尊严和自由置于核心位置，将人性的发展视为心理学最重要的使命。人本主义心理学在自我实现理论以及患者中心理论基础上提出了知情统一的教学目标观、有意义的自由学习观以及以学生为中心的教学观，丰富了现代教育理念，拓展了现代教育实践，对现代教育改革产生了深远影响。

按照人本主义心理学的思想，需要我们坚定以人为本、以人为贵、以人为重的心理健康教育人性化理念。职校教师要遵循“真诚、移情和无条件积极关注”的原则，以学生发展与成才作为教育工作的根本。不管我们对“人性”有着怎样的理解，如果持人性本恶的观点，至少应该认为人性是可以改造的；如果持人性本善的观点，至少应该认为人性是可以发展的；如果持人性无善恶论的观点，至少应该认为人性是可以塑造的。唯有如此，才能使职校生心理健康教育符合“一切从人出发，一切为了人，一切服务于人，一切着眼于人的全面发展，重视人的生命和生活，关怀人的价值和使命，关照人的精神和信仰”❶ 的要求。

三、建构主义心理学的思想

建构主义是当代心理学理论从行为主义发展到认知主义以后的进一步发展，主要受到杜威的经验性学习理论、维果斯基的文化历史发展理论以及皮亚杰的认知发展理论的影响。尽管建构主义的理论体系繁杂而庞大，但是建构主义者一般认为，世界是客观存在的，而对世界的理解和解释却由于主体经验背景的不同而不同，因而是多元的。个体对外部世界的理解离不开原有的经验或心理结构，是在主客体相互作用的基础上通过双向建构生成的，具有主体性、社会性以及情境性等特征。建构主义视学生为学习的中心，鼓励学生基于自己的生活经验和背景对知识进行主动探索、对意义进行主动建构，视教师为学习的帮助者和促进者，并强调情境设置在学习过程中的重要作用。建构主义的核心理念就是肯定学生的主体性，强调学生心理生成和发展的自主建构。❷

从建构主义心理学来看职校生心理健康教育，就是要肯定学生的自主性、

---

❶ 崔景贵．转型与建构：心理教育范式的发展趋向［J］．上海教育科研，2005（7）：33－35.

❷ 崔景贵．建构主义视野中的心理教育［J］．思想理论教育，2003（Z1）：128－132.

差异性、能动性。要提高学生心理素质，最主要的是承认学生发展上的差异，不能把他们驾在同一辆“马车”上向同一个“方向”前进，而应该把学生在发展方向上的差异作为一种资源来开发，给每一个学生提供自主建构的机会和条件，让每个学生都能充分的自主发展，以适应社会对多类型、多层次、多规格人才的需要。

第二节　职校生心理健康教育模式建构的教育学理念

心理健康教育在我国现阶段是一项开创性的新兴事业，是一项以人为本、助人自助、与人为善、育人至上的崇高事业。要实现心理健康教育由“被动防御型”向“引领发展型”的根本转变，就需要职校教育工作者积极树立新理念，创造新经验，建构新模式。

一、职校生心理健康教育目标贵在以人为本

“心理教育是关注人类心灵世界的一个复杂系统，是关心人类心理生活的一种现代理念，是关照人类现代人性的一种新型教育，是关怀人类精神生命的一种崇高事业。”❶ 现代心理健康教育，应是以人为本的心理素质教育，是主体性、发展性的心理健康教育，即促进人的素质现代化，以人的现代化推进社会现代化的现代心理健康教育。也就是说，人是心理健康教育目标的主题和实质，心理健康教育是关于人、为了人和真正使人“成人”的新型教育。

1. 心理健康教育要以生为本

所谓“以生为本”，就是一切为了学生，为了一切学生，为了学生的一切。心理健康教育是学生“人之为人”的教育，而不是社会和学校的工具，“成人”是学校心理健康教育的核心旨趣。职校心理健康教育应当以现代人性观为指导，从95后职校生生理、心理特点和个性发展的特殊性出发，培养学生良好的心理素质，实现身心健康发展。引导学生做心理健康和谐的现代人，引领学生人格现代化，是建构职校生心理健康教育模式的出发点和落脚点。

2. 心理健康教育要以学为本

所谓“以学为本”，就是引导学生“学会认知、学会做事、学会共处和学

---

❶ 崔景贵. 解读心理教育：多学科的视野［M］. 北京：高等教育出版社，2004：1.

会生存”。[1] 学习是学生的主要任务和主导活动。在职校学习阶段，学生就是要学生活的知识，学生存的技能，学生长的意义，学生态的价值，学生命的智慧。引导职校生学会自主性学习、创新性学习和实践性学习，全面实现学生学习与心理素养的自觉“革命”，是职校心理健康教育的时代主题。职校心理健康教育要着眼于学生丰富多彩的校园文化生活、现实社会生活以及今后的职业生活，服务并服从于职校素质教育，注重全面提高学生的文明素养、学习素养、职业素养和心理素养。

3. 心理健康教育要以校为本

校本发展是当今职业学校教育改革创新的重要趋向。按照一般的理解，校本即是“以学校为本”、“以学校为基础”，校本心理健康教育是为了学校，在学校中，基于学校的心理健康教育。职校作为心理健康教育实施的基本单位，最重要的就是从学校实际出发，立足于充分利用本校特色教育资源，促进学校事业发展和学生素质和谐发展上。主要体现在四个方面，即校本课程、校本培训、校本管理和校本研究。善于利用其他学校所没有的心理健康教育资源，充分发挥职校自身的优势与独特资源，是彰显职校生心理健康教育个性与特色的重要抓手。

以生为本、以学为本、以校为本这三个方面反映了“人本心理健康教育”的基本价值取向，也真正体现了现代人本心理健康教育的真谛和使命。必须明确的是，它们本身不是心理健康教育的根本目的，而是为了更好地体现和实现以人为本的心理健康教育理念，形成和建构职校生心理健康教育的特色，促进95后职校学生心理的健康、和谐与可持续发展。心理健康教育只有定位在“人本心育”的基本点上，实践和建构“以人为本”的心理健康教育理念，其长远效益和发展前景才会是美好、灿烂的，这样的心理健康教育才是最受95后职校学生欢迎、最富有生机和活力的。

二、职校生心理健康教育活动重在精益求精

活动是心理健康教育教学的基本形式。基于职业教育课程改革的视野，心理课堂活动更要高质量、有创意、易操作、重体验。心理健康教育课堂教学活动不在多，而在于精，贵在精益求精。职校心理教师要在“精”字上做文章、下工夫、求实效，就是在心理健康教育课堂教学的目标确定、人员安排、过程

[1] 崔景贵．心理教育（职业学校）[M]．南京：南京师范大学出版社，2002：4.

调控和活动设计等方面要精益求精，做到精确、精神、精巧和精致。

1. 活动目标要精确

心理健康教育的目标就在于预防心理障碍，维护心理健康，开发心理潜能，促进职校生心理自主和谐健康发展。心理健康教育活动要坚持“以育人为本”，“让每一个学生得到充分的发展”。职校心理教师要从学生的心理发展现状和实际需要出发，可以和学生一起商定、共同制订课堂教学目标，做到精心设计、清晰明确，做到精通心理健康教育教学主题，把握心理健康教育各方面目标的精髓所在，把握心理健康教育课堂教学的精华。

2. 活动主体要精神

职校心理教师在课堂活动的人员组织安排上善于用人所长、扬长避短，善用“精兵强将”，给每一个学生提供充分展示自我的机会。既要引导学生发扬团队合作精神，精诚团结，相互支持，密切协作，以积极乐观的心态面对困难与挑战，自身也要保持积极健康的精神状态，做到精力充沛、精神抖擞、精神振奋，做到教学仪态自然大方，言行举止优美得体，着力形成愉悦和谐的课堂教学氛围。

3. 活动过程要精巧

在现代课程改革理念的指导下，职校心理教师对课堂教学的全过程要精心组织，在教学过程的每一个环节上都要精雕细刻，主要表现在：一是教学手段技术上做到精心安排，尤其是现代化的多媒体教学手段，心理教师要熟练掌握，适时适度地正确使用，讲究直观教学的目的性、针对性和适切性。二是教学内容材料要精心准备，做到围绕心理健康教育课程目标精选教学内容和资料，具有先进性和时代性，在科学性和思想性等方面不出差错，做到贴近职业教育实际，贴近现实社会生活，贴近学生心理世界，适当精简课堂教学用的心理材料，适时提供一些职校生喜闻乐见的心理格言、名言或警句。三是教学语言上要精心提炼，从设计确立的课堂教学目标出发精讲自己的思想观点，就是思想观点要精辟深刻。在课堂上心理教师表达的话语不在多而在于精，给学生一种“余音绕梁”、回味无穷的感觉，特别是在学生活动体验交流之后要精心小结，言简意赅，这样能够取得画龙点睛、事半功倍之效。四是教学时间安排上精打细算，把握好课堂教学节奏，自然过渡，有序推进，结构紧凑，避免给人一种前松后紧、虎头蛇尾的感觉。五是教学方法方式上要坚持启发式、废止注入式，富有体验性，充分调动学生的积极性和创造性，适合学生的心理特点和需求，充当心理活动的“促进者”、“联络员”和“主持人”，能够充分展示自己独特的教学风格、精湛的教学艺术和高超的教育智慧。

4. 活动设计要精致

心理教师要全面考虑活动过程的师生互动，活动之前对学生的相关要求要明确具体，注意激发学生参与活动的兴趣，活动过程要充分展开，关注学生的活动参与度，引导学生自觉参与、激情投入，引导学生在自主合作探究式的活动中积极体验、自主建构；活动之后心理教师进行必要的教学小结与反思，了解学生心理体验的深刻性，努力实现健康心理、健全人格、陶冶心灵和提升精神的心理健康教育目标。反思当下现实，心理教师在课堂上可以适当精简一些活动，不要刻意追求活动的数量多，或者课堂教学活动形式上的标新立异、故意花哨。

精益求精，就是注重心理健康教育课堂教学目标的充分实现和全面优化，务求心理健康教育教学全过程的精工细作，心理健康教育活动设计的精练精致；就是要努力打造出心理健康教育活动的“佳品”、“极品”与“精品”，追求妙不可言、精妙绝伦的心理健康教育效应和效果，追求美不胜收、精彩卓越的心理健康教育理想境界。

三、职校生心理健康教育发展成在与时俱进

与时俱进是时代的强音和科学的命题。与时俱进同样是职校生心理健康教育应有的发展状态、重要的教育理念和做好工作的思想保证。与时俱进，就是职校心理健康教育的全部理论和工作要体现时代性，把握规律性，富于创造性。与时俱进的核心，就是运用辩证唯物主义的思想、观点和方法去探索心理健康教育的规律，研究时代发展的特征，解决现实的心理健康教育问题，创造性地开展工作。能否始终做到这一点，决定着职校生心理健康教育模式的质量与水平。

心理健康教育课程建设要和学生日常教育与管理工作紧密结合，全面融合到学校的教学、管理和服务等各项工作中。要确立“心理育人，人人皆有责”；“心理育人，各学科有责”的基本信念，在教学、科研、管理、环境和服务等方面全方位地推进心理健康教育。这就要求职校心理教师必须切实把握当代职校生的心理发展脉搏，以“导”为基本原则和主要方法，对学生心理发展多引导、心理矛盾多辅导、心理问题多疏导，增强心理健康教育的吸引力与亲和力，提高工作的针对性和实用性，才能真正为学生所欢迎，赢得学生的信任。现在最为关键、最为迫切的是，教育行政部门和职业学校要与时俱进，

进一步优化心理健康教育改革的思路：转变观念，提高对心理健康教育的重视程度；健全机制，加大心理健康教育建设的投入力度；加强管理，提升心理健康教程建设的统筹强度；建构模式，整体推进，努力开拓心理健康教育的新境界，把学校心理健康教育真正落到实处。❶

从某种意义上可以说，积极开展心理健康教育的过程，就是职业学校形成自身心理健康教育特色的过程，就是积极建构职校心理健康教育模式的过程。心理健康教育模式的建构有四点基本要求：富有特色、起点较高、便于操作、充分整合。❷心理健康教育发展的具体操作模式可以多种多样，关键是要有大心理健康教育观：一是心理健康教育在学校教育各科教学中的科学定位，与各学科教学的有机融合；二是课内心理健康教育与课外心理健康教育的有机结合；三是显性心理健康教育与隐性（潜在）心理健康教育的有机结合；四是心理健康教育课程与学校班级管理、班主任工作、共青团和学生会工作及校园文化活动的有机结合；五是德育、智育、体育、美育、劳育等诸育和心理健康教育的有机结合；六是学校、社会（社区）、家庭与自我心理健康教育四方面的有机结合。只有真正达成“心理健康教育是一个育人的系统工程”这样的共识，才能切实避免“各吹各的号，各定各的调”式的内耗。

推进职校生心理健康教育发展，要面向所有学生，做到真抓实干、求真务实，避免浮光掠影的简单化做法和形式化倾向。从目前实际情况看，职校生心理健康教育建设起步比较晚，起点比较低，更需要“积极推进、实事求是、科学规划、加强领导”，努力做到“四个一”：实施“一把手”工程，即校长或主要领导牵头负责，充分整合全方位的教育资源，积极组织实施，把心理健康教育工作做深做实；确立“一盘棋”思路，即把心理健康教育视为学校的一项工作制度和教育理念，纳入学校整体教育工作中去考虑、去规划；建构“一体化”格局，即正确对待职校心理健康教育与德育的关系，实现心理健康教育和道德教育的和谐发展、相得益彰；实行“一条龙”服务，即从入学适应、校园生活到学生毕业走向社会、踏上工作岗位，都以促进人格现代化的心理健康教育为主线，把心理健康教育贯穿于职校教育教学的各阶段、全过程。

职校心理健康教育就是促进和引领职校生成长成人、成才成功的“希望工程”、“阳光工程”和“幸福工程”。心理健康教育在现代职业教育体系中有

---

❶ 崔景贵．关于我国中小学心理教育课程教材建设的思考［J］．课程·教材·教法，2002（1）：55－58.

❷ 崔景贵．心理教育范式论纲［M］．北京：社会科学文献出版社，2006：202.

着不可替代的重要地位，是职校素质教育的基础、核心和中介。心理健康教育在某种意义上可以说是一场职业教育思想和观念的“革命”。心理健康教育对95后职校学生素质发展而言不再是可有可无的，也不应该是现代职业教育系统外在的“赘生物”。我们要善于在素质教育场域中重新认识心理健康教育的价值，自觉地把心理健康教育纳入职校教育整体去设计和规划，自觉地把心理健康教育作为一种现代职业教育理念、教育制度看待。我们一定要适应职校生心理健康教育实践的发展，以实践来检验一切，自觉地把思想认识从那些不合时宜的观念、做法和体制的束缚中解放出来。或许，只有在心理健康教育观念现代化变革的前提下，建构职校生心理健康教育模式才能真正实现。

第三节　职校生心理健康教育模式建构的管理学路径

服务、教育、引导和管理是心理健康教育的基本职能。可以说，职校心理健康教育工作，就是为了职校生的成才和发展强化心理服务工作，就是和职校生一起优化心理教育工作，就是为促进职校生和谐自主发展而多做心理引导工作，就是为维护职校生的心理权益而深化心理管理工作。目前，职校生心理健康教育存在的主要问题有：工作职能上管教过多，服务过少；教育方式上言教过多，活动体验过少；管理方式上指挥过多，指导过少；服务方式上被动过多，主动过少，影响了心理健康教育工作的成效。建构职校生心理健康教育模式，要树立“助人自助与自助助人”的信念，坚持“成才与发展为本、教育与管理为纲、引导与服务为主”的工作方针，着力创新工作职能，科学提升工作效能。

一、着力创新职校生心理健康教育职能

心理健康教育是以心灵呼唤心灵，以人格塑造人格，以精神感染精神，以思想转化思想，以智慧培植智慧，以生命点燃生命的教育过程。建构职校生心理健康教育模式，追求的不仅仅是心理健康教育工作的规范、制度、方法与技术，更应注重建构专业化发展的职业教育教学思想、理念、智慧与艺术。

1. 转变思想观念，增强服务意识

“以学生发展为本，为学生成才服务”是职业学校心理健康教育工作所倡导的时代理念，就是要在实践中自觉地把学生视为职业学校事业的生命之线、生存之根、发展之本。职校应该贴近职校生的生活世界，贴近职校生的情感需

求，贴近职校生的生涯规划，为广大95后职校生办实事、做好事、解难事，真正立足于解决95后职校生的实际问题来改进心理健康教育工作，做到情为学生所系，权为学生所用，利为学生所谋，“想学生之所虑，急学生之所难，谋学生之所求”。

2. 转换专业角色，注重教育过程

职校心理健康教育工作者是95后职校生发展的“人格引领者”、“精神关怀者”和“重要他人”。心理健康教育工作者要善于扮演好多重专业角色，善于做有思想的“教育家”，做能创新的“研究者”，做善反思的“实践者”，做务实际的“多面手”；善于变教育者的角色、权威者的角色和管理者的角色为“心灵导师”的角色、“心理导演”的角色和“心智导游”的角色。

3. 转化精神状态，创新引导艺术

职校心理健康教育工作者必须始终保持与时俱进、奋发有为的精神状态，树立“创新创特色，创业创一流，创优创实效”的意识，增强“敢于争先，勇于拼搏，善于超越”的意识。职校心理健康教育工作者要改变一切工作都“唯书”或“唯上”，克服怨天尤人、无所作为的消极心态，变被动防守、疲于应付为主动出击、科学引导，围绕95后职校生的成人成才成功而运转，对95后职校生的人生未来发展负责，善于引领95后职校生追求卓越的人生目标。

4. 转移工作平台，提升管理水平

一切为了学生，一切依靠学生，从学生中来，到学生中去，这是职校心理健康教育工作的优良传统。切实加强心理健康教育，就要把人多数学生需要不需要、满意不满意作为一切工作的出发点和落脚点。职校心理健康教育工作者不能够局限在办公室、会议室和文件中布置安排心理健康教育工作，满足于做好一般性、日常性和事务性的心理健康教育工作，而是要善于深入学生宿舍和公寓走访调研，在教室和辅导室里、在课堂上和操场上了解学生的真实信息，在“零距离”与学生对话交流活动中观察思考。职校心理健康教育工作者要不断创新和变革管理方式，从权力化管理、制度化管理向人格化管理、人性化管理转变，从封闭式、强迫式管理向民主式、自主式管理转变，从常规事务型管理向特色创新型管理转变，从经验化管理向专业化管理提升。

二、科学提升职校心理健康教育效能

建构职校生心理健康教育模式，更要在科学提升心理健康教育工作效能上下工夫、求实效。

1. 用心重于用力

亚里士多德说过，“教育心智而不教育心灵就是没有进行教育”。心理健康教育工作首先是人心之学，不了解学生心灵就谈不上开展心理健康教育工作。心理健康教育工作是心灵对心灵的理解与沟通，心灵对心灵的耕耘与创造。心理健康教育工作就是“知心”和“贴心”的教育，是以心“换”心、以心“唤”心、以心“焕”心的工作艺术，更需要心理健康教育工作者学会做有心人，用“心”去做，而不只是简单地用力、用劲和用时间。

2. 引导重于矫正

职校心理健康教育工作必须坚持“教育有法，但无定法，贵在得法”。所谓“得法”，就是要经常性反思自己的教育过程、管理工作和服务意识，以“导”为教育原则和主要方法，多做引导性、指导性、辅导性和疏导性的工作，对职校生的思想问题要开导，道德问题要教导，学习问题要辅导，生活问题要引导，择业问题要指导，心理问题要疏导，行为问题要督导。职校心理健康教育工作者既要讲工作过程的人格魅力，又要讲教育实践的智慧艺术；既要坚持工作的原则性，又要把握工作的灵活性。

3. 行动重于策划

俗话说，“心动不如行动”，“实干兴帮，空谈误国”。职业学校心理健康教育工作者唯有求真务实，大兴求实笃行之风，才能做到工作思路务实，工作目标求实，工作措施扎实，工作成效真实。通过专业理论学习、反思专业实践和开展校本心理科研等途径来实现自身的积极发展，努力成为创新型和智慧型心理健康教育工作者，成为专业化和专家型心理健康教育工作者。

4. 责任重于泰山

古今兴盛皆在于实，天下大事必作于细。细节决定成败。心理健康教育工作无小事，职校生学习生活和发展成长中的每一件事都是丝毫马虎不得、耽误不得的大事。职校心理健康教育工作者要进一步强化责任感和使命感，把实际工作中每一件不起眼的小事情做精细了，就是伟大；把职业教育实践中每一件平凡的小事情做精致了，就是真正的不平凡。

5. 人格重于知识

古人云：“政者正也。其身正，不令而行；其身不正，虽令不从。”俄国教育家乌申斯基说：“在教育中，一切都应以教育者的人格为依据，因而教育的力量只能从人的人格这个活的源泉流露出来。任何规章制度，任何人为的机关，无论设想得如何巧妙，都不能代替教育事业中教育者人格的作用”。职校心理健康教育工作者要自觉完善心理素养和文明素养，以自身的高尚人格来塑造学生的健全人格，因为一位为人师表、人格优秀的职业学校教师，本身就是一本用生命智慧和教育艺术打开的职校心理健康教材。

6. 身教重于言教

著名教育学家叶澜教授说：“没有教师生命质量的提升，就很难有高的教育质量；没有教师精神的解放，就很难有学生精神的解放；没有教师的主动发展，就很难有学生的主动发展；没有教师的教育创造，就很难有学生的创造精神。”职校心理健康教育工作者要以学习来示范学习，做自主学习、创新学习的榜样，做刻苦学习、终身学习的典范；要以文明习惯来培养职校生的习惯，以创新意识与能力来培育职校生的创新精神；要以自身的教育艺术来引导职校生领悟人生的智慧，以自身专业化发展来引导职校生追求积极向上的成长目标。

建构职校生心理健康教育模式，职校教育工作者要树立职业教育系统的和谐发展理念，不能只为心理健康教育工作而做心理健康教育工作，就心理健康教育工作来抓心理健康教育工作。把握新形势、承担新使命、迎接新挑战，职校心理健康教育工作者义不容辞、责无旁贷。建构职校生心理健康教育模式，更需要树立新理念、拓展新思路、打造新品牌，需要创新工作过程，改变管理方式，提高服务水平，一心一意促发展，全心全意抓落实，诚心诚意思创新，真心真意建特色，积极引导和促进95后职校生和谐发展、成人成才。

聚焦心理健康教育已经成为当今职业教育研究的新思潮，但要推广心理健康教育的实践智慧，丰富和完善心理健康教育思想，显然还要走很长一段路程。而建构积极型、发展性、自助式和整合化职校生心理健康教育模式，更是一个全方位、基础性的系统工程、复杂工程和创新工程，终将会引发一场更为深刻的职业教育思想变革和实践创新。

本章小结

职校生心理健康教育模式的建构需要科学理论的支撑。从心理学来看，要以积极心理学、人本主义心理学和建构主义心理学等为理论基础。从教育理念来看，一要树立以人为本的教育目标，即做到以人为本、以学为本、以校为本；二要开展精益求精的教育活动，即做到活动目标精确、活动主体精神、活动过程精巧、活动设计精致；三要保持职校生心理健康教育的与时俱进，即全部理论和实践工作要体现时代性、把握规律性、富于创造性。从管理学来看，一方面要转变思想观念，增强服务意识；转换专业角色，注重教育过程；转化精神状态，创新引导艺术；转移工作平台，提升管理水平，从而创新教育职能；另一方面要用心教育、注重引导、勇于行动、敢于担当、提升人格、做好示范，以提升教育效能。

（江苏理工学院　崔景贵）

第四章

职校生心理健康教育模式建构的理论框架

不难理解，建构是结构和建造逻辑的表现形式。建构着重系统的建立，强调建造的过程，注重技术、结构、材料和表现形式等。建构包括设计、构建、建造等内容，是一个三位一体的集合，是一个全过程的综合反映。理想的职校生心理健康教育模式，既能够代表职校生心理健康教育科学发展的先进理念，又能够充分体现职校生心理健康教育改革创新的理性实践，应当理念科学现代，理论充分准备，目标切合实际，自主行动积极，操作策略明晰，经验特色显现。

第一节　职校生心理健康教育模式建构的认识论

从现实来看，职校生心理健康教育呈现出多学科关注、参与的景象。这就要求来自不同专业领域、持不同教育思想观念的职业教育工作者，对职校生心理健康教育的核心价值以及基本规律形成科学的共识。而建立这一科学的共识，离不开职校生心理健康教育“安身立命”的三个最为重要的支点——哲学、心理学及教育学。借助这三个支点，可以看到职校生心理健康教育应然的走向。

一、职校生心理健康教育的价值审视

实施职校生心理健康教育，要从哲学、心理学及教育学的学科视角审视心理健康教育的重要支点，理性反思职校心理健康教育实践存在的误区，秉承以

人为本、发展人性的理念，科学建构多元共生、富有校本特色与时代内涵的职校生心理健康教育模式。

（一）哲学视域的审视：明确以人为本、发展人性的价值取向

之所以要在哲学的视野中审视心理健康教育，源于哲学是心理健康教育的根基。有什么样的哲学思考，就有什么样的心理健康教育，离开了正确哲学观念指导的心理健康教育必将走向歧途。对职校生心理健康教育进行哲学方面的反思，实际上也就是对心理健康教育的本质是什么的一种探寻。有学者提出，心理健康教育的本质是“人类有意识、有目的地促进自身心理发展的一种实践活动”❶。既然心理健康教育本质上是围绕着人而开展的一项活动，那么对人的关切就成了心理健康教育无法回避的主题，心理健康教育的全部价值也就在于人：“一种基于人性、张扬人性的教育。”❷ 可以说，心理健康教育的核心价值就是发展和提升人性，塑造和完善人性。而对多学科视域下职校生心理健康教育的探讨，也必然不能脱离这一根本价值理念的指导和规范，不能脱离以人为本、发展人性这一根本目的。

（二）心理学视域的审视：满足职校生心理发展的多重需要

之所以要在心理学的视域下审视心理健康教育，源于心理学揭示了人的心理生成与发展的一般规律。研究心理健康教育、建构心理健康教育的模式，都必须从人的心理生成和发展的一般特征出发，包括不同时代所赋予人的心理的时代特征，不同群体所具有的共同心理特征以及个体独具的个性心理特征。

开展职校生心理健康教育，必然不能脱离职校生心理发展所处的年龄阶段。职校生一般处于十五六岁至十八九岁，正是由青春期向青年期过渡的时期，是逻辑思维发展日渐成熟的时期，是情绪发展的狂飙期和反抗期，是自我意识稳定、价值观形成、道德趋向成熟期，同时也是心理发展的不平衡期。❸当代被称为“95 后”的一代职校生，具有鲜明的特征，有学者将其概括为“五强五弱”：“一是时代感强，责任感比较弱；二是认同感强，实践能力比较弱；三是参与性比较强，辨别能力比较弱；四是主体意识强，集体观念比较

❶ 崔景贵．回到心理教育本身——对心理教育的哲学反思［J］．教育理论与实践，2005，25（8）：50－54.

❷ 黄辛隐．对心理教育的哲学解读［J］．教育评论，2003（2）：26－29.

❸ 林崇德．发展心理学［M］．杭州：浙江教育出版社，2002：362－413.

弱；五是个性特别强，心理承受能力比较弱。”❶ 95 后职校生的这些心理特点，是建构职校生心理健康教育模式不可或缺的重要依据。

职校生的学习由普通教育向职业教育的转变，发展方向由升学为主向就业为主的转变，以及面临职业选择、就业压力等多方面的挑战，使得职校生的心理发展以及面临的心理困惑，主要在学习心理、情感心理、个性心理、自我心理、人际心理、性心理、择业心理等方面，呈现出不同于普高学生以及大学生的特点。而这些特点，又与职校生心理发展的年龄特点、职校生心理发展的时代特点融合在一起，其复杂性不言而喻。在关注职校生群体心理特点的同时，也要关注个体独具的心理特征。每个人心理的发生与发展，都是遗传和环境相互作用的产物，不同的遗传素质，不同的成长环境，形成了个体独有的心理特征。开展职校生心理健康教育，既要抓好“面”，又要关注“点”；既要从职校生共有的心理特征出发，又要针对个体独有的心理特征开展有针对性的教育活动，唯有如此，才能真正使心理健康教育惠及每一个职校生。

（三）教育学视域的审视：把握心理健康教育的一般规律

如果说哲学为职校生心理健康教育提供了目标和方向，心理学为职校生心理健康教育提供了航道和支架，那么教育学可以说为职校生心理健康教育提供了工具和方法。教育学为心理健康教育提供切实可行的方法和策略，要求心理健康教育必须遵循教育的一般规律：明确具体的教育目标，制订可行的教育大纲，完善心理健康教育内容，开设心理健康课程，确定教育评价标准以及对教育成效的检验与考核等。教育学更为心理健康教育模式的建构提供了可资借鉴的现代教育精神，即更加注重对人性的关照，对人的心理发展的关怀。另外，从教育学的视野审视心理健康教育，还必须协调其与其他教育学科的关系，明确其在教育体系中的定位，这在某种意义上将直接决定心理健康教育实施的成效。

当然，从教育学的视野审视心理健康教育模式，只是借鉴教育学的科学原理以及遵循教育实施的一般规律，并不意味着心理健康教育可以同其他的学科教育等同起来，心理健康教育模式不等同于一般学科教育模式，应遵循其本身特有的规律。同时，这一反思更是为建构职校生心理健康教育模式提供思路，明确价值，找准方向。

---

❶ 崔景贵. 90 后职校生心理发展的特征与多维评价［J］. 中国职业技术教育，2009（6）：32－36.

二、建构职校生心理健康教育模式的现代理念

模式不仅要指导当下的职校生心理健康教育活动，而且应该着眼于未来，在理念和操作上具有前瞻性和超越性，而这离不开心理科学理论的指导和现代职教理念的支撑。

（一）内涵发展的理念

内涵是指概念所揭示的事物的本质特征，即事物质的规定性。所谓内涵发展是指把握事物的本质属性，推动事物朝着健康、高效、有序的方向发展。研究职校生心理健康教育模式，应从整体上对什么是职校生心理健康教育，也即职校生心理健康教育的本质、功能、属性等形成科学合理的认识；对模式的组成要素审视、选择、整合，以形成完整的体系。建构职校生心理健康教育模式，职校要强化内涵发展和特色发展的“问题意识”，即建构模式的重心是什么，建构模式究竟为什么，建构模式应该做什么，建构模式怎么做得好，建构模式需要注意些什么。加强模式内涵建设，职校要切实增强责任感和紧迫感，科学认识、深刻理解并积极实践，从思想认识、教育观念、目标设计、课程建设、队伍优化、行动研究和特色创新等方面全面推进。

（二）育人为本的理念

人是职业教育的主题和主体，是职校心理健康教育的逻辑起点和归宿。谈及模式建构，我们必须直面、无法回避的有三个重要问题：职校生为什么要接受心理健康教育？职校生应该接受什么样的心理健康教育？如何使职校生接受适合的、优质的心理健康教育？立足于促进职校生的心理和谐和人格健全，心理健康教育不是“护短”、“揭短”和“补短”，而是要“加长”、“扬长”和“拉长”，引导职校生有特长、个性化地发展；心理健康教育不是诊疗般矫正、干预和预防，而是更加注重心理建设、心理成长和心理资本发展。职校心理健康教育工作者要树立以人为本的教育价值观、与人为善的教育人性观、助人自助的教育过程观和育人至上的教育目标观，理清思路、彰显积极、引导成长、促进发展，扎实做好心理健康教育改革创新的各项工作。

（三）追求幸福的理念

幸福就是健康快乐而有意义地活着。幸福是一种心态，也取决于心态。引导职校生追求幸福，其本质就是追求更利健康的心态、更高质量的生活和更加充实的生命。当前部分95后职校生存在的消极心理状态，即无聊感、无用感、无望感、无责感和无助感，值得关注和引导。当代职校生缺少真正的幸福感，

职校教师要用心读懂职校学生心理、心智和心灵这本书，真正了解理解问题学生的心理状态、需求和症结。建构心理健康教育模式，职校要按照班华教授提出的“优化心理机能、提升精神品质、促进人格和谐、服务人生幸福”这一宗旨，树立精益求精、与时俱进的理念，让心理健康教育工作重点和重心前移，追求让每一个职校生拥有幸福人生的教育理想，坚决守护、努力增强职校生的幸福感，促进95后职校生快乐生活、健康成长、和谐发展。

（四）多元共生的理念

建构职校生心理健康教育模式，职校要全面把握心理健康教育发展趋向，优化选择，探索创新，彰显特色。职校生心理健康教育正从“传统单一式”向“现代多样式”转变，从“消极矫正式”向“积极发展式”转型，从“求助救助式”向“助人自助式”转轨，从“单向灌输式”向“互动体验式”转向，从“零散平面式”向“整合立体式”转换，从“封闭自主式”向“开放渗透式”转化。当职校生心理健康教育领域逐渐成熟的时候，自然会出现各具特色、多元共生的工作模式，如积极型心理健康教育、主体性心理健康教育、发展性心理健康教育、自助式心理健康教育、青春期心理健康教育、网络化心理健康教育、职业类心理健康教育、文化层心理健康教育、生活化心理健康教育和整合型心理健康教育等。

第二节　职校生心理健康教育模式建构的方法论

职校生心理健康教育模式是在现代职业教育理念和心理科学理论指导下，对心理健康教育过程及其组织形式做出的特征鲜明的简要表述，其上承心理健康教育理念，下推实践操作过程，是理论与实践的中介和桥梁。建构职校生心理健康教育模式，既是对心理健康教育理论的新探索，也是对心理健康教育实践的新尝试，更是职校生心理健康教育内涵发展的新跨越。

一、建构职校生心理健康教育模式的操作策略

我们必须确立整合化的心理健康教育观，不断提高实践工作者的专业素质，建立科学可行的职校心理健康教育实践系统和操作制度。

（一）目标设计策略

建构心理健康教育模式的实践系统，必须先建立心理健康教育的科学目标体系。心理健康教育目标体现了教育活动的意向性和客观性的统一、阶段性和

终结性的统一，它反映人们关于心理健康教育的价值观念，规定着教育对象的发展方向和预期的发展结果，指导和支配着心理健康教育活动的过程，对心理健康教育活动起指向、激励、调节作用。建构心理健康教育目标，应坚持全面和谐发展方向，遵循职校学生身心发展规律，突出最基本的心理素质要求，重在打好素质教育基础，做到扬优弃劣。设计心理健康教育的目标体系，应体现出学校类别和对象层次，既要有整体科学的要求，也要用一系列可测、可行的具体指标表示，便于实际操作。

（二）课程改革策略

建构心理健康教育模式的实践系统，必须按照职业教育课程改革的现代理念，建立目标、方法与内容相统一的心理课程教学管理体制；积极推进心理健康教育课程改革试验，建立符合职业教育目标、有利于受教育者发展的心理健康课程结构体系；探索研究职业教育教学规律，合理配置职业教育教学资源，形成积极高效的课堂教学环境氛围，建立健康和谐的心理健康教育主客体关系；尊重个性，理解差异，发展特长，创建并形成有利于职校生全面自主、个性化发展的心理健康课程内容体系。

（三）队伍优化策略

无论是模式的运行还是模式的创新，都离不开主体的作用，加强队伍建设是建构模式的关键。心理健康教育的教师队伍、管理队伍和研究队伍是一个有机整体，他们的理念、素养、工作方法以及技术水平如何，直接影响到模式的建构成效。因此，建构心理健康教育模式的实践系统，需要持续优化“三支队伍”的专业素质：在观念上，要把心理健康教育过程理解为互动、活动的实践过程，充分认识师生之间、学习者之间相互对话和交流的重要性；在方法上，要从实际出发，注重心理健康教育教学方式、组织形式的现实针对性和可操作性，满足不同地区、不同层次和不同类型学校以及师生在不同发展阶段的具体需求；在精神状态上，则要倡导与时俱进、开拓进取、求真务实。

（四）行动研究策略

建构心理健康教育模式的实践系统，在研究方法论上，应采用多学科整合研究心理健康教育的策略，大力倡导心理健康教育行动研究、叙事研究和校本研究，在心理健康教育实效上下工夫，鼓励和支持多元工作者之间展开平等的对话与交流。心理健康教育模式研究要重视人文精神与科学实践的统一，技术继承与思想创新的统一，从而建构富有价值与效率的研究手段与技术，更有效地服务于人类社会和学校教育的发展。职业教育工作者要树立全员、全程和全方位的心理健康教育意识，积极扮演“重要他人”、“心理辅导者”和“精神关怀者”的角色，以更加开放互动的积极姿态、更加宽阔融合的积极视野、更加灵活多样的积极方法，去担负心理健康教育模式建构的历史使命。

（五）特色创新策略

有特色就有影响力，有特色就有生命力。在我国大陆，职校生心理健康教育概念的明确提出时间并不长，还没有完全定型成熟的理想模式。借鉴国外教育模式的经验，也需要有一个改造或改进的本土化过程，这就决定了在建构心理健康教育模式方面必须更加注重中国职业教育特色，必须和中国传统文化相结合，以科学人文关怀为本，把握当代职校生心理发展脉搏。建构心理健康教育模式的实践系统，要按照素质教育的理念，推动职业教育观念更新、职业教育行为优化与教育实践变革，形成良性的心理健康教育生态氛围，构建富有校本行动研究特色的心理健康教育运作机制和管理系统，打造个性特色鲜明的职校生心理健康教育模式。

二、建构职校生心理健康教育模式的理性实践

建构富有特色、行之有效的职校生心理健康教育模式，是一项十分复杂的教育系统工程。职校生心理健康教育起步比较晚，但起点不能低，更需要精心设计、悉心规划和用心实践。

（一）坚持积极范式

阳光心灵是职校生健康成长的心理策略，积极和谐是职校生幸福生活的心理之道，即要培育积极阳光心态，把握积极认知方式，保持积极情绪状态，建构积极人际关系。走向积极实践的心理健康教育是以人为本、优化心态的幸福教育，助人自助、阳光心灵的和谐教育，是育人至上、提升心力的素质教育。建构心理健康教育模式，职校要探索积极心理学、人本主义心理学和建构主义心理学的理论基础，变革消极教育管理方式，以就业为导向，以服务为宗旨，以素质教育为重点，以人格教育为主线，引导职校生树立积极、均衡、适度、变通的人生态度。职校教师要在积极心理健康教育实践中携手探索，实现自身专业化发展，与职校95后学生一起成长！

（二）实施系统工程

建构职校生心理健康教育模式，要把握整合、全面、务实和发展的基本原

则，即坚持“学科融合、行动统合、技术综合和目标整合”，坚持“心理教育全方位、心理管理全过程、心理服务全天候和心理引导全人化”，坚持“理论探索顶天、校本实践立地、专业研究求真和开拓创新务实”，坚持“学校和谐发展、模式创新发展、教师专业发展和学生个性发展”。要全面实施“六个一”工程，即“一把手”负责，“一盘棋”思路，“一揽子”计划，“一体化”格局，“一条龙”服务和“一系列”行动。要杜绝心理健康教育可能的“异化”现象，即防止心理健康教育教学与研究“两张皮”现象，防止职校心理健康教育工作的“各人自扫门前雪”现象（各自为阵、各自为战和各自为政），防止心理健康教育表面化、形式化的“海市蜃楼”现象，防止职校生心理健康教育“德育化、医学化、学科化”现象。

（三）培育卓越师资

心理健康教育是一种信心、一种信任、一种信念和一种信仰。高品质、高水平的心理健康教育取决于爱岗敬业、兢业乐业的心理教师。职校心理教师要敬畏心理健康教育、理解心理健康教育、热爱心理健康教育、变革心理健康教育和引领心理健康教育，尤其要科学认识、理智把握专业角色与成长目标，做有尊严感、责任感和幸福感的“心理人”，做健康快乐、和谐成熟、专业卓越的心理教师；要积极应对职校心理健康教育困境、角色冲突、工作压力、职业倦怠和消极评价，努力扮演个性模特儿、人格示范者、精神关怀者和重要他人等角色，从专门的心理教师走向专业的心理教师，成长为专家型心理教师。职校心理教师要全面完善自我，注重心理管理，积淀心理资本，积极有效沟通，和谐人际关系，培育团队精神，为职校学生心理健康和谐发展做出更大的贡献。

（四）注重校本行动

建构心理健康教育模式，职校要立足教育目标和学生需求，注重校本课程建设、开展校本培训、探索校本管理和推动校本研究，对职校生心理健康课程教法、学法的专业属性进行深入研究，注重活动质量，建构工作品牌。校本行动只有开始没有结束，只有有待成熟没有失败，而校本行动的最大收获是职校心理健康教育教学艺术与管理智慧的增长。职校心理教师既要仰望星空坚定追求职教理想，更要树立信念脚踏实地扬帆起航，秉承“科教融合，教学相长，心理育人，校本行动”的信念，自主反思、创新专业实践，学会用自己的语言叙述自主的实践，从自主的实践提炼自我的经验，让自我的经验体现自身的心理健康教育特色。

我们走在职校心理健康教育大路上，路在我们脚下延伸。自觉走近95后职校生心理世界，走秀心理健康课程教学改革，走进心理健康教育校本行动研究，走入职校人本心本和谐管理，走向积极职教专业实践范式。这是新时期做好职校心理健康教育工作的“法宝”和“奥秘”，也是科学建构职校生心理健康教育模式的核心旨趣和本真追求。

第三节　职校生心理健康教育模式建构的发展论

对于心理健康教育未来“什么即将发生”的问题，我们不可能给出明确的或令所有人都信服的回答。[1] 但我们可以认真地说，心理健康教育模式的变革与发展是一个不间断的历史走向。“尽管我们现在很清楚地认识到，不存在，也不可能存在什么确实的未来，然而未来的意象却会影响到人类目前的行为方式。”[2] 心理健康教育模式的未来道路可能会向哪里延伸，应该选择怎样的发展路径，这是需要关注和深入探讨的问题。[3]

一、职校生心理健康教育模式的发展趋向

（一）价值追求：从功利化、工具化走向人性化、人本化

在一些人看来，心理健康教育是改进学校德育的“氧气瓶”、解决学校教育问题的“灭火器”、粉饰应试教育的“墙面砖”和教育改革发展的“助推器”。就思维方式而言，这些都是工具主义的教育观，其特点就是心理健康教育的存在合理性由心理教育能够完成某种独特的外在任务这一点加以辩护。换言之，心理健康教育本身是作为一种工具而获得意义的。现在越来越多的人认识到，心理健康教育的根本问题是人的心理发展问题，心理健康教育是现代人性发展与提升的自觉需要。心理健康教育的萌生正是教育人学思潮的一种回

---

❶ 关于探讨心理教育发展趋向的文献，读者可以参阅樊富珉．二十一世纪我国学校心理健康教育的发展趋势［J］．大众心理学，1999（3）．叶一舵．论心理健康教育的十大发展趋势［J］．发展研究，2000（10）：58－59．刘晓明，王丽荣．我国学校心理咨询的发展方向［J］．中国教育学刊，2000（4）：30－31．钱焕琦．21世纪：学校心理健康教育的全面发展［J］．中国健康教育，2002（1）：33－34．姚本先．我国学校心理健康教育：现状、问题、展望［J］．课程·教材·教法，2003（2）：41－44．孙清立．学校心理健康教育的发展方向研究［J］．山东工业大学学报（社会科学版），2002（4）：100－103．崔景贵．我国学校心理教育的反思与发展［J］．中国教育学刊，2003（2）：39－42．

❷ ［美］华勒斯坦等．开放社会科学［M］．刘锋译．北京：生活·读书·新知三联书店，1997：84－85．

❸ 崔景贵．转型与建构：心理教育范式的发展趋向［J］．上海教育科研，2005（7）：33－35、22．

应，心理健康教育的功能理所当然直指人的心理成长、发展与自我实现。加强和改进我国心理健康教育，不应当是“功利”的、“物本”的，而应当是“以人为本”的。所谓“以人为本”，就是把人视为自身心理发展与建设的主人，把人的主体性发展作为“目的”而不是“手段”，一切从人出发，一切为了人，一切服务于人，一切着眼于人的全面发展，重视人的生命和生活，关怀人的价值和使命，关照人的精神和信仰，真正确立起人在我国心理健康教育中的中心地位。我国心理健康教育只有定位在“人本心理教育”、“人性化心理教育”的基本点上，[1] 实践和建构以人为本、全面发展的心理健康教育价值理念，其长远教育效益和发展前景才会是非常美好、灿烂的，这样的心理健康教育才是最受欢迎、最富有生命力的。

（二）科学信念：从注重普适性走向关注本土化

在认识上，以往的心理健康教育模式被认为是没有民族疆界的科学信念，人们致力于寻求跨文化的心理健康教育方式、方法与技术，而现在这种认识正日益淡化，取而代之的是本土化心理健康教育模式的建构与发展，理所当然要更加关注社会文化背景对心理教育的作用和影响，更加强调凸显心理健康教育的民族个性和地方特色，更加紧密地与心理健康教育对象的个性特征、文化观念和生活实际相结合。当然，这种本土化不是完全另创一套学术规则，拒绝与世界学术对话，而是在遵守基本学术规范的前提下，渗透有独特文化意蕴和呈现、陈述方式的中国教育学传统，在对我国心理健康教育的特殊性、独特的发展规律和活动原理进入深入研究并总结最新研究成果的基础上，提出具有中国化色彩的心理健康教育思想和理论，建立起我国心理健康教育自身的学科体系和基本框架。心理健康教育模式本土化的最终目标是解决中国的现实教育问题，积极参与进而影响国际心理教育学术界的发展。总之，我国心理健康教育需要国际化的视野，但不能全盘“西化”；需要“本土化”的信念，但不能搞封闭式的“乡土化”。

（三）功能定位：从消极性、预防性为主走向积极性、发展性为主

防治与发展始终是心理健康教育的两大主题，也是两种不同的目标取向。按理说，预防与发展并不矛盾，这是相辅相成的两个方面。有效的预防能有利于发展，积极的发展能从根本上保证预防。但目前大多数学校和教师还是更多地着眼于防治性的心理健康教育工作，主要还是解决少数学生存在的心理障

[1] 崔景贵．现代人性观与心理教育人性化［J］．教育研究，2004（7）：43－48.

碍，而忽视了大多数学生的发展需求。随着对心理健康教育功能认识的不断深化，心理健康教育的发展性理念被越来越多的人接受。从注重心理障碍与疾病的预防、咨询和治疗逐步转变为重视引导人的心理健康和谐自主发展，促进人的心理可持续发展，建构、创造和引领人的心理的“最近发展区”，是心理健康教育功能定位变革的基本趋向。《辞海》中已经将心理教育的表现形式界定为两种：占主导地位的积极的心理教育和处于辅助地位的消极的心理教育。❶人们已经认识到：心理健康教育的核心旨趣是促进和实现人的心理发展，发展是心理教育的根本性功能。可以预言，在并不久远的将来，发展性心理健康教育在整个心理健康教育体系当中必定处于基础地位，将会成为心理健康教育的重点。以发展性功能为主，以预防性、治疗性功能为辅将成为人们建构心理健康教育模式的共识，积极意义上的发展性心理健康教育模式将会得到进一步的拓展。

（四）教学形态：从被动接受式走向自主建构式

心理健康教育是一种性质特殊的教育。究其实质而言，心理健康教育是一种助人自助的教育和心理的自我学习，或者说是主体自主自觉实现的心理学习。“我说你听，我讲你记，我打你通”的心理健康教育方式将会逐步退出学校和课堂教学的舞台，心理健康教育的教学再也不是机械刻板的机器化、程式化教学，再也不能成为教师的“一言堂”、“独角戏”。我们需要建立民主平等、尊重宽容的师生关系，需要更多的自主互动、合作教学和交互式教学，需要建立诸如心理家庭、心理互助组之类的“学习者共同体”（community of learners），需要让学生自编自演的心理小品、心理剧进入课堂、进入校园生活，需要创设生动形象、潜移默化的心理健康教育情境和氛围，引导学生在具体的生活情境中实践体验，倡导学生“在问题解决过程中”学习成长。让学生在对话交流、讨论辩论和角色扮演中自由成长，让学生在社会实践、参与活动和亲身体验中自主发展，让学生在自助、他助和互助中自立进步，教师应当更多地给予学生真诚的理解与信任、倾听与交流、鼓励与引导、支持和帮助，应当更多地给予学生无条件的积极关注。这是自主建构式心理健康教育的目标所在和实质性内涵。❷以建构主义的现代教育思想来改进和完善心理健康教育，强调学习者自身的主体性，充分张扬学生的主体性将成为心理健康教育模式建构的基本理念。

---

❶ 辞海（1999年版普及本）[M]．上海：上海辞书出版社，1999：4533.

❷ 崔景贵．建构主义视野中的心理教育[J]．思想·理论·教育，2003（7-8）：128-132.

（五）工作队伍：从专门人员、专业服务走向专家引领、全员参与

心理健康教育是一项专业性要求很强的工作，必须建立一支训练有素、掌握相关专业知识技能的专门化的师资队伍。但从我国目前的教师教育培养体系看，专业化的心理健康教育师资需求又不可能得到基本满足。人们已经意识到，仅仅靠少数几个专业人员开展心理健康教育和心理服务工作是远远不够的，也不可能真正做到位，满足青少年学生心理发展、潜能开发和人格健全的需求。因此，在心理健康教育专家的指导下，少量专职心理辅导教师从事部分专业性要求高的心理健康教育工作，如心理测验、心理咨询等；全体教师共同关注学生的心理世界，关心学生的心理成长，引导和促进学生的心理发展，将成为现实的选择。“心理育人、人人有责”，心理健康教育的全员化和全程化将日益深入人心。学科教学中心理健康教育的有机渗透，管理服务的心理育人，校园环境的心理育人，班级管理、团队工作、社会实践和校园文化的心理健康教育功能将在自觉意识的层面上得到进一步的重视和提升。

（六）运作机制：从行政指令性工作走向市场化“产业”服务

虽然心理健康教育在中小学校基础教育阶段也是一种义务教育，是青少年学生应该免费享有的一种教育权利和资源，但现在心理健康教育实施更多地还是依赖教育行政部门的指令性和强制性要求，一些学校和教师觉得心理健康教育只有投入没有产出，把心理健康教育看做既有学校教育之外迫不得已而为之的额外负担。目前，心理健康教育的产业化发展已经初显端倪，心理咨询、心理治疗已经不再是无偿的、义务性的社会奉献，心理健康教育师资培养培训、进修提高的有偿和自费，大量的心理教育教材、教参、读物、心理软件、心理量表、心理实验仪器和影像制品等将全面推向市场，心理服务中介机构、心理服务热线和心理网站将蓬勃兴起，形式多样的心理服务将步入自负盈亏的商业化运作轨道，实现优胜劣汰的市场化经营。注重心理健康教育的质量、特色和效益，注重心理健康教育的市场空间拓展和生命力焕发将会成为心理健康教育产业界自觉的追求。

（七）学科视域：从单一学科走向多学科视域融合

心理健康教育在今天已经成为一个多元的复合概念，而不只是教育学科或者心理学科的概念。英国的理查德·尼尔森认为：“心理教育绝非一元现象，它是一个广泛的术语，对于具有不同理论导向和不同工作的人有不同的含义。”❶

---

❶ ［英］Richard Nelson—Jones. 咨询心理学中的心理教育［J］. 陈中永译. 教育专题研究，1994（1）：15－41.

“横看成岭侧成峰，远近高低各不同。”心理教育界定的丰富多样性，反映了人们对心理健康教育认识视野的多维性、广阔性。心理学、教育学、社会学、文化学、医学等每一种学科视野都有其自身的特点，有其自身适用的层次和范围，而只有多学科视野的互补共存，才能形成合理可行的心理健康教育方法论系统。在科学日趋综合的当今时代，各学科画地为牢、自我禁锢的状况即将“终结”而且必须“终结”了。对待心理健康教育这样一个可能是世界上最复杂的事物，只有采用多学科视域融合的策略才能做出一个全方位的描述，才能更充分地展示人类的心理状况和心理健康教育的本来面目。在多学科的“视域融合”下，“祛魅的心理健康教育”将真正成为“返魅的心理健康教育”，事实就是如此。❶

（八）存在意识：从一元化走向多元共生

在21世纪之初，一种新的全球性趋势在各个领域已经表现得十分明显，这就是：多元化取代了一元性，多元共存取代了二元对立。在这样一个“多元性是人类的状况”的时代，我们的认识应当指向于心理健康教育模式的多元化，聚焦在心理健康教育模式更深层的意义上。“我们相信，对于一个不确定的、复杂的世界，应当允许有多种解释的同时并存，这一点是非常重要的。只有通过多元化的普遍主义，才有可能把握我们现在和过去一直生活于其间的丰富的社会现实。”❷尽管从过去的发展历史看，心理健康教育模式之间往往是“你死我活般”的彼此纷争、此起彼伏。但在当前的心理健康教育实践中，心理健康教育模式正越来越多样化，逐步走向多元的分化，而且我们已经意识到，不同范式的多元共生将成为未来心理健康教育发展的必然趋向。

（九）场域建构：从僵化封闭走向开放互动

从对立对抗、相互指责到互不侵犯，最终沟通互补，不同的心理健康教育模式都是基于对人的心理方面的关心、帮助和教育引导，不同心理健康教育模式之间的自由对话与平等交流将会成为共同的理念。我们必须尊重不同学科关于心理教育的“成见”与“视域”，不同的心理健康教育模式之间可以也应该换位思考、积极对话与相互欣赏。也只有这样，心理健康教育领域才能形成真正的学术繁荣。这就是我们对待心理健康教育模式的现实态度。“我们重申一遍：最重要的是，学者们应就一些基础性问题展开明晰的、公开的、明智的和

---

❶ 崔景贵．多学科视野中的心理教育［J］．现代教育论丛，2004（2）：7－13．

❷［美］华勒斯坦等．开放社会科学［M］．刘锋译．北京：生活·读书·新知三联书店，1997：64．

紧迫的讨论。”[1] 这就需要我们打破心理健康教育的“学科”情结，将心理健康教育作为一个研究领域开放出来，允许甚至鼓励其他学科的专家携带自己的方法论武器来加以耕耘。通过多学科间的互动对话，“在这种情况下，价值冲突原则上能够表现出一种积极的征象，也就是说，能够成为增进交流和自我理解的手段。”[2]

（十）发展路径：从科学主义走向科学人文主义

心理健康教育是一门科学，也是一门哲学；是一门技术，更是一门艺术。确切地说，它应当是四者交互融合的结晶。从历史发展和现实状况看，心理健康教育似乎固有一种效仿自然科学主义的“情结”，力图走一条真正“科学化”的研究与发展道路。但我们看到，现在人们对心理健康教育模式具有的科学性还认识得不够深刻，把握不到位。心理健康教育模式要追求科学性，但不能唯自然科学是从，走向唯实证科学主义的误区。心理健康教育具有科学性，但心理健康教育更有浓厚的人文性。在强调心理健康教育科学性的同时，我们更不能忽视它的人文性，未来心理健康教育将从科学本位、问题中心的状况走向生活本位、以人为本的范式。可以预见，心理健康教育模式将会更加关注主体的人性提升、个性发展和人格现代化，人文科学性日益凸显。未来的心理健康教育模式必定走向选择科学与人文相融合，坚持人文关怀与科学精神的有机统一，即选择科学人文主义的发展路径。

心理健康教育模式的建构既是对心理教育实践理性的呼唤和回归，又是对心理教育科学理性的反思与价值整合。倘若从上述十个方面来聚焦心理健康教育模式，可以大致把握或建构一个全新的心理健康教育模式，至少有了一个关于心理健康教育模式未来走向的基本轮廓。不难看出，人性化、发展性、自主式、本土化、全员化是未来心理健康教育模式存在的基本属性，市场运作机制、开放互动场域、多元共生意识、视域融合姿态与科学人文精神是未来心理健康教育模式发展的必然选择。可以坚信，实现认识论与方法论的创新与超越，心理健康教育模式的建构与发展必定充满无限的希望和灿烂的阳光。

有人说，人们不能预见未来，但人们能够创造未来。我们也可以说：“我

---

[1] ［美］华勒斯坦等．开放社会科学［M］．刘锋译．北京：生活·读书·新知三联书店，1997：13．

[2] ［美］华勒斯坦等．开放社会科学［M］．刘锋译．北京：生活·读书·新知三联书店，1997：75．

们能够预见多种多样的未来；我们必须选择和需要某一种未来。”这种说法更符合本章的主题，它比较清楚地表明了，那些致力于发展心理健康教育事业的人们需要对未来有一个广阔的见地，要把这个见地当做一个确切的目标而不是模糊不清、依靠命运的未来。“人们需要在他们可能遇到的一切十字路口和可能发现的许多途径中找出一条导致这个目标的途径。简言之，他们对于化意图为现实的途径必须有一个尽可能清晰的观点。”[1]我们应当理性分析心理健康教育模式的现状与存在问题，科学把握心理健康教育模式的发展趋向，积极引导心理健康教育模式全方位的根本变革，只有这样，我国职校生心理健康教育模式建构才能真正走向规范，走向成熟，走向科学。

二、走向整合实践的职校生心理健康教育模式

当今社会的发展表现出由小到大的趋向：从小生产发展到大生产，从小经济发展到大经济，从小科学发展到大科学，从小教育发展到大教育，等等。[2]这一切都预示着心理健康教育模式的发展必然会由“小”到“大”。这里所讲的“小”，不是“渺小”、“微小”或“弱小”，而是所谓的“单一”、“分割”、“孤立”、“封闭”；这里所讲的“大”，也不是“扩大”、“高大”、“伟大”，而是指“系统”、“整体”、“开放”和“进化”。从简单到复杂，从单一到系统，从分割到整体，从孤立、封闭到拓展、开放——心理健康教育模式正是在这样发展、进化。按照系统科学的观点，大心理健康教育应当是一个多样的、开放的、整合的大系统。建构和实践大心理健康教育，就是坚持心理健康教育应当时间长，强调实行终身心理健康教育；空间广，强调发展各类心理教育；内容多，强调实行全面心理健康教育；效率高，强调实行自主性的心理健康教育；质量好，强调实行着眼于未来的心理健康教育，等等。

大心理健康教育观特别强调用系统科学的观点，从多学科领域建构心理健康教育模式的理论基础。要创造性地解决人类尚未解决的比较重要的问题，需要重视多学科的整合，关键是要实现多学科的整合。因为整合容易促进创造，多学科的整合有利于创造。从系统科学的观点来研究建构心理健康教育模式，整合的模式同样值得我们关注。心理学的、教育学的、社会学的、文化学的、

---

[1] 联合国教科文组织国际教育发展委员会．学会生存——教育世界的今天和明天［M］．华东师范大学比较教育研究所译．北京：教育科学出版社，1996：209．

[2] 谷成久．当代大教育引论［M］．北京：人民教育出版社，2000．

医学的等多学科的心理健康教育模式各有特色，各有侧重，这些都是必要的。但理论分析和实践探索都已经证明，单一学科视野的心理健康教育模式不可能取得满意的效果。从人的心理发展的整体性和心理教育的整体目标看，需要我们重视和实现心理健康教育模式的有机融合，只有多学科整合的心理健康教育模式才能有利于培养高心理素质的人才。

如前文所述，心理健康教育是培养人、引导人的一种社会活动。人的心理的复杂性、教育活动的复杂性以及社会的复杂性，决定了心理健康教育固有的复杂性。因此，心理健康教育模式不可能是单一的，必然是多样的。由单一化向多样化发展是现代教育模式发展的一个明显趋势。实际上，心理健康教育是一门科学，也是一门艺术，在实践中不可能单一地采用某一种模式。要克服心理健康教育模式的单一化倾向，就要提倡多种心理健康教育模式的互补融合。综合应用多种模式，能够发挥心理健康教育的整体功能，保持心理健康教育系统的最大活力，最大限度地开发学生的心理潜能，全面提升学生的心理素质，从而实现心理健康教育过程和效果的最优化。所以，心理健康教育既不能唯模式是从，更不能唯单一模式是从。

未来心理健康教育的模式必然是“建构模式，超越模式，善于变换，整合互补”。无论是哪一种模式，在一定条件下都有合理性、科学性和实用性，不能简单地加以否定。但是，每当一个模式固定下来，僵化了，不变化，常常又不可避免地走向反面。心理健康教育的对象不同，心理健康教育的目标不同，心理健康教育的内容不同，心理健康教育过程的组织形式就应当有所不同，即心理健康教育模式应当有所变化、灵活运用。同时，我们应当看到每一种心理健康教育模式都各有所长、各有所短，把各种心理健康教育模式整合起来，相互补充，相互协调，这对实现心理教育的理想目标是必不可少的。这一切决定了心理健康教育的模式不可能是单一的、固定的，必须走向整合的心理健康教育模式。我们需要学会建构模式，超越模式，从科学整合的视野去推动心理健康教育模式的可持续发展。

从无序状态走向有序，建构规范的心理健康教育整合模式，这是心理健康教育模式发展的第一次提升；从有序走向自由，对整合模式的超越，这是心理健康教育模式发展的第二次升华。建构整合模式，是为了最终摆脱整合模式。心理健康教育整合模式的稳定是相对的、暂时的，而变化、发展才是永恒的、绝对的。心理健康教育整合模式无论是理论形态还是物质形态，都不应该也不可能是固定不变的，而是可持续发展的，理应随着社会、教育与科技的发展而不断发展，不断注入新的内涵、新的精神。这也预示着心理健康教育整合模式具有很强的生命力。

总之，心理健康教育整合模式的建构不是僵化的教条，应当在不断发展与完善中实现新的超越。事实上，心理健康教育整合模式的建构与模式的超越是相互依存的两个方面，建构模式应理解为不断建构与不断超越的连续过程。对心理健康教育整合模式的不断变化、改造、超越和再创新，才是心理健康教育模式创新和创新心理健康教育模式的本质。对心理健康教育整合模式的研究最终应是消解模式，走向心理健康教育实践的真正自由。从发展的眼光来看，突破心理健康教育的整合模式，实行无模式化的心理健康教育，是今后我国心理健康教育发展应当努力追求的一种崇高境界。

本章小结

科学建构职校生心理健康教育模式，从认识论来看，要明确以人为本、发展人性的价值取向，满足职校生心理发展的多重需要，把握心理健康教育的一般规律，树立内涵发展、育人为本、追求幸福、多元共生的理念；从方法论来看，要设计好模式的操作策略，注重目标设计、课程改革、队伍优化、行动研究以及特色创新，从坚持积极范式、实施系统工程、培育卓越师资、注重校本行动等方面进行理性实践。在建构的过程中，坚持从价值追求、科学信念、功能定位、教学形态、工作队伍、运作机制、学科视域、存在意识、场域建构、发展路径等十个方面把握模式的发展趋向，从而推进当代职校生心理健康教育模式的整合与超越。

（江苏理工学院　崔景贵）

第五章

职校生心理健康教育模式建构的实践智慧

职校生心理健康教育的有效开展，既离不开科学理念的指导，也离不开相关教育和心理技术的支撑，这就需要在积极吸收其他学科研究成果的基础上，不断开拓属于职校生心理健康教育自身的理论和技术。本章尝试从存在主义教育哲学、焦点解决短期治疗以及积极心理治疗等学科视角出发，结合职校生的心理特点、职业教育特点，为不断丰富和完善职校生心理健康体系，为科学开展职校生心理健康教育实践做一些有益的尝试。需要强调的是，这些视角更多的只是“抛砖引玉”，职校只有基于“多学科的视野”，立足于学校的教育实际，积极实践，勇于探索，职校生心理健康教育的应用智慧才能不断提升与超越。

第一节 存在主义教育哲学与职校生心理健康教育

在当今教育界有一种理念叫做“一切为了学生，为了学生的一切，为了一切学生”。然而，残酷的现实使我们不得不追问，职校心理健康教育真正做到“一切为了学生”，即基于学生的需要、为学生的发展而去开展了吗？职校心理健康教育对“学生的一切”真正洞悉、清晰把握了吗？职校心理健康教育真的做到毫无偏见、公正公平地关切到“一切学生”了吗？要对职校生心理健康教育进行彻底的反思，就不得不回到教育的起点——哲学。从哲学的视野来看，教育本身源于哲学，重要的教育问题原本就是哲学问题。如果不理解哲学，不从哲学的视野来认识教育，就不可能真正的理解职校生心理健康教育。科学哲学家拉卡托斯曾说过："重要的批评总是建设性的：没有一个更好的理论，就构不成反驳。"❶ 这个"更好的理论"就是存在主义哲学。

一、"存在"的意义——存在主义教育哲学的主要观点

哲学起源于生活，存在主义也不例外。存在主义哲学的缘起、诞生与发展无不伴随着一次又一次深刻的社会变革，而每一次变革给人们内心带来巨大的冲击，这些变革和冲击促使人们不断反思自己作为人存在的意义。加入这场反思的代表人物有丹麦哲学家克尔凯郭尔、德国唯意志论者尼采、德国哲学家海德格尔和雅斯贝尔斯以及法国的哲学家萨特等。尽管存在主义在其发展过程中历经变革，存在主义哲学家们的观点也不尽相同，但他们都"注重人的存在，注重现实人生，并以此作为自己的出发点"❷。需要指出的是，存在主义所指的"存在"，既不是通常所说的具体事物的存在，也不是唯物主义所讲的不以人的意志为转移的"物质"的存在，而是指人的"自我"的存在，也就是作为意志或行动主体的个人的存在。

论及存在主义哲学，不得不提到萨特的一句名言——存在先于本质。存在主义认为，人不同于物的根本特性在于人具有主观性，人先存在着然后再通过自己的选择创造自己的本质；而本质先于存在作为一种所谓绝对的、普遍性的规定只适用于物，并不适用于人。既然存在先于本质，那么人首先存在着，然后由他自己去自由地选择、行动并决定自己的本质，这就肯定了人自我选择、自我创造的需求以及能力。人是自由的，人可以用自己的行动去获取生命的意义，创造自己的价值。萨特认为人的自由是绝对的："人不能时而自由时而受奴役：人或者完全并且永远是自由的，或者他不存在。"❸ 而这种自由又与责任紧密联系在一起。存在主义强调责任的重要性，认为绝对的选择的自由就是要绝对地负责，个人要对自己的选择负责，同时也要对他人负责。萨特甚至提出，存在主义的核心思想就是"自由承担责任的绝对性质"❹。存在主义哲学认为人的理性是无能的，无法把握现实和自己的存在，即便拥有绝对的自由以及自由选择的权利，也无法预知自由选择的前景。未来充满未知，只有死亡是

---

❶ ［英］伊·拉卡托斯．科学研究纲领方法论［M］．兰征译．上海：上海译文出版社，1986：8.

❷ 陆有铨．躁动的百年：二十世纪的教育历程［M］．济南：山东教育出版社，1997：108.

❸ ［法］萨特．存在与虚无［M］．陈宣良等译．北京：生活·读书·新知三联书店，1997：550.

❹ ［法］萨特．存在主义是一种人道主义［M］．周煦良，汤永宽译．上海：上海译文出版社，1988：8.

唯一确定的存在。存在主义者认为，死亡对于个人具有非常重要的意义。既然死亡无法避免，那就要珍惜人的一生这短暂存在的价值，努力使自己的生活富有意义，努力做一个自由的人，一个自由选择的人，一个对自己的选择绝对负责的人。

存在主义虽然对人的主观性有夸大之嫌，甚至有陷入唯我论的危险，但是其突出了人的主体价值和人的地位，视自由、选择为人的权利，并将责任上升到了一个极为重要的高度。这种对人的存在的密切关注，对职业学校心理健康教育活动的开展尤具启发意义。

二、“存在”的缺失——职校生心理健康教育面临的问题

“心理育人，人人有责”已不只是一种心理健康教育理念，更是一种心理健康教育实践。在职校生心理健康教育要建立“全体教师共同参与的心理健康教育工作体制”、“全面渗透到学科教育的全过程”❶ 的要求下，如何理解人的存在，不仅是职校专职心理健康教育工作者需要思考的问题，更是整个职业学校所有教师都必须积极探索的问题，是存在主义视域下职校生心理健康教育无法回避的问题。

（一）“目中无人”——学校眼中的学生作为人的存在的缺失

有些职业学校对当前职校生心理问题频发越来越重视，建立了全员参与的应对学生心理问题发生的预警机制，这本是开展心理健康教育工作值得肯定的一项重要举措。但是，在发现学生问题的同时，又往往陷入“只见问题不见人”的误区。职校教师常常带着异样的眼光去看待学生，学生身上的问题被无限放大，职校教师不知不觉将“问题学生”的标签贴到了职校生身上，也即用职校生某一方面的不足来片面地对某个职校生整个人进行评价。也许职校教师仅仅是在无意识之中，出于传统教育思维的惯性对学生做出了这样的评价，但是这样的评价对职校生来说是不公正、不公平、不全面的。而为了及时找出“问题学生”，职业学校热衷于用专门的心理量表对学生的心理状况进行评估，将职校生划分为健康与不健康。而这样的划分，与企业检测某个产品质量是否合格又有什么本质的区别？殊不知，人区别于物的最大特点就在于人具有心理，而人的心理结构本就是一个动态的系统，很难将人的心理状态精确到

---

❶ 林崇德．积极而科学地开展心理健康教育［J］．北京师范大学学报（社会科学版），2003（1）：31－37.

某一点上。因此，心理健康教育过分强调“人以群分”，那么人和物还有什么区别？人都被划归到某一个类属，那么人的个性又体现在哪里？抹杀了人的独特性的存在还是人的存在吗？

许多职业学校在职校生专业技能培养方面，越来越重视与企业需求的有效对接，职业学校的课程设置越来越务实，积累了很多有益的经验。于是，在职校生心理健康教育方面，职业学校试图照搬职业技能教育的经验，通过开设专门的心理健康教育课程，进行整齐划一的课堂教学或是集体训练，力图使职校生在心理素质方面也能达到某种统一的规格。然而，愿望很美好，结果很残酷。职校生的专业素质不断与社会需求实现“接轨”的同时，其心理素质却往往与社会需求相背离而严重“脱轨”。究其原因，可以说职校生被物化了，而人的心理的不可复制性决定了试图将职校生打造成同一个模式是不可取的，也是不可能的。

（二）“心中无己”——教师眼中的自己作为人的存在的缺失

心理健康教育要想取得良好的效果，一方面取决于教师如何看待学生，即教师的学生观；另一方面，也是最容易被人们所忽略的方面，就是教师是如何看待自身的，即教师的自我意识问题。从存在主义的视角来看，教师如何看待自己在心理健康教育世界中的存在问题，将从根本上影响其具体的教育实践活动。

长久以来，教师的自我意识主要表现在其角色意识上。在教师心目中，自己必须以一个专业的、权威的、高高在上的形象出现在学生面前。教师认为，无论是从社会经验还是从专业知识方面，自己都远远胜于学生，自己应该而且能够配得上这样的形象。如果没有树立这样的形象，在学生面前就不会有所谓的威信，学生对自己的教诲就不会真心聆听和接受，也就无法取得想要的教育效果。但是这样的形象，与其说是作为一种“角色”的教师必须遵守的规范，不如说是教师自己的选择——为了像一个教师，我们必须表现出这样的形象。一旦教师选择了这样的形象，那么也就意味着同时选择了隐含在这一角色背后的责任，就是将既定的“规范化的”教育施于学生身上，使学生符合社会规范需要的那个样子。这样一来，学生的主观性被遗忘了，而教师实际上也不再是教育的主动实施者，而成为被动的教育实施的工具，教师在无形中将自己物化了。

从存在主义的视野来看，教师首先是作为人的存在，然后才是作为教师的存在。作为人的存在的教师不是适应既定的教师的存在，即不是“像教师”

一样去存在，而是由他赋予教师以含义，由他赋予教师以形象。他可以不必选择固有的教师形象去塑造自己的形象，因为教师本无固定不变的形象；作为人的存在的教师必须在教育世界中投入自己的存在，做出自己的自由选择。这也就等于教师首先要维护自己的主观性，将自己当做“人的存在”来对待，继而才有可能尊重学生的主观性，把学生也当做“人的存在”来对待。

同样，职校生心理健康教育要想取得理想的效果，教师首先不能“心中无己”，也即不能忽视自己作为人的存在的意义。只有先把自己当做人的存在，体会人的存在，才能更好地去理解学生作为人的存在，进而才能实现真实的作为教师的存在。只有这样，心理健康教育才会越来越接近人的教育，才能回到人本身。

（三）“自我迷失”——职校生自身“人的存在”的迷茫

相当一部分职校生在职业学校学习生活的几年可以用三句话来简单概括：身不由已来到职业学校，稀里糊涂选择一个专业，懵懵懂懂踏入社会。他们在入学之初便带着普高落榜后的“失败者”心态而来，报考职业学校是没有前途、没有出息的无能表现和无奈之举。家长不认可、社会怀疑和否定，职校生往往有“低人一等”、“矮人三分”的心理落差，并未把职业学校当成开始全新学习生涯的起点，而是自己看不起自己，往往带有一定自轻自贱的心态。对于专业，他们从没有过选择的自由，也没有选择的权利，一直受命于家长，听任于学校，真正一接触才发现自己根本没兴趣或是不适合自己。他们甚至不知道如何做出合适的选择，很多时候都处于一种“能做的基本想不到，想到的基本不现实，现实的基本做不了，做得了的基本没意义”的“无能者”的悲观心态中。他们自觉是被社会所抛弃的一群，没有人懂得他们的内心，找不到合适的倾诉对象，是喧闹世界中无人问津的“孤独者”和“无助者”。看看现在的生活了无生气，想想未来的日子毫无希望，他们彷徨、自卑、失望，找不到自己在职业学校的位置，看不到职业教育的价值，陷入自我存在的迷茫。有学者对近几年来频发的职校生行为问题作了分析概括❶，背后的心理症结很大程度上源自职校生自我存在的迷失。关注职校生作为人的存在，引导职校生积极思考自我存在的意义，成为职校教育迫切需要解决的问题。

（四）“彼此无视”——师生“存在性关系”的缺失

现行的师生关系可以视为一种“功能性的关系”，即为了实现某种外在的

---

❶ 崔景贵．聚焦90后“职校门”事件：心理分析及教育启示［J］．职教论坛，2012（22）：48－53.

个体或社会的功能而建立起来的一种关系。在这种关系中，教师和学生都不是以完整的人的存在，而是以各自“扮演”的角色呈现的。在这种角色互动的表面下，教师和学生之间缺乏真诚和信任，彼此真实的自我被深深隐藏起来，根本不把对方当做存在意义上的人来看待。对大部分职校生来说，职业学校不是他们理想的求学之所，只是在无法进入普高学习时做出的无奈选择。并且，由于在初中阶段学习成绩不够优秀，他们基本处于一种被老师无视、漠视、歧视的状态，他们对老师并无好感，有的甚至对老师怀恨在心，对教师这个职业有着很深的成见。因此，他们在老师面前不轻易表露自我，而是热衷于和老师“打太极”、“躲猫猫”，以老师拿他们无计可施作为自我成就感的源泉之一。而职校教师也日益感叹，随着普高的门槛越来越低，职校生生源质量每况愈下，随之而来的职校生行为问题、心理问题不断，让不少职校教师对职校生心生反感。职校教师只希望学生少惹麻烦，能够顺利毕业、就业，就算“功德圆满”了。基于这种对立心态建立起来的职校师生关系，学生说教师“你不懂我的心”，而教师说学生“难以理解不可理喻”也就不是什么奇怪的事情了。

三、“存在”的回归——职校生心理健康教育模式的建构

面对上述问题，职校生心理健康教育不仅要考虑自己的生存和发展，同时还肩负着优化职校育人大环境的重大使命。从存在主义哲学的视角建构职校生心理健康教育模式，就是要积极借鉴存在主义的哲学理念，围绕着“人的存在”这一主题，从理念、目标、条件、程序、评价5个方面建构完整的职校生心理健康教育模式。

（一）职校生心理健康教育理念

从存在主义出发探索职校生心理健康教育理念，就是要唤醒职校生作为人的存在的意识，培养职校生作为人的存在的能力，提升职校生作为人的存在的价值，使职校生心理健康教育回到人的存在这一本真。这就要求职业学校要剔除心理健康教育过程中功利主义以及工具主义的思想，给心理健康教育以独立的地位。要明确开展心理健康教育不是为了应付检查评比，不是为了提高学校的知名度，不是对素质教育和德育的补充，也不仅仅是为了学生更好地生存，而是为了回到人本身，为了职校生作为人的存在。职业学校要做到不唯理性主义是论，要看到职校生作为人的存在的主观性和差异性，尊重职校生自我选择、自我决定的权利，肯定职校生自我价值创造的能力。职业学校要在心理健

康教育的过程中给予职校生作为人的存在的尊严，提高职校生作为人的存在的智慧，强化职校生作为人的存在的意义，引导职校生对人的存在进行积极的思考。可以说，只见问题不见职校生是心理健康教育的失误，而只见职校生不见人则是心理健康教育最大的败笔。可以预见，缺少了对人的存在的关切的职校生心理健康教育必将走向歧途。

（二）职校生心理健康教育目标

总的来说，职校生心理健康教育的目的就是要使学生意识到自己的存在，并形成他独有的生活方式，也即美国当代著名教育哲学家乔治·F. 奈勒所说："让教育教会个人像他自己的本性要求他那样的自发而真诚的生活。"❶ 一是要培养学生自由选择的意识。向学生展示未来种种的可能性以及人的存在的种种可能性，从而引导学生做出自己的决定。二是要培养学生选择过程中的责任意识。任何人都无法代替其生活，生活是他自己的，他要对自己哪怕是漫不经心的选择承担所有的责任。同时，教师要密切关注学生在选择过程中产生的焦虑、苦恼以及恐惧等情绪状态，让学生意识到产生这些情绪是因为其心中有了"责任"二字。要通过对死亡话题的呈现和探讨来使学生关注个人存在的短暂性，唤起他们的紧迫感，鼓励他们通过自己的选择来创造、实现自身的价值。三是要引导学生养成真诚的个性品质。要使学生既不随波逐流，又不自欺欺人，而是遵从内心的意愿做出自己内心真实的选择。要鼓励学生勇敢地面对真诚可能带来的孤独，坚守自己的信念，避免丧失自我价值。

（三）职校生心理健康教育程序

既然存在主义肯定了人的存在的主观性以及选择的重要性，那么心理健康教育就不能像传统的学科教育那样死板和生硬，更不能灌输和"填鸭"，而是要富于情境性和变化性。知识可以复制，但是对知识的理解和选择不可复制，所以教师不是把心理健康的知识"传授"给学生，而是"提供"给学生，让学生自己去选择、自己去做决定。要从学生的需要出发去确定心理健康教育知识的范围，而不是盲从既有的所谓客观的知识体系。要随着教育内容，学生体验的变化来确定心理健康教育的过程，而不是拘泥于某一固定的程式，这是一个"创造"的过程，而不是"复制"的过程。要在教育过程中给予学生独立思考、相互讨论以及自由发挥的时间和空间，即要给学生"留白"，而不能把心理健康教育变成教师个人的"独白"。

---

❶ 陆有铨. 躁动的百年：二十世纪的教育历程［M］. 济南：山东教育出版社，1997：129.

（四）职校生心理健康教育条件

心理健康教育的开展离不开教师、学生、教材、教学工具、教学时间与空间等条件。从存在主义的视野来看，要重视教师以及师生关系在心理健康教育中的作用。

存在主义强调人的主观性，不仅仅是强调学生的主观性，同时也包括教师的主观性。因此，教师在教育过程中不是无关紧要可有可无的，关键是教师要有所为有所不为，既要看到学生作为人的存在，同时也要看到自己作为人的存在。教师首先要意识到自己作为人的存在，其次才是一个教师，这样才能保持教育活动中真实的自我，进而才能更好地理解学生作为人的存在，才能知道如何把学生培养成人而不是功能的集合体。教师要意识到自己作为人的存在的主观性和能动性，自己不是教学的机器，而是活生生的人，因此不必严格恪守心理健康教育教材，而是要根据教学的目的结合自己的理解对内容和教法加以选择，并且对自己的选择负责。教师要看到学生的独特性，不从智商、学习成绩等角度对学生进行分类，避免抹杀学生的个性。同时，教师要看到学生的主观性，不以权威和专家的身份迫使学生接受自己的观点，避免课堂个人专制。

另外要重视师生关系在心理健康教育过程中的作用。根据存在主义的观点，师生之间要从“功能性关系”转向“存在性关系”，即师生之间的首要关系不是“教师”和“学生”的关系，而是“作为教师的人”与“作为学生的人”的关系。在功能性关系中，师生之间是不平等的，教师作为权威以专家的姿态出现在学生面前；而在存在性关系中，由于师生面临着共同的作为人的存在问题，彼此间的差异被消减了，双方处于对等的地位，因此可以进行真诚的沟通与交流。存在性关系包括“对话”关系以及“我与你”（I－You）的关系。所谓对话关系，是对传统“传授”关系的一种颠覆，即从“我讲你听，我说你做”的“单向命令”转变为师生之间的“双向沟通”，即从垂直关系变为平行关系。师生双方各自从自身的角色背后走出来，展开平等的“人与人”之间的对话。再者就是要建立“我与你”的关系，即教师不把学生当做一个可以随意塑造、任意施加影响的“物”，而学生亦不把教师当做试图征服自己压制自己毫无情感的教育机器。要建立这样的存在关系，教师要充分信任学生，并以自己作为“人的存在”而不是“教师的存在”去感染学生，这样学生才会信任教师，才能真正展开“人与人”的沟通。建立存在性师生关系是顺利开展心理健康教育非常重要的一环。心理健康教育不是说教，不是灌输，而是人与人的交流，心与心的沟通。只有师生双方从各自“扮演的”角色里走出来，从人的存在出发，彼此才会真正欣赏、欢迎和肯定，教师才能走进学生的内心世界，学生才能更好地理解教师，从而推动心理健康教育活动的顺利开展。

（五）职校生心理健康教育评价

教育评价一直是教育领域研究的焦点，之所以引人关注，一是因为其发挥着教育活动指挥棒的作用，二是因为其复杂性是教育领域研究的一个难点。我国教育界多采用美国教育评价家斯塔弗尔比姆提出的 CIPP 模式，但这一模式也一直处于争议中。而如何对心理健康教育，特别是对职校生心理健康教育进行科学合理的评价，由于涉及方方面面，更是难上加难。尽管早在 2004 年教育部就出台了《中等职业学校学生心理健康教育指导纲要》，但是对于心理健康教育评价的问题几乎没有涉及。因此不管建立何种评价体系，当务之急是要澄清几个问题。一是职校生心理健康教育评价要有别于一般的学科教学评价；二是职校生心理健康教育评价要有别于一般心理健康教育评价；三是从存在主义的视角来看，既然强调人的存在的主观性，职校生心理健康教育评价必须在考虑社会标准的同时要突出个人标准；既然强调人的存在的独特性，职校生心理健康教育评价必须考虑价值评价的多元化。总之，对于职校生心理健康教育评价的问题，还需进一步研究。

从存在主义哲学的视角来看职校生心理健康教育模式建构，仅仅是为了使职校生心理健康教育离理想更近一步，离“事物本身”更近一步。“实际上，现代教育的危机从根本上讲是理论的危机，也就是观念的危机，或者说是理想的危机，是价值的危机。这是教育实践的危机的根源。”[1] 从某种意义上讲，也许如何建构职校生心理健康教育模式并不是最重要的，而从哲学的角度对什么是理想的职校生心理健康教育及时反思与追求的精神，或许才是每一个职校生心理健康教育工作者最应该具备的。正如美国当代著名教育哲学家乔治·F.奈勒所说：“哲学解放了教师的想象力，同时又指导着他的理智。教师追溯各种教育问题的哲学根源，从而以比较广阔的眼界来看待这些问题。教师通过哲理的思考，致力于系统地解决人们已经认识清楚并提炼出来的各种重大问题。那些不用哲学去思考问题的教育工作者必然是肤浅的。一个肤浅的教育工作者，可能是好的教育工作者，也可能是坏的教育工作者——但是好也好得有

---

[1] 金生鈜. 为什么需要教育哲学——为教育的应然研究做一个哲学辩护 [J]. 教育理论与实践，2004，24（1）：1-4.

限，而坏则每况愈下。”❶

第二节 焦点解决短期治疗与职校生心理健康教育

当前，职校心理健康教育呈现出多学科参与、多视域关注的景象。积极借鉴新的理念、技术和方法丰富内涵、拓展外延，已成为职校心理健康教育和谐发展的有力支撑和不竭动力。“心理教育的科学研究要富有成效，就应当有宽广的研究视野和方法论视域，也就是说，应积极地借鉴和利用多学科的视野及其研究方法，而不能‘画地为牢’、‘作茧自缚’，简单地否定或排斥其他学科视野的研究，形成单一学科视野的极端‘崇拜’。”❷ 从焦点解决短期治疗/咨询（Solution – focused Brief Therapy/Counseling，SFBT）这一新兴的心理咨询范式出发，探讨可资借鉴的理念、技术和方法运用于职校生心理健康教育，就是试图为研究职校生心理健康教育提供新的视角，为完善职校生心理健康教育体系注入新的活力。

一、SFBT 的基本理念及主要技术

SFBT 兴起于 20 世纪 80 年代初期，由美国威斯康辛州密尔沃基市短期家庭治疗中心的创办者史蒂夫·德·沙泽尔（Steve De Shazer）和其韩国裔夫人因苏·金·伯格（Insoo Kim Berg）等人共同发展起来。SFBT “强调构建解决的方法而不是解决问题，治疗的核心任务是帮助受助者想象其希望事情变得如何不同以及为了达成这一目标什么是必需的”❸，同时设定什么样的目标则由来访者本人决定。一方面，SFBT 深受后现代主义特别是后现代建构主义的影响，在其基本理念中浸润着浓厚的后现代精神，即人们对于事物的理解是在社会关系的互动中建立起来的，这一理解是多元的，不同的人由于其立场以及背景的不同，对同一事物的解读也不尽相同。另一方面，SFBT 受到系统观的影响，认为整个系统是平衡的，系统中某一部分小的改变会引起整个系统大的改变，即牵一发而动全身，因此 SFBT 特别重视咨询过程中来访者每一次小的成

---

❶ 石中英．教育哲学导论［M］．北京：北京师范大学出版社，2002：4.

❷ 崔景贵．解读心理教育：多学科的视野［M］．北京：高等教育出版社，广州：中山大学出版社，2004：13.

❸ Wallace J. Gingerich, Todd Wabeke. A Solution – Focused Approach to Mental Health Intervention in School Settings. Children & School, 2001, 23 (1): 33 – 46.

功以及其可能带来的更大的改变。SFBT 所坚持的哲学取向决定了其对个体自身力量的重视，是一种“以寻找解决问题的方法为核心的短程心理治疗技术”[1]，其主要特点是“治疗关注未来，目标明确”[2]。

（一）SFBT 的基本理念

1. 事出并非有定因

与传统的心理咨询理论不同，SFBT 并不探究造成某些问题的原因，因为有些原因与结果之间的关系并不那么容易确定，而且一旦原因过于复杂，“刨根问底”会耗费大量的时间。所以 SFBT 强调的是“怎么做”可以使问题发生改变，而不是“为什么”会造成当前的问题；重要的不是了解造成问题的原因，而是构建解决问题的方法。

2. 语言沟通是解决问题的基石

SFBT 特别强调语言的意义及其重要性，认为所谓的事实是通过人与人之间的沟通建立起来的，语言沟通的过程是人与人之间达成一致的历程，语言是创造意义的工具。“‘语言—谈话’变成一个治疗工具，治疗过程即是协助来访者对问题产生新的诠释，进而改变旧的行为并导向新的解决方式。”[3]

3. 每个人都是自身问题的专家

基于个体经验而构建起来的事物的意义对于不同的个体是有差异的，这些差异构成了个体处理问题的独特资源。没有一个人能比自身更加了解自己对于某一事物的看法也即由自己所赋予事物的意义，因此没有人能代替自己来解决自身所面临的问题。

4. 从正向意义出发

SFBT 重视人性积极的一面，相信每个人都具有强大的自我恢复能力以及改变自我的能力，都具有过去成功的经验与信心，人们可以利用这种能力、经验以及信心，以建设性的眼光看待当前所面临的问题，从而做出积极的改变。

5. “滚雪球”效应

SFBT 认为，一旦某个环节发生改变，整个链条会发生一系列连锁的反应，也即良好的开端是成功的一半，小的改变可以促成整体的变化。

---

[1] 戴艳，高翔，郑日昌．焦点解决短期治疗（SFBT）的理论述评［J］．心理科学，2004，27（6）：1442－1445.

[2] ［美］史蒂夫·德·沙泽尔，［美］伊冯·多兰等．超越奇迹：焦点解决短期治疗［M］．雷秀雅，刘愫，杨振译．重庆：重庆大学出版社，2011：1.

[3] 许维素．焦点解决短期心理治疗的应用［M］．北京：世界图书出版公司，2009：4.

6. “例外”是解决之道

问题不会一直存在，解决的过程就是寻找例外的过程。例外也即成功的经验，从这些例外中提取成功的要素，成为问题解决的关键。

（二）SFBT 的主要技术

基于“语言—谈话”为主要工具的 SFBT，其成效的关键在于语言的使用，为此 SFBT 通过合理利用语言技巧提出了其主要的咨询技术：

1. 改变式问句（changing question）

改变式问句一般用于每次会谈的开始阶段，主要是和来访者探讨从上一次会谈结束（或是从预约开始）至本次会谈开始这段时间，来访者发生了哪些变化，如：“从上次会谈结束到现在为止，这段时间里有什么变化吗？”以此营造一种解决导向的氛围。

2. 奇迹式问句（miracle question）

有些来访者对自身想要达到的目标是不清晰的，特别是遇到比较复杂的问题时。通过奇迹式问句一方面向来访者表达咨询师对其问题的关注，另一方面引导来访者提出更为细致的、具体的、可操作性的目标。如：“如果有一天，当你一觉醒来时，奇迹发生了，问题解决了，这时你如何知道奇迹发生了？而事情又会有哪些不同？”

3. 评量式问句（scaling question）

评量式问句作为一项非常重要的干预手段，一方面有助于咨询师评估咨询进展到哪个阶段，另一方面可以引导来访者关注以往面对相似问题时的解决方法和经验。所谓的评量式问句，就是划分等级，等级为 0 ~ 10。奇迹式问句包括：“如果 0 代表最糟糕的情况，10 代表最完美的情况，那么你现在处在哪个等级？如果处于 0，那么是什么让情况没有变得更糟？如果处于 5，那么你是怎么做到的？如果你想上升一个等级，那么你觉得你需要做出哪些改变？当‘奇迹’发生后，你处在哪个等级？”

4. 例外式问句（exception question）

由于来访者往往不易看到例外的存在，咨询师需要去发现来访者的例外行为，使来访者能够有意识地再使这些例外发生，提取这些例外中成功的内涵和要素，以供来访者参考。如：“什么时候这个问题没有发生？什么时候这种情况要稍微好一点？”

5. 应对式问句（coping question）

来访者对自身发生的一些细小的同时又是积极的改变往往不会意识到，咨询师的任务就是通过应对式问句唤起来访者对自身潜力和能量的关注，如："今天你是如何按时起床的？你是如何熬过最难受的时候的？你是如何支撑自己走过来的？你是怎么做到的？"

6. 关系导向问句（relationship oriented question）

SFBT 非常重视个人生活系统对其产生的重要影响，让来访者的重要他人的观点参与来访者思考自身问题解决的架构，可以有助于来访者调整、修缮以及落实解决方法。如："如果问题解决了，那么你的父母会对你有什么不一样的看法？他们会最先注意到你哪个方面发生了改变？""如果奇迹发生了，你的目标实现了，那么老师对你的态度会有哪些改变？你觉得你怎么做老师就会知道你确实在努力了？"

7. 追踪式问句（following question）

当来访者找到一些解决方法时，咨询师可以继续追问来访者的下一步行动，以增强来访者在结束本次咨询的这段时间内行动的动力。如："今天结束以后你做的第一件事是什么？你决定怎样使自己保持下去？如果需要对和你拥有同样困扰的人讲几句对他们有帮助的话，你会怎么说？"

总的来说，SFBT 不仅仅是一种高效实用的心理咨询技术，"在平均 4.5 次的会谈次数内，约 80.37% 的来访者认为问题有所改善"[1]，其背后蕴含的理念以及价值取向，更值得职校心理健康教育工作者关注、领悟、反思、借鉴：关注 SFBT 对人的价值的尊重与肯定，领悟 SFBT 积极正向的人性观，根据 SFBT 反思目前职校生心理健康教育的不足与缺失，借鉴 SFBT 的理念和技术以构建更为完善的职校生心理健康教育模式。

二、SFBT 应用于职校生心理健康教育的可行性

从理论上讲，任何一种心理咨询技术或是流派都可以运用于职校生心理健康教育。但是职校教育环境的特殊性，主要是受助对象的特点、需要处理问题的性质、时间等因素，以及职校本身在经济、师资方面的局限，又决定了不是所有的心理咨询技术或流派都具备在职校运用的可行性、可操作性。SFBT 之所以能够运用于职校生心理健康教育，不仅由于其耗时短、效率高，适合职业学校教育环境，更重要的是其理念与职校生心理健康教育的发展方向相契合，

---

[1] 刘宣文，何伟强．焦点解决短期心理咨询原理与技术述评［J］．心理与行为研究，2004，2（2）：451－455.

可以给予职校生心理健康教育积极的启发和有益的借鉴。

1. SFBT 契合了职校生年龄心理特征

职校生处于十五六岁至十八九岁之间，正是由青春期向青年期过渡的时期，逻辑思维发展日渐成熟的时期，情绪发展的狂飙期和反抗期，自我意识稳定、价值观形成、道德趋向成熟期，同时也是心理发展的不平衡期。总的来说，这是人生的一个重要发展期，这个阶段职校生所面临的问题大多是发展意义上的，这就要求我们用发展的眼光来看待职校生发展过程中出现的问题，同时用发展的方法解决职校生发展过程中出现的问题。而 SFBT 不仅是一种发展性心理咨询技术，背后更隐藏着值得借鉴的发展性心理健康教育理念。SFBT 认为一个人虽不能改变过去，但是能够致力于现在和将来，其关注的是人们当前设定的目标以及今后的改变，而不是过去的经历和问题的根源。这种正向的、充满希望的、积极的发展的理念正是职校生心理健康教育所需要的。

2. SFBT 契合了职校生的心理需求

当代被称为“90 后”的一代职校生，具有鲜明的时代特征，如“个性鲜明张扬，自主独立而又带有叛逆”；“自我中心意识较强，自我评价乐观，自尊心特别强”；“人际交往广泛，关注朋友而忽略父母，代沟矛盾冲突加剧”；“崇尚实践，具有务实精神，有着特立独行的价值观”等。显然，传统的“老师高高在上，学生乖乖听讲”的“我说你听”、“我讲你做”的“单向命令”的职校生心理健康教育已经很难行得通。这种重教师说教而轻学生自主建构、以教师为中心的心理健康教育，使得学生在教育过程中更多地处于被动地位，因而常常受到职校生的排斥。有着强烈个性，强调自立、自主的 90 后职校生有着更多自己的想法和主张，他们渴望被尊重，希望被理解，期望能与老师建立一种平等对话的关系，在民主、宽容氛围下展开师生间的“双向互动”。而 SFBT 的一个重要特点即为“非专家的立场”，强调咨询师与来访者之间的合作关系，认为“咨询师—来访者的合作是咨询开展的关键”。SFBT 甚至提出了一个对传统心理咨询具有颠覆意义的观点：“学生承担的是咨询师的角色，而教师承担的是来访者的角色。”[1] SFBT 的理念顺应了当代 90 后职校生对平等师生关系的期许，满足了职校生的主体性需求，在这种平等关系下开展的心

---

[1] Todd F. Lewis, Cynthia J. Osborn. Solution – Focused Counseling and Motivational Interviewing: A Consideration of Confluence. Journal of Counseling & Development, 2004, 82 (1): 38 – 48.

理健康教育活动，能够赢得职校生更多的欢迎，因而也会取得更好的效果。

3. SFBT 有助于职校生心理潜能的充分开发

潜能开发是当前心理健康教育重点关注的话题，然而如何在实际操作过程中真正实现学生潜能的开发又是心理健康教育需要面对的比较复杂的一个问题。SFBT 认为，人们在咨询前实际上“已经知晓做什么去解决治疗中的抱怨；只是他们并不知道他们已经知晓”❶。也就是说人本身具有一种正向的能量，只是尚未被发掘出来。而 SFBT 通过语言沟通这一环节，利用提问的技巧，不断引导来访者探究问题的“例外”，唤醒他们对曾经成功经验的感知，将来访者没有意识到的自身的潜能都激发出来，去解决自己所面临的问题。“我们的职责并不是为来访者想出正确的解决方法并说服他们接受它，我们的职责是为来访者创造条件，使他们能够找到自己的解决方法，帮助来访者探究自己的内心，找到他们真正想要的东西以及得到这些东西的方法。”❷ 这种“为来访者创造条件，找到他们真正想要的东西以及得到这些东西的方法”的过程实质上就是一种潜能开发的过程。

4. SFBT 有助于提高心理辅导的实效性

教育部《中等职业学校学生心理健康教育指导纲要》（2004 年）明确指出：“学校要积极创造条件，建立心理咨询（辅导）室，并通过团体辅导、个别咨询、心理行为训练、书信咨询、网络咨询、开设热线电话等多种形式对学生在成长、学习和生活中出现的心理行为问题给予指导，帮助他们排解心理困惑。”虽然一些职业学校建立了心理咨询室并配备了专业的心理咨询师，然而囿于条件限制，大部分职业学校心理咨询师数量有限，面临着心理咨询师与职校生人数比例失调的困境。再加上专业的心理咨询师并不专职，还需要开展其他工作精力有限，因而更是无法满足职校生的现实需求。而 SFBT 作为一种短期心理咨询技术，与传统的心理咨询技术相比，由于其不需要溯及过往，且把每次咨询都看成最后一次，周期短、耗时少，因此采用这种技术可以减少在个案上所花费的时间，使咨询师能够在固定的时间内帮助更多的学生。需要指出的是，虽然在个案上所耗的时间相对减少，但是咨询的效果仍然有较好的保

---

❶ Cynthia J. Osborn. Solution – Focused Strategies with “Involuntary” Clients: Practice Applications for the School and Clinical Setting. The Journal of Humanistic Education & Development, 1999, 37 (3): 169 – 182.

❷ ［美］史蒂夫·德·沙泽尔，［美］伊冯·多兰等. 超越奇迹：焦点解决短期治疗［M］. 雷秀雅，刘愫，杨振译. 重庆：重庆大学出版社，2011：174.

证，这已得到相关研究的支持[1]。因此，将 SFBT 技术引入日常咨询工作中，将大大有助于提高辅导工作的实效性。

5. SFBT 有助于职校心育两级目标的有机融合

矫正与发展是职校生心理健康教育的两级目标，二者虽有区别，但绝不是相互分割彼此孤立的两个阶段，可以统一于心理健康教育的全过程中，而统一的中介就是 SFBT。SFBT 本身就是一个矫正与发展融为一体的技术，其咨询过程深刻体现了在矫正中寻求发展，在发展中得以矫正的特点。SFBT 认为，在后现代建构主义的视野下，人们对于“问题”意义的理解是开放的，是基于每个人的背景主动建构的，完全可以对“问题”建构新的意义，因此需要矫正的“问题”同样具有正向功能。在这一建构的过程中，职校生动用自身的力量为自己设定发展目标并实现发展目标，可以体会到自己以往尚未意识到的自身所具备的心理修复和发展能力，这对培养职校生的自信心，完善职校生的人格大有裨益。

6. SFBT 有助于心育在职校的全面实施

教育部《中等职业学校学生心理健康教育指导纲要》（2004 年）对职业学校开展心理健康教育工作的机制作了详细说明，明确指出要建立“全体教师共同参与的心理健康教育工作体制”。显然，基础课、专业课老师的全员参与有利于职业学校营造良好的心理健康教育氛围。但如何提升他们对心理健康教育的科学认识、如何激发非专业心理健康教育教师参与的热情、如何使他们掌握基本的心理健康教育知识和技能，成为摆在职业学校面前的又一大困境。同时，有学者提出，“在整个学校的教育过程中，不论是学科教学还是班主任（辅导员）的工作，不论是校内的教育活动还是校外的教育活动，都应注重对学生心理健康的教育，这应视为心理健康教育的重要途径，尤其要全面渗透到学科教育的全过程”[2]。现实的困难在于没有心理学专业背景的教师或是班主任很难在其学科教学或是班级管理中结合并渗透心理健康教育。SFBT 这一新兴咨询技术的出现，使这些问题得以迎刃而解。SFBT 没有像精神分析那样深奥的原理以及复杂的操作流程，只要经过短时间的培训就可以掌握其基本的理念和技巧。并且这些理念和技巧并不局限于专业咨询师开展心理咨询活动的过

---

[1] Wallance J. Gingerich, Sheri Eisengart. Solution – Focused Grief Therapy: A Review of the Outcome Research. Family Process, 2000, 39 (4): 477 – 498.

[2] 林崇德. 积极而科学地开展心理健康教育［J］. 北京师范大学学报（社会科学版），2003 (1): 31 – 37.

程中，专业课教师在日常的教学中，班主任在学生的管理工作中，以及学校行政部门在处理所谓的“被动来访”的“问题学生”的过程中，完全可以通过“例外式问句”、“评量式问句”、“应对式问句”等技巧来与学生交流，通过激发学生自身的力量来预防或解决学生面临的问题。

通过以上分析，可以看到SFBT在职校生心理健康教育中的优势。积极借鉴SFBT的理念和技术用于职校生心理健康教育，创新职校生心理健康教育的途径和方法，SFBT在职校生心理健康教育中将大有可为。

三、SFBT在职校生心理健康教育中的实践策略

由教师的指导走向学生的互相帮助进而最终实现学生的自助，是现代心理健康教育发展的重要目标。将SFBT的理念与技术运用于职校生心理健康教育，就是要从他助、互助以及自助三个层面花力气、下工夫，提高职校生心理健康教育的实效性和针对性。

（一）有效他助：职校教师对职校学生的心理援助

教师是心理健康教育活动的主导。运用SFBT指导职校生心理健康教育，教师要树立积极发展的心理健康教育理念，坚持学生的主体地位，重视学生职业心理辅导，做好职校生心理发展的引导工作。

1. 树立积极、发展的职校生心理健康教育理念

SFBT不仅关注问题的症状，还关心问题背后的正向功能，并认为：“问题本身不是问题，而是解决问题的方法不当，导致问题的出现。”[1] 从这个角度来讲，传统心理咨询理论认为的来访者即为“问题人”，寻求咨询帮助的学生即为“问题学生”的观点显然需要被抛弃。甚至可以认为不存在所谓的“问题学生”，只有尚未被解决的“学生的问题”。这就要求我们以一种积极的眼光来看待学生以及学生面临的问题，树立积极的心理健康教育观。另外，心理健康教育的目标在于促进个人的最大发展，发展不仅是现代教育理念的体现、现代心理学精神的要求，同时也是职校生心理发展的现实需要。SFBT的一个重要假设即为每个人都具有向上、向前、向着未来的一面，这在其咨询的技术中有着清晰的体现。开展职校生心理健康教育，就是要紧扣职校生心理发展的需求，充分利用SFBT的技术，推动、促进、实现职校生的心理发展。SFBT的介入既要着眼于职校生心理发展的阶段性，又要立足于心理发展的连续性；

[1] 王玲．焦点解决短期心理咨询法的评介［J］．中国心理卫生杂志，2002，16（10）：675-676.

既要看到心理发展的结构性，又要重视心理发展的层次性；既要关注心理发展的稳定性，又要关照心理发展的可变性。要擅于运用“评量式问句”、“假设式问句”等致力于创建职校生心理发展的“最近发展区”，将心理健康教育的目标定位在职校生可能发展的程度，使心理健康教育走在职校生心理发展的前面而不是停留在现有的发展水平，从而引领职校生向着更高的、可能的、潜在的水平不断发展。

2. 确立职校生为主体的心理健康教育价值取向

SFBT 的理念是对传统咨访关系的挑战，打破了咨询师的“专家”身份以及话语的“独霸权”：“在咨询过程中，来访者发挥专家的作用确定咨询的目标”；“SFBT 的咨询师基于‘陌生人’或是‘旅行代理人’的立场，视来访者为其自身世界的向导，来访者教给咨询师他的世界观和信仰，以及他对问题的感知和解决。”[1] 基于这一理念开展职校生心理健康教育，需要在肯定职校生主体地位的前提下，以发挥职校生的自主性、能动性、积极性为基本特征，以提升学生的主体心理素质、实现学生心理的最优发展为根本目的，从而扭转传统职校生心理健康教育重知识传播而轻学生主动实践、重教师说教而轻学生自主建构的消极操作倾向。一是要转变教育观念，将以社会为本、以教师为主导的心理健康教育转变到以人为本、以职校生为主体的教育轨道上来，尊重职校生的主体地位和主体人格，肯定职校生积极的主体辨别能力和选择能力，坚信职校生具有正向的自我心理调适和自我向上成长的潜能；二是要建立新型的师生关系，给予职校生足够的话语权以及自主选择、自我判断的自由，让学生自己去评估自己的心理需求、目标等是否完成；三是要重视学生自主体验的重要意义，鼓励职校生主动积极地参与实践活动，并以活动中的体验为切入点，促进情感和认知的相互影响，以生成和发展良好的行为模式。

3. 凸显职校生心理健康教育的职教特色

职校生具有不同一般学校学生特定的心理特点和心理需要，开展职业类心理健康教育是以“就业为导向”的职业学校必须认真对待的重要课题。事实上，在社会对职校生存在一定偏见和歧视的不良氛围中，在职校生视自己为分数教育的“失败者”、学历教育的“淘汰者”等自我认知的偏差中，职校生面临着专业心理的迷茫、择业心理的困惑、就业心理的压力以及创业心理的挑战

---

[1] Rebecca Burwell, Charles P. Chen. Applying the Principles and Techniques of Solution - Focused Therapy to Career Counseling. Counseling Psychology Quarterly, 2006, 19 (2): 189 - 203.

等难题，迫切需要进行职业心理健康方面的指导。比如在应对职校生对所学专业不认同不感兴趣而苦恼时，职校教师可以利用“奇迹式问句”来对学生进行启发：“明天你一觉醒来，一个奇迹发生了，你发现你疯狂地喜欢上了这个专业，这时，你觉得你会发生哪些方面的变化？或者说你做出了哪些改变从而使得老师知道你真的很喜欢这个专业？”总之，开展职校生 SFBT 心理健康教育，彰显职业学校特色，紧扣职业教育特征必不可少。

（二）倡导互助：职校学生之间的朋辈心理帮助

SFBT 格外重视人际系统对个人心理内容建构所产生的重要影响。不同于传统心理咨询理论认为的“咨询的焦点在于来访者同咨询师的关系上”，SFBT 强调“发生在咨询室以外的来访者的生活将使他们的生活变得更美好”❶。另外，处于青春期的职校生更喜欢与同龄人交流、更乐于向同龄人倾诉、更愿意接纳同龄人的意见。因此，基于 SFBT 的理念开展职校生心理健康教育，不仅要重视同学支持系统对职校生心理的重要影响，更应当充分开发利用这一系统给予职校生更多的互动与互助的机会。实现这一目标可以通过建立班级或学校心理委员制度来实现，其基本架构可以设置如下：一是制订甄选标准，在职校生中选拔心理委员，对选拔对象的心理健康状况、个性特征等要重点考察；二是对选拔的对象进行 SFBT 理念和技术的培训，这样的培训并非要求学生达到专业心理咨询师的水准，也并不一定需要掌握规范的 SFBT 流程，更多的是培养他们一种心理健康的理念，一种沟通的技巧；三是明确心理委员的工作标准，规定好他们工作的内容以及担负的职责；四是建立与专职心理健康教育教师密切联系的“准督导”工作机制，对心理委员的工作进行全面监控。职业学校要敢于放手发动职校生去开展心理健康教育工作，发挥职校生的积极性和主动性，通过职校生的互帮互助来实现心理的健康发展。

（三）助人自助：职校学生个体的心理自助

乔姆斯基曾指出：“促进自我教育的教育才是真正的教育。”❷ 教师再高明的教育理念、再先进的教育手法都不可能完全适合每一个学生，总会出现偏差。只有学生自己最清楚自己的心理需求，最明白自身的优势所在，而教师始终无法取代学生的自主建构。SFBT 基于后现代建构主义的哲学取向，为职校

---

❶ Joel K. Simon. Solution – Focused Practice in End – of – Life & Grief Counseling. New York: Springer Publishing Company, 2010: 65.

❷ 崔景贵. 助人自助：学校心理教师专业化的理念与策略［J］. 思想理论教育，2007，12：4 – 8.

生开展心理自助提供了有力的支撑："在任何时刻，人们都在依据自己的愿望、目的、意义和价值从与环境的内在关系当中，即从人们的精神中创造着自己。"[1] 应该看到，每一个学生都具有一定的自我认知、自我判断和自我发展的能力，具有自我教育的潜力和资源。助人自助式心理健康教育，就是在肯定学生主动建构的基础上，发挥学生自我建构的潜能，利用学生自身的力量，让学生自己帮助自己，实现学生心理最优发展。开展助人自助式心理健康教育，要培养职校生心理自助的意识，激发职校生心理自助的动力，鼓励职校生心理自助的行为，教会学生利用 SFBT 技术进行自我提问，学会自我心理探究、自我心理激励、自我心理暗示等，真正实现心理健康的自我教育。

"一个学科的视野不是一个目的，它只是一种可能的出发点；一个学科的方法论不是一个解决办法，它只是提供了处理问题的可能性。"[2] 借鉴 SFBT 的理念、技术服务于职校生心理健康发展，只是为职校生心理健康教育提供了一个新的路径，其理论和实践研究还有待于进一步深入和拓展。

第三节　积极心理治疗范式与职校生心理健康教育

职业学校心理教育是指职校教育者从职校生的心理实际和社会发展的需要出发，在心理学、教育学、社会学和医学等多学科理论指导下，运用多种手段和途径，有目的、有计划地培养学生良好的心理素质，提高他们的心理机能，充分发挥其心理潜能，进而促进学生整体素质提高与个性发展的过程[3]。可以看出，在职校生心理健康教育过程中，应重视职校生心理实际与社会发展需要，更应重视对提高职校生心理机能、发挥心理潜能目标的追求。当前，职校生心理健康教育工作存在不少问题，如忽略职业学校的实践特色，忽视职校生的心理发展特点，没有注重心理教育的发展性、主体性。职校生心理健康教育需要一种有别于现行传统的心理健康教育模式，而积极心理治疗恰恰能够带来有益的启示。

一、实践智慧：积极心理治疗范式的专业优势

积极心理治疗由诺斯拉特·佩赛施基安（Nossrat Peseschkian）在 20 世纪

---

[1] 乐国安，郝琪．社会治疗的理论与方法——后现代主义心理治疗述评［J］．南开学报，1999（6）：86－91．

[2] 崔景贵．多学科视野中的心理教育［J］．现代教育论丛，2004（2）：7－13．

[3] 崔景贵．职校生心理发展与职业学校心理教育［J］．职业技术教育，2004，25（31）：64－66．

六七十年代创建于德国，是以解决心理冲突为核心，以现实能力为发展导向，跨文化的心理治疗方法和理论。作为一种新型的心理治疗方法和理论，积极心理治疗与传统心理治疗有着本质上的差别。

（一）积极心理治疗的基本思想

不同的心理治疗理论和方法对三个问题的回答的不同，决定了其理论与方法区别于其他流派。首先，对人性观假设的回答。积极心理治疗给出了这样的人性假设，它赋予人新的积极形象：人的本性是好的，人拥有身体能力、智力能力、社会能力和精神能力这 4 种能力❶。向外看一个人的生活，具有丰富的心理社会资源；向内看一个人，具有以爱和认知能力为基础的现实能力，利用丰富的心理社会资源和本身具有的强大的现实能力，人能够对生活中的事件有清楚的认知，并处理与其他人的情感关系。在对这一问题的回答上，传统心理治疗的各个流派虽有不同的回答，但多数将人看做没有现实能力的疾病载体。

其次，关于病是什么的回答。积极心理治疗认为，人的生活可以归纳为"身体、头脑、情感、精神"四个方面，任一方面的或偏或废都会以 4 种冲突的方式表现出来：躯体健康、成就、关系、未来，而病是待调节的冲突。传统心理治疗则认为病是待祛除的病灶。

最后，关于对治疗态度的回答。积极心理治疗对人性的看法、对病的认识，决定了它对治疗的认识：积极心理治疗倡导无病变原则，认为只有表现出神经症症状的人，而不存在神经症病人；治疗师既要看到来访者的冲突，又要把注意力集中到来访者积极力量的培养与增进上；任何负面行为的出现都有其正面现实能力的存在，治疗师要引导正面能量的发展，而不要纠缠于负面行为；要通过挖掘来访者"认知的能力"和"爱的能力"达到助人自助的积极目的。传统心理治疗更倾向于将治疗定义为咨询师持"手术刀"通过"切除、修复"来达到治愈的目的。

（二）积极心理治疗范式的专业优势

正是与传统心理治疗存在本质上的区别，积极心理治疗范式具有独特的专业优势：

1. 积极化视角

积极心理治疗一改传统心理治疗将人看做疾病载体的人性观，认为人是具

---

❶ 崔景贵．德国积极心理治疗范式述要［J］．江苏教育学院学报，2009，25（5）：1－9.

备现实能力来解决在现实矛盾冲突的、具有心理社会资源的、积极完整的人。在关注来访者冲突的同时，更重视来访者积极向上的现实能力，致力于从积极的视角解释来访者在身体、头脑、情感、精神四个层面表现出的冲突，帮助来访者发现自身积极的人格特质。

2. 发展性目标

积极心理治疗不是以祛除来访者疾病为目标，而是使来访者运用自身能量来解决自身正面临的冲突，并学会保持、发展已发现的现实能力以帮助自己应对今后发展中遇到的冲突，从而成为一个积极健康和谐的人。所以，积极心理治疗中来访者解决冲突的能力来源于自身潜在的爱与认知的能力。在咨询过程中，注重对来访者自身力量的激发，有助于治疗效果的保持扩展。积极心理治疗的第五个阶段即扩大目标阶段，根本上区别于消极心理治疗止步于祛除病症阶段，更能体现出其发展性的目标。

3. 自助式疗法

在消极心理治疗当中，咨访关系是更适用于“医患”关系的称谓，咨询师的研究对象并非来访者，而是来访者的“疾病”，咨询师关注疾病的发展及如何祛除疾病，治疗过程中的主导权在咨询师手中。而积极心理治疗中咨询师的研究对象是来访者本人，包括来访者冲突和现实能力在内的完整的人，咨访关系更多是一种引导与被引导的关系。咨询师借助东方寓言、神话故事来激发来访者想象，从而帮助来访者认识自身矛盾冲突、发现自身的现实能力，掌握治疗过程的主导权，由病人角色转换为自己的治疗师。

4. 人本化理念

积极心理治疗继承和发展了人本主义“来访者中心疗法”，咨询师积极倾听来访者的表达，并从来访者的角度来理解来访者的冲突表现，将冲突用积极的、人本化的理念进行解释，强调咨询师与来访者之间的和谐、互信、尊重和支持，尊重来访者在咨询过程中的主导作用，有利于增加来访者在今后应对冲突过程中的信心。

5. 开放性态度

传统的心理治疗方法，都在一定程度上具有排他性，认为自己的理论与实践方法具有得天独厚的优势，并以此否定其他一切心理治疗理论。例如，经典精神分析理论完全否定行为主义疗法用改变行为的方式来改变个体的心理发展情况。积极心理治疗不是与其他心理治疗方法相并列的方法，而是一种手段，借助这种手段，治疗师可以确定对何种特殊病例适用何种治疗方法以及如何交替使用这些方法，将各传统心理治疗理论流派的理论与方法去粗取精而整合于积极心理治疗的范式下，避免了单一疗法的不足。因此，积极心理治疗是方法的方法[1]。

正是由于积极心理治疗范式所具备的积极、发展、自助、人本、开放的专业优势，使其在教育领域中的应用得到更多的关注，同时也为我们反观目前职校生心理健康教育存在的问题提供了借鉴。

二、消极取向：职校生心理健康教育的问题分析

当前，职校生心理健康教育主要采用传统的心理咨询与治疗方法，其从病症入手的视角会对职校生心理的发展造成一系列不良的影响。职校生心理健康教育作为职校心理教育的重要组成部分，其发展又存在哪些亟待解决的问题呢？

（一）消极化评价

在职业教育的传统观念中，职校生更多被视为升学考试失利的学业不良人群，无论是在传统的知识性教育还是在心理健康教育中，职校生总被教师看成能力不足的个体。学业不良是因为他们头脑不聪明，同伴关系紧张是因为他们情商太低，找不到工作是因为他们能力太差。一些消极化的标签被贴在了职校生身上。这种消极化的评价实际上反映了心理教育者在教育过程中对职校生的否定态度，职校生在某种程度上被当做能力缺失的个体，而改变的力量来自外界。对职校生的消极化评价容易导致职校生对心理健康教育的过分依赖，不利于职校生的自主发展。

（二）治疗性目标

当前职校生心理健康教育出现教育对象个别化的问题，倾向于将工作重点放在个别学生的心理障碍与疾病的治疗上，而忽视了大多数学生心理的发展性需要；止步于解决当下问题，忽略对学生积极人格品质的开发与完善。当评价职校生心理健康教育成效的标准变成救治患有神经症学生数量的多寡时，心理健康教育就失去了它应有的意义。

（三）救助式策略

当前职校生心理健康教育中存在着一种主体性的错位：心理健康教育的主

---

[1] ［德］佩赛施基安．积极心理治疗——种新方法的理论和实践［M］．白锡堃译．北京：社会科学文献出版社，1998．

体是心理教师，而职校生则是被救助对象，被救助对象能否有“起死回生”的变化，依赖于心理教师的“功力”如何，职校生更多被当做需要被救助、没有自助能力的个体，心理教师占据了指挥性与决定性的地位，这种主客位颠倒的模式不利于职校生自身能力的发展，更易造成深层次的无助感，弱化了心理健康教育的意义。

（四）非人本化的态度

职校生心理健康教育中，心理教育工作者与职校生之间与一般的咨访关系相比，更多了一层师生关系，具有了更多的指导与被指导的含义，教师很容易从“好学生”的标准出发来帮助学生，而容易忽视学生真正的需要，不能完全地做到“以来访者为中心”。传统心理治疗的消极化视角也决定了不能对职校生的问题进行积极化、人本化的解读，而更多地将学生的问题解释为某种病症的反映。

（五）单一式方法

目前，职校生心理健康教育工作者大多只了解某一种理论流派下的方法技术，对职校生多种多样纷繁复杂的问题，不能采取有针对性的治疗手段。但任何一种技术都必然有其优势与不足，用某一技术来解决所有问题是不现实的，对单一技术的偏好只会导致心理健康教育的实效大打折扣。

职校生心理健康教育中存在的以上问题，促进了职校教育工作者对解决这些问题的思考，促进了对更好地解决问题的探索。如何把积极心理治疗范式的合理思想，有针对性地应用于职校生心理健康教育实践，是当前职校生心理健康教育工作的一个重要课题。

三、走向积极：职校生心理健康教育的基本策略

教育部《中等职业学校学生心理健康教育指导纲要》（2004 年）提出：“以学生为主体”、“面向全体与关注个别差异相结合”、“发展与预防、矫治相结合，立足于发展”、“教师科学辅导和学生的主动参与、家长的配合相结合”等一系列要求。那么如何从《中等职业学校学生心理健康教育指导纲要》（2004 年）精神和要求出发，发挥积极心理治疗范式的优势，实现职校生心理健康教育的积极发展就要从以下几个方面着手。

（一）以积极为取向

职校生心理健康教育中的积极取向是相对于消极取向而言的，这里积极包含三个方面：积极是对前期集中于心理问题研究的病理式心理教育的反动和变

革；倡导心理教育要深入系统地研究科学促进人的心理发展，关注人性的积极方面；强调用积极理性的方式对人类存在的心理问题做出适当的解释，并从中获得积极意义[1]。

针对职校生相对于普高学生具有更强烈消极自卑心理的特征，以及目前职校心理健康教育中存在的消极取向，职校生心理健康教育工作要真正做到由消极转向积极，首先要从宏观上将着眼于职校生个体病症的消极心理治疗范式，转变为注重个体现实能力开发、面向全体职校生的积极心理范式，改变以往以心理测量、心理诊断、心理治疗为线索的单一心理健康教育模式，开展预防性心理健康知识讲座、治疗性个体心理咨询、发展性团体心理辅导等多样性心理健康教育活动。其次，从微观上摒弃错误消极的标签，将职校生看成有现实能力的积极个体。社会上对职校生的消极看法在某种程度上是未经考察的社会偏见，职校生心理健康教育工作要自觉抵制这种偏见，要能够发现职校生身上的创造力、勇敢、乐观等诸多现实能力，将职校生看成是拥有现实能力来完善个人身心发展的真正意义上的“人”；改变将学生的“问题行为”当做疾病的传统做法，学会给学生的“问题行为”赋予积极含义，如职校生打架行为，表明学生具有伸张正义、敢于表达自己想法的能力，待调节的只是这种能力的指向；帮助职校生认识到现实能力、发展的潜能都来源于他自身，发现自身积极的人格特质，引导职校生适度地使用自身所拥有的现实能力，树立迎接未来各种困境的信心。

（二）以发展为目标

所谓发展就是不局限于解决问题，而是以提高心理素质、树立心理健康意识为目标；不局限于个别“问题学生”，而是以全体职校生心理健康为服务对象；不拘泥于心理健康教育的单学科限制，而是调动所有学科力量渗透心理健康教育；不止步于培养学生解决问题的技巧，而是以促进学生人格的不断完善发展。

职校生心理健康教育应该是提高学生整体素质和促进个性发展的过程，要真正做到以发展为目标，一是要转变视角，着眼职校生全体和职校生生涯发展全程，全方位开展心理健康教育，做到既看到职校生个体问题解决的需求，又看到职校生整体发展的需要；既看到职校生阶段性发展的问题，又看到持续性发展的可能。二是要重构心理健康教育体系，建立以职校生发展为最终目标，

---

[1] 崔景贵．积极型心理教育的信念、目标与建构［J］．当代教育论坛，2006（7）：33－35

以发展性心理健康教育活动为主，预防性、治疗性心理教育活动为辅的立体式心理教育体系，立足于职校生现有心理发展水平，不断地创建与实现“最近发展区”，推动职校生心理健康水平的立体式稳步发展。三是要开拓多渠道推进职校生心理健康教育，建立以心理健康教育课程与活动为主导、全学科渗透为辅助，家庭、学校、社会共同努力的心理健康教育网络。

（三）以自助为方法

心理健康教育是一个心理他助—心理互助—心理自助的过程，心理教师的他助是手段，学生互助之间的心理互助为中介，学生有效的心理自助才是真正的目的所在❶。所谓自助即是指职校生在心理教育过程中能够积极主动地发挥自身潜能，自主建构积极的心理结构。由于职校生的入学及毕业都与择业就业直接相关，所以他们更加自觉关注社会现象、经济形势、就业压力、待遇等现实层面的问题。也正是如此，他们对社会、环境、人生等问题有了比较深刻的认识。相比普高学生、初中生，他们更多地思考“我是谁，我将来的人生如何”等问题，并对自己的未来有了比较初步的打算与计划。职校生强烈的自主意识决定了他们掌控自己的强烈愿望，相对于救助式为主的传统心理治疗方式，采用自助式疗法的积极心理范式更符合职校生的心理发展特征。

要实现职校生心理教育自助式发展，首先，要转变职校生依赖于心理教师的传统心理，在授课上，心理教师要改变传统的讲授式教学模式，通过小组作业、心理剧、辩论赛等多种教学形式，让职校生自主发现问题、探究问题，留给学生更多思考与内化的时间，让学生充分认识到个人在心理健康教育中的主体性；其次在咨询中，要转变教师帮助职校生解决问题的治疗式模式，咨询师的任务是帮助职校生发现并正确使用自身能力，要让职校生意识到，改变的力量是来自自身而非咨询师；再次，要提升职校生心理自助的水平，在心理健康教育活动的开展上，采用更丰富的自助式心理教育策略，来替代讲授灌输式的传统活动，如通过自助式的心理调适训练、自助式的心理健康社团、心理健康知识竞赛等多种形式来提升职校生心理自助的水平。只有学会自助，才能真正达到“教是为了不教”的目的。

（四）以人本为理念

积极心理治疗范式继承和发展了人本主义心理学“人性本善”、“以来访者为中心疗法”、“积极的无条件关注”等核心理念。所谓“以人为本”即是

❶ 崔景贵．助人自助：学校心理教师专业化的理念与策略［J］．思想理论教育，2007（12）：4－8.

指“把人视为自身心理发展与建设的主人，把人的主体性发展作为目的而不是手段，一切从人出发，一切为了人，一切服务于人，一切着眼于人的全面发展”❶。长久以来，心理健康教育以消极心理治疗范式为主，并且，社会一直以来对职校生的消极态度、职校生群体本身消极自卑的个性特点，都对职校生心理健康教育造成一定程度的消极影响，使得教育工作者容易在心理健康教育工作中将职校生看成需要救助的无能力个体，易采用干预式、治疗式的方法，将职校生放在“患者”的位置上，听从自己的“治疗”。这种非人本化的态度，无助于职校生发现自身能力解决自身问题，更容易造成职校生的消极依赖心理。

要真正做到继承与发展人本主义理念，第一，要将职校生心理的健康发展作为最根本的目的，一切心理教育工作的开展都只是实现这一根本性目标的手段，真正做到从职校生角度考虑，设计适合于职校生身心发展、能够满足职校生真正需求的心理健康教育活动，避免一切无益于职校生心理健康的“面子工作”；第二，要注重心理健康教育活动在职校环境内的校本化，重视职校生与普高学生的差异，将职校教育的职业属性等特点融入心理教育活动中，从有助于促进职校生成长出发；第三，心理健康教育工作者要注意避免社会偏见的不良影响，平等地对待职校生，尊重职校生的主体作用，为他们解决自身问题提供支持，积极倾听职校生的苦恼，并能够换位思考，从职校生的角度对职校生的问题进行积极合理的解释，将人本主义的理念贯穿始终。

（五）以多元为基础

目前，理论方法的多元化日益成为职校心理健康教育的发展趋势，但是多元化并不是对各种理论流派持一种完全敞开式的接纳态度，也不意味着心理健康教育没有相对稳定的理论基础。一元化与多元化两者在本质上并不是相互排斥的，而是要求一元化与多元化的融合。职校生心理健康教育要汲取各理论流派的精华，这种一元化与多元化融合的态度更适用于职校生复杂多样的问题。多元化的态度要求心理健康教育工作者对各个理论流派有深刻的理解、对其技术方法有扎实的掌握；要对职校生各种可能的问题有敏锐的洞察力，能够针对不同的问题采用不同的方法，帮助职校生挖掘自身解决问题的现实能力。这就要求职校心理健康教育工作者不断丰富自身的理论知识，提高理论运用水平，增强“一专多能”意识，善于灵活运用多元化方法。

---

❶ 崔景贵．转型与建构：心理教育范式的发展趋向［J］．上海教育科研，2005（7）：33－35.

加强和改进职校生心理健康教育，要从治疗转向发展、从救助转向自助、从功利转向人本、从一元转向多元，从根本上由传统消极范式转向积极范式。如何实现这些积极转变，更好、更快地促进职校生心理发展，需要职校心理健康教育工作者在实际工作中进一步总结经验，更新观念，科学应用，为职校生全面发展奠定心理和谐的重要基础。

本章小结

职校生心理健康教育模式建构的实践智慧应立足于多元聚合的视野。本章尝试从存在主义教育哲学、焦点解决短期治疗以及积极心理治疗等视角来考察职校生心理健康教育的科学实践。第一部分基于存在主义教育哲学，反思目前职业学校心理健康教育的不足，并通过对职校生心理健康教育理念、目标、程序、条件、评价五个方面的分析，试图建构更为理想的职校生心理健康教育模式。第二部分从介绍焦点解决短期治疗这一新兴的心理范式出发，分析其对职校生心理健康教育运用的适切性，探索其在职校生他助、互助以及自助心理健康教育中的运用，尝试为研究职校生心理健康教育提供新的视角，以期完善职校生心理健康教育的体系。第三部分以积极心理治疗为切入点，反思职校生心理健康教育存在的消极化评价、治疗性目标、救助式策略、非人性化态度、单一式方法等问题，希望通过借助积极心理治疗所具有的积极化视角、发展性目标、自助式疗法、人本主义理念、开放式态度等专业优势，能够有针对性地解决职校生心理健康教育实践中存在的问题。

（青海师范大学/江苏理工学院　黄亮　杨琛）

第六章

职校生积极型心理健康教育模式的建构

教育部《中等职业学校学生心理健康教育指导纲要》（2004 年）明确提出，开展中等职业学校学生心理健康教育，要将“提高全体学生的心理素质，帮助学生树立心理健康意识，培养学生乐观向上的心理品质，培养心理调适能力，促进学生人格的健全发展”作为心理健康教育的目标。教育部《中小学心理健康教育指导纲要》（2012 年修订）也明确提出，开展中小学心理健康教育工作，要坚持发展、预防和危机干预相结合，要培养学生的积极心理品质，挖掘学生的心理潜能，将“提高全体学生的心理素质，培养他们积极乐观、健康向上的心理品质，充分开发他们的心理潜能，促进学生身心和谐可持续发展，为他们健康成长和幸福生活奠定基础”作为心理健康教育的总目标。

职业学校的积极型心理健康教育，应该最大限度地预防学生发展中可能出现的问题，积极开发学生的心理资源和心理潜能，培养良好的个性品质，促进职校生的心理健康、快乐幸福和自我实现，这是职校生积极型心理健康教育的主要任务。

第一节　职校生积极型心理健康教育模式的概述

以往的心理健康教育过分强调矫治功能，将工作重心放在对少数“问题学生”的矫治上，是一种消极取向的心理健康教育。积极型心理健康教育是对消极型心理健康教育的修正，是指通过培养、增强职校生的积极心理力量来促进其心理和谐发展、心理潜能充分开发的一种教育活动。[1] 重在探索促进职校生心理发展和潜能开发的积极心理健康教育模式，研究对象是职校生，研究内容是积极型心理健康教育，研究重点为模式的建构。

一、职校生积极型心理健康教育模式的基本内涵

科学解读积极型心理健康教育模式的基本内涵，首先需对“积极”的概念加以界定。

“积极”一词，来源于拉丁语“positum”，原意是“实际的”或“潜在的”，在英文里现在一般理解为“建设性的”或“正向的”；在中文中的解释：“一是肯定的、正面的；二是进取的、热心的。”因此，“积极”一词从本义上说既包括人外显的积极，也包括人内部潜在的积极。[2]

“积极”主要包括了四层含义：①积极的意义和价值是相对而言的。积极的心理是相对于消极的心理而言的，或者说与心理的不健康或亚健康相比，而不是与另外一种积极心理状态和评价相比；②积极是一个行为过程，包括过程的心理体验，而不是一个固定结果和最后结局；③积极是一个带有明显价值导向的文化概念，而不是一个永恒不变的科学概念；④积极是一种内在的心理状态，而不是物化的、功利的外在结果。积极状态主要是一个人积极的人生态度，一个人所具有的优良的综合心理素质。[3]

在积极型心理健康教育模式中，“积极”应当成为贯穿心理健康教育全过程的核心价值和主线，应使每一个人的心理素质获得更健康、更积极的发展，使每一个人的心理潜能得到更充分、更自主的开发。“积极”包含三个方面的含义：①“积极”是对过分注重问题矫治的传统消极型心理健康教育的反动和变革；②倡导积极的人性观，关注人性的积极面，注重发展个体的积极潜能；③强调积极解读人类存在的心理问题，并能从中获得积极意义。

概括起来讲，积极型心理健康教育模式是以优化学生的心理机能、完善学生的积极品质、发展学生的心理潜能为目标，以帮助学生积极地应对成长过程中面临的问题为核心任务，以学校、教师和家长为实施主体，面向全体学生，通过有针对性的全方位、全过程、全面渗透的教育、训练和辅导，指导学生成为一个心理健康、快乐幸福和自我实现的人的一整套实施程序和操作规范。积

---

[1] 崔景贵，黄亮．当代职校生心理健康教育模式的理论建构［J］．职教论坛，2013（7）：6－8.

[2] 崔景贵．心理教育范式论纲［M］．北京：社会科学文献出版社，2006：250－251.

[3] 崔景贵．心理教育范式论纲［M］．北京：社会科学文献出版社，2006：251.

极型心理健康教育模式，主要包括四层含义：①模式的对象：全体学生；②模式的核心任务：帮助学生积极应对成长过程中面临的问题；③模式的方法：全员教育、全方位、全过程、全面渗透；④模式的目标：优化学生的心理机能、完善学生的积极品质、发展学生的心理潜能，最终促进学生的心理健康、快乐幸福和自我实现。

二、职校生积极型心理健康教育模式的分类

根据职业学校积极型心理健康教育的功能、方式和内容，对职校生积极型心理健康教育模式进行以下分类。

（一）根据积极型心理健康教育的功能进行分类

1. 积极预防模式

积极预防模式，旨在通过教育引导，帮助学生发现、开发和发展个人的积极潜能，指导其发展出一套积极认识与应对心理问题的模式，自觉维护自身的心理健康，防患于未然。每个人自身都有积极的心理潜能或品质，通过发展个体的积极潜能，能够积极地预防心理问题的发生，使学生保持良好的心理状态，积极、主动地投入到学习和生活中。

2. 积极发展模式

积极发展模式，旨在激发学生自我实现的潜能，增强学生自我教育的能力，指导学生发展出一套适合个人的、内控主动适应学习、生活和社会的自主发展模式。职业学校要把握不同年龄段学生的发展特点，帮助学生顺利完成各阶段的发展任务；同时，更要根据个体差异，开发每位学生的潜能，实现学生的自我教育和自主发展。

3. 积极矫正模式

积极矫正模式，旨在帮助个体发展出一套适合个人的、能有效应对心理问题的积极调适模式。通过积极矫正模式，帮助个体积极认识心理问题的积极价值和意义，将问题转化为成长的契机，勇于自我调适，同时从中体验到成长的乐趣，并对未来充满信心和希望。由此，从“积极认知→积极调适→积极体验→积极再认知……”，发展出一套有效的积极调适模式，构筑自身心理健康的“防火墙”。

（二）根据积极型心理健康教育的方式进行分类

1. 积极认知模式

积极认知模式，有助于学生用积极的眼光看待人、事、物，积极挖掘自身

或外部的资源，开发个体的潜能；积极理性地解释人、事、物的消极影响，将其视作挑战、机遇和成长的机会，从中汲取自我成长的动力。

2. 积极情绪模式

积极情绪模式，是积极地体验事件或信息的模式。积极的情绪通常会产生积极的行为及后果，而积极的行为及后果又会强化积极的情绪，由此形成“积极情绪→积极行为及后果→积极情绪……”的良性情绪循环。情绪积极模式，旨在帮助学生培养积极的情绪，积极调控情绪，建立稳固的积极情绪模式。

3. 积极行为模式

积极行为模式，旨在帮助个体从自身的实际行为中概括出积极行为反应的理论抽象、基本框架或标准。职校生的学习习惯、行为习惯等相对较差，及时强化学生的积极行为，帮助学生对自己的心理体验和行为方式有意识地施加积极影响，具有积极的行为意向，产生积极的行为后果，是帮助学生形成积极行为模式的关键。

（三）根据积极型心理健康教育的内容进行分类

1. 自我意识积极模式

积极、正确的自我意识，是自我心理健康的基础，也是发展自我、发展与客体关系的前提。自我意识积极模式，旨在帮助个体形成“认识自我→悦纳自我→发展自我”的自我意识模式。职业学校要指导学生客观地认识自己，了解自身的优点和不足；积极悦纳自我，既欣赏自身的优点，也悦纳自身的缺点，积极看待不足；在此基础上，不断完善自我，超越自我。

2. 人际交往积极模式

人际交往积极模式，旨在帮助个体建立“我好，你也好；我行，你也行”的积极人际交往模式。其内容包括：一是悦纳自我，肯定自我的价值；二是悦纳他人，尊重并欣赏个体间的差异及其价值；三是乐意交往，以主动、积极的心态与他人建立和谐的人际关系，在交往中相互学习，共同成长；四是积极看待和应对交往中的冲突或矛盾，培养良好的交往品质。

3. 学习能力积极模式

学习能力积极模式，旨在通过教育引导，帮助个体形成积极的学习观念、积极的学习动机、具有积极的学习态度、掌握科学的学习方法、发展自主学习的能力，开发学习潜能、提高学习能力。学习能力积极模式，有助于实现被动学习→自主学习的学习方式转变，实现不愿学习→愿意学习→热爱学习的学习态度转变，实现不善学习→学会学习的学习能力转变。

4. 青春期积极模式

青春期积极模式，旨在通过教育引导，帮助学生积极认知青春期的身心变化，积极接纳身心变化带来的影响，并自主发展出合适的、积极的行为模式，以顺利地度过青春期。职业学校可以开展“男生・女生节”系列活动，如集体舞、性心理专题讲座等，帮助学生树立健康的异性交往观，形成健康的性心理和良好的行为习惯。

5. 个性发展积极模式

个性发展积极模式，旨在尊重并欣赏学生的个性差异，为学生多元化的个性发展提供空间。职校生通常被视为个性张扬、独立叛逆，一些优点、个性也常被视为问题，这无疑会影响职校生的自我评价和个性发展。职校生的个性发展积极模式，要尊重并欣赏职校生的独特个性，可以通过组织系列活动给学生提供展示个性的舞台，引导学生发展独特的自我。

6. 心理潜能积极模式

职校生的思维活跃，动手能力、创新思维能力等较强。心理潜能积极模式旨在帮助学生发展出一套有效的、积极开发个人潜能的模式。心理潜能积极模式的培养，可以从四方面入手：一是帮助学生意识到自身的积极潜能；二是激发学生开发自身潜能的意愿；三是提供开发心理潜能的机会；四是指导学生自主开发自身的潜能。

三、职校生积极型心理健康教育模式的基本特征

职校生积极型心理健康教育模式的基本特征主要为：积极性、人本性、发展性、自主性、全面性。

（一）积极性

积极性是积极型心理健康教育模式的首要特征，也是贯穿积极型心理健康教育全过程的核心价值和主线。[1]积极性强调一切从“积极”出发，用积极的眼光去看待学生，积极解释学生的问题，以积极的内容和方式，提供积极的、可持续发展的教育环境，培养学生健康积极的心理品质，指导其发展出一套积极的行为模式以适应生活和发展自我，塑造积极的人生。与普通高中生相比，职校生的学习成绩、行为习惯较差，常被视作“中考失败者”或“问题学生”，也不可避免地“被比较”，因此很多职校生存在较强的自卑感和较低的

---

[1] 崔景贵．积极型心理教育的信念、目标与建构［J］．当代教育论坛，2006（7）：33－35.

自我评价。积极性特征，无论对职校生的心理发展，还是对完善职校教育理念均具现实意义。

（二）人本性

人本性体现了积极型心理健康教育模式的基本宗旨。叶圣陶说过，教育应该以人为本，必须以学生为出发点和最终归宿。罗杰斯强调：人具有建设性和自我实现的潜能，教育要顺从人的本性（自我实现的倾向）。人本性，要求在积极型心理健康教育中，充分了解职校生的年龄特征，遵循职校生的身心发展规律；尊重并欣赏职校生的独特性和差异性，发现并发展学生个性的潜能，为每位职校生的潜能开发和个性多元化发展提供平台，引导每位学生做最好的自己；尊重学生发展的不均衡性，多元化评价学生，使每一个有差异的个体都获得最好的发展。

（三）自主性

苏霍姆林斯基曾说过："只有激发学生去进行自我教育的教育，才是真正的教育。"自主性体现了积极型心理健康教育模式的根本要求。自主性强调激发个体的主观能动性，唤醒职校生自我成长的力量，积极开发自身的心理潜能，使个体心理机能得到最大限度的发展。这就要求职校引导学生将"积极"这一外在的要求内化为自身的心理需求，以发展职校生个体积极的认知、情感和行为，增强个体积极主动地关注自身心理健康、主动追求幸福快乐和自我实现的意识和能力，通过自我教育、自我管理、自我完善，实现自主发展。

（四）全面性

这是积极型心理健康教育模式的基本要求。全面性是指积极型心理健康教育模式的构建要面向全体学生，通过多种途径全面渗透，促进学生心理素质的全面发展。"面向全体学生"，强调教育的对象是全体学生，而不只是少数有心理问题的学生；"心理素质全面发展"，强调把学生看做一个独立的、协调发展的整体，旨在促进个体知、情、意、行和个性整体素质全面、和谐、积极地发展。"全面渗透"，强调积极型心理健康教育的实施要在学校各项活动中全过程、全方位进行，构建学校、家庭、社会三位一体的教育组织系统。

（五）发展性

发展性体现了积极型心理健康教育模式的最终目标。发展至少包括两方面的含义：一是指职校生是发展中的个体，指导学生积极面对和应对成长中的困难或危机，顺利完成每一阶段的心理发展任务；二是要立足于个体的自主、全面、可持续的发展，最大限度地开发心理潜能、优化心理品质、提升心理机能，实现最优化的心理发展。因此，职校生积极型心理健康教育模式，既要把握职校生在不同阶段的发展任务，还要尊重个体发展的独特性、多样性和差异性，立足于每一个个体的积极、可持续发展，因人而教。

四、职校生积极型心理健康教育模式建构的意义

（一）和谐社会的呼唤

积极是和谐社会的标志，拥有高水平的幸福感既是建设和谐社会的价值选择，也是当前社会的最大实际需要。目前社会正处于转型期，发掘、发展和提升现代人性的优点，比以往任何时候都更迫切、更有意义、更有价值。实施积极型心理健康教育，有助于个体充分挖掘自身固有的实际的或潜在的具有建设性的力量、美德和善端，去积极地认知、体验和应对发展中的问题，形成积极乐观的生活态度和积极的个性品质，主动追求最大限度的自我发展。个体生活满意度和主观幸福感的提升，有助于积极营造关爱互助、积极向上的社会氛围，促进社会的和谐幸福。

（二）人文关怀理念的体现

“以人为本，就是要把教育与人的自由、尊严、幸福、终极价值联系起来，使教育真正成为人的教育，而不是机器的教育。”积极型心理健康教育，注重个体心理潜能的开发、积极心理品质的培养和积极个性的塑造，使学生成为心理健康的、快乐幸福的、自我实现的人，这本身就包含着丰富的人文关怀含义和深刻的人文精神。发展个体的积极心理品质和心理潜能，既能做到积极有效地预防，帮助消除或缓解问题，维护个体的心理健康；也能有助于发展积极的心理品质，优化心理素质，提升心理机能，为个体的人生幸福和自我实现奠定基础。

（三）个体自我实现的需要

自我实现的人生才是最有价值、最有意义、最高质量的人生，也是每一个个体的心理发展需求。发现、欣赏和开发学生的潜能，激活学生自主发展的意识，提高学生自主学习、自我管理的能力，强化学生主动开发自身潜能、主动发展的行为，既是素质教育的要求，也是学生自我实现的需要。职校生积极型心理健康教育模式，重视开发学生的潜能，注重发挥学生的自主性、能动性、积极性；尊重学生的差异性，并将差异作为可以利用的积极资源，给每一个学生提供自主发展的平台和条件，尽可能地挖掘和发挥个体的心理潜能，让每个学生都能充分的自主发展，实现自我价值。

第二节　职校生积极型心理健康教育模式的科学建构

建构职校生积极型心理健康教育模式，需要分析当前职业学校积极型心理健康教育的研究现状及模式建构情况，在此基础上，与时俱进、开拓创新，建构适合当代职校生心理发展需求的、富有职业学校特色的积极型心理健康教育模式。

一、职校生积极型心理健康教育模式的研究现状

在中国知网上，以“积极心理健康教育”为篇名进行检索，共检索到129篇文章；以“积极心理健康模式”为篇名，共检索到6篇文章；以“积极型心理教育”为篇名，检索到4篇文章。在这4篇文章中，崔景贵（2006）阐述了积极型心理教育的理论来源与思想基础，分析了积极型心理教育与消极型心理教育的区别，并指出，积极型心理教育必定会成为21世纪心理教育的主导范式。❶ 同年，他对积极型心理教育的基本内涵、价值追求、目标构成、建构策略进行了系统的分析。胡琳丽（2008）提出了大众积极型心理教育的必要性、可能性和策略。胡亚兵（2009）对积极型心理教育的理论基础、思想基础、特点、发展及意义进行了探讨。

在研读以往文献的基础上，对已有研究进行梳理归纳，从以下方面进行分析：

①从研究对象上看，积极型心理健康教育的研究对象涉及面广，包括中小学、高校、职业院校、公安院校等学校学生，以大学生和中小学生为主，有关职校生的研究较少。建构职校生积极型心理健康教育模式，可供借鉴的研究成果很少。

②从研究内容上看，以往积极型心理健康教育的研究内容，可以归纳为理论探讨类、对策研究类、应用启示类、校本探索类等。其中，以对策研究类和应用启示类较多，理论探讨类和校本探索类较少。对策探讨类和应用启示类也主要停留在理论解读基础上的一般性分析，缺乏对研究对象的深入了解。

③从研究技术上看，理论探讨多，实践探索少，理论研究和实践探索的结

---

❶ 崔景贵．积极型心理教育：21世纪的主导范式［J］．江苏教育学院学报（社会科学版），2006，22（5）：17－20.

合不够紧密。在理论探讨中，共性的、重复性的理论阐述较多，多停留在对已有理论的解读，缺乏校本实践基础上的模式建构研究。在实践探索中，无论是一般性的对策分析，还是特定对象的对策探讨，多流于形式，缺乏富有特色的、富有创新的、具有推广价值的校本实践。职校生积极型心理健康教育模式的理论建构和校本特色实践都比较少。

职校生积极型心理健康教育模式的建构，首先必须明确：职校生是教育的主体，积极型是模式的类型，模式的建构是重点。积极型心理健康教育模式的建构，既需要有科学理论的指导，也需要对教育对象有深刻的认识和把握。职校生积极型心理健康教育模式的建构，要在遵循职校生心理发展与教育规律的基础上，对职业学校心理健康教育应有的理念、目标、条件、程序和评价等进行深入的理性分析，并在职业学校心理健康教育工作中进行必要的实践探索，不断地修正、完善模式，才能使模式的建构更科学、更合理，从而更好地指导职校心理健康教育工作。

二、职校生积极型心理健康教育模式的理论基础

模式的建构需要有相应的理论支撑，需要建立在一定的理论基础上。建构职校生积极型心理健康教育模式的理论基础主要有：多元智能理论、自我实现理论、自我效能感理论、积极预防理论和建构主义学习理论。

（一）多元智能理论

多元智能理论认为，人有八种智能：语言智能、数理逻辑智能、空间智能、运动智能、音乐智能、人际交往智能、内省智能和自然观察智能，它们在每个人身上会有不同方式和不同程度的组合，从而使人呈现出不同的能力倾向。根据多元智能理论，开展积极型心理健康教育，就要用赏识和发现的眼光去看待每一位学生，正确引导、充分挖掘每位学生身上的各种潜能，促使每一个学生个性化、最优化地发展；要根据学生的智能特点选择最适合学生的教育方法，将学生间的智能差异视作资源，最终促进每个学生都成为最好的自己。

（二）自我实现理论

自我实现理论认为，人的基本需要有五种，它们由低到高依次为：生理的需要、安全的需要、归属与爱的需要、尊重的需要和自我实现的需要。自我实现具有两方面的含义，即完整而丰满的人生的实现与个人潜能或特性的实现。按照自我实现理论，积极型心理健康教育要认识到每一位学生都有开发潜能、自我实现的需要，要帮助学生分析和应对自我实现中的问题或潜在障碍，以顺

利地追求自我实现；同时，要为学生的自我实现提供机会和条件，帮助学生开发自身的潜能，做最好的自己，实现自我。

（三）自我效能感理论

自我效能感理论认为，当个体确信自己有能力进行某一活动时，他就会产生高度的“自我效能感”，并会主动实施这一活动。这里的自我效能感，是人们对自我是否能够成功地从事某种成就行为的主观期待（结果期待和效能期待）。个体行为的成败经验和归因方式，会影响自我效能感的形成。根据自我效能感理论，积极型心理健康教育要指导学生积累成功经验，引导学生形成积极的、正确的归因模式，自觉地将个体成功的经验归因于内部的、可控的因素，帮助个体提高自我效能感。

（四）积极预防理论

积极预防理论认为，通过发掘并专注于处于困境中的人自身的力量，就可以做到有效地预防，即个体本身存在着可以抵御精神疾病的力量，如：勇气、乐观主义、信仰、职业道德、希望、诚实、毅力等，因此积极预防的使命是主动培养职校生这些品质。积极型心理健康教育要求教师要积极发现、发展每一位学生的积极品质和积极潜能，通过提升职校生个人的内部力量来预防心理问题的发生。

（五）建构主义学习理论

当代建构主义者认为，学习不是被动地接收信息刺激，而是主动地建构意义，是根据自己的经验背景对外部信息进行主动的选择、加工和处理的过程；学习者能够灵活地建构起用于指导活动的图式。建构主义学习理论的核心理念就是肯定学生的主体性，强调学生心理生成和发展的自主建构。从建构主义学习理论来看积极型心理健康教育，就是要肯定学生的能动性、自主性、差异性，要立足学生已有的经验背景，提供适合学生自主建构的机会和条件，引导学生在已有经验背景的基础上，自主建构起指导行为的模式。

三、职校生积极型心理健康教育模式的理论建构

一个完整的职校生积极型心理健康教育模式，包括理念、目标、条件、程序、评价五个构成要素。

（一）理念：积极育人、自主发展

1. 树立以人为本的积极育人观

积极型心理健康教育模式，就是要创造学校的“幸福教育”，让每一个职

校生感受到真正的存在感、价值感和幸福感，发现、发展属于自己的价值和幸福，以积极的态度去面对未来的生活，为人生的幸福奠基。积极型心理健康教育模式提倡用积极的眼光去看待学生、赏识学生，去发现、发展每一位职校生的积极品质和积极潜能，引导每一位学生发现自我，认识自我，悦纳自我，发展自我，实现自我。

2. 树立健康幸福的自主发展观

积极型心理健康教育模式在关注个体心理健康、快乐幸福的同时，更注重个体的自我实现，即个体所有潜能的充分实现与人的不断成长。职校生积极型心理健康教育要肯定职校生的主体地位，赏识职校生的积极个性品质和积极潜能，尽可能地给职校生自由探索和发展的机会，让处于发展中的职校生更多地按自己的兴趣和意愿行事，发挥自身的潜能，体验自主发展的乐趣，“让每个人的个性得到充分自由的发展”。

（二）目标：预防、发展和矫正目标相结合

1. 基础目标：预防心理疾病，增进心理健康

健康的心理是青少年成长的重要基石。帮助全体学生树立心理健康意识，提高学生的心理健康水平，优化全体学生的心理素质，是积极型心理健康教育模式的基础目标。职业学校要增强全体学生的心理健康意识，提升学生的心理素质，预防心理问题的发生；要重点关注心理发展不良的学生，帮助学生挖掘自身的积极潜能和积极品质，积极应对在成长、学习和生活中遇到的心理困惑或问题，培养学生的健康心理。

2. 中级目标：优化心理素质，促进快乐幸福

尽管成长的过程中会遭遇挑战和考验，但成长的过程应该是快乐的、幸福的。优化心理素质，促进快乐幸福，是积极型心理健康教育模式的中级目标。个体身上的积极品质和心理潜能，既是一种心理资本，也是积极的心理能量。开发学生的积极潜能，优化学生的心理素质，有助于增强学生对心理问题的免疫力和抵抗力，从根本上预防心理问题的发生，做幸福快乐的自己。中级目标，有助于使学生在心理健康的基础上，生活得更积极、更快乐、更幸福、更满足。

3. 终极目标：开发心理潜能，达到自我实现

当个体充分发挥并表现出潜力的时候，才会获得最大的满足。因此，开发心理潜能，达到自我实现，是职校生积极型心理健康教育模式的终极目标。职校生积极型心理健康教育模式，要激活职校生的自主成长意愿；激发职校生的积极成长动机；充分发掘职校生的积极潜能和积极品质；充分调动学生发展的

自主性，给不同层次的职校生提供不同的发展机会，增强职校生开发潜能、自主成长的能力，帮助个体最大限度地发展自我、实现自我，成为最好的自己。

（三）条件：全员参与、全面渗透、全体发展、三位一体

模式教育功效的发挥，需要满足相应的条件。积极型心理健康教育模式主张全员参与、全面渗透、全体发展、形成教育合力。

1. 全员参与，建立积极型心理健康教育网络

职业学校应确立师生全员教育的积极型心理健康教育理念。在教师层面，应形成以学校分管领导总负责，专业心理教师为核心，班主任和系部心理辅导员为骨干，学科教师为生力军的积极型心理健康教育队伍；在学生层面，应大力培养学生心理委员，开展心理互助活动，形成心理自助队伍，由此打造师生全员参与的积极型心理健康教育网络。

2. 全面渗透，营造积极健康幸福的校园文化

职业学校可以通过网络、广播、橱窗等多种平台，课程渗透、活动等多种途径来开展职校生积极型心理健康教育，从而营造良好的校园文化，形成良好的育人环境，为学生的人生幸福创造积极和谐的氛围。

3. 全体发展，实现健康幸福自我实现的人生

积极型心理健康教育是面向全体学生，旨在开发每一位学生的积极潜能，促使每一位学生心理健康、快乐幸福和自我实现的发展性教育。在这一过程中，教师是教育的主导，是心理健康教育的组织者和实施者，教师的教育理念和心理素质直接影响着教育的实施与效果。因此，要关注教师的心理健康，推动教师的心理发展，从而更好地为职校生的心理发展服务。

4. 三位一体，构建积极的心理健康教育系统

家庭、学校、社会是个体成长的重要环境，也是宝贵的教育资源，都对学生有着不可替代的教育意义。整合教育资源，构建积极型心理健康教育的组织系统，使家庭、学校、社会三位一体，才有助于全方位、全过程地发挥教育合力，共同致力于职校生的心理健康、快乐幸福和自我实现。

综上所述，职业学校应确立积极型心理健康教育的教育理念，通过全方位、全过程、全面渗透、全员参与，形成以正向校园文化、社会环境和媒体宣传为积极氛围的积极型心理健康教育立体网络，人人事事、时时处处渗透积极型心理健康教育。❶

---

❶ 孟万金．积极心理健康教育润泽幸福人生［N］．中国教育报，2013－7－19（6）．

（四）程序：三个步骤

建构积极型心理健康教育模式，需要把握好以下程序：首先，唤醒积极认知，激发积极动机；其次，强化积极体验，形成积极的个性品质；最后，提供方法指导，强化个体的积极行为，使个体将意愿转化为实际行动。

1. 唤醒积极认知，激发积极动机——我“可以”做最好的自己

每一个个体身上都蕴藏着巨大的积极潜能和积极品质，要引导学生实现自我，首先就要唤醒个体的积极意识——“我是独特的自己”，帮助学生发现自身的积极潜能、积极品质及其积极意义和价值；进而激发个体积极发展的意愿——“我可以做最好的自己”，这为个体开发自我、发展自我提供了基础和根据，也是个体实现自我的动力。

2. 强化积极体验，形成积极个性——我“乐意”做最好的自己

当个体认识到自身潜能、产生开发潜能的意愿后，要强化潜能开发带给学生的积极体验，并指导学生从消极的情绪体验中发掘积极的意义和价值，发展积极的个性品质，从而使学生从“我‘可以’做最好的自己”这一外在行为要求内化为“我‘乐意’做最好的自己”的内心需求，这是个体开发自身积极潜能、实现自我价值的重要保证。

3. 提供积极方法，发展积极行为——我“要”做最好的自己

职业学校要结合学生的个性差异和心理需求，提供多层次、多样化的指导方法，使缺乏方法的学生掌握自我实现的方法，使方法不恰当的学生及时调整、完善、采用适当的方法，由此帮助每一位学生找到自我实现的方法，从而落实到行动中，发展出积极行为。

（五）评价：心理健康、快乐幸福、自我实现

积极型心理健康教育模式的评价，除了表现为传统心理健康教育所追求的心理问题的消解、心理障碍的减少以外，最核心的评价是基于职校生心理发展层面的评价。根据职校生积极型心理健康教育的目标层次，具体可包括以下几个方面：第一，积极心理品质的发展；第二，主观层面的积极情绪体验；第三，心理问题的积极预防。

1. 基础标准：心理健康

预防心理疾病，增进心理健康，是积极型心理健康教育模式的基础目标。这既是积极型心理健康教育最基本的要求，也是学生幸福快乐、自我实现的前提。学校应在新生入学时，开展心理普查，为每位学生建立心理档案，针对心理不健康或有心理问题的学生，进行有针对性的干预，培养学生的健康心理，

提升学生的心理健康水平。

2. 中级标准：快乐幸福

优化心理素质，促进快乐幸福，是积极型心理健康教育模式的中级目标。针对中级目标，评价标准是以快乐幸福为基础的，即学生能够保持快乐幸福的愉悦情绪，具有幸福感。快乐幸福，既是在心理健康标准上的深入，也是学生自主发展的前提。学校应面向全体学生，开展积极型心理健康教育，使不快乐的学生重拾快乐，使缺少快乐的学生真正快乐起来，使快乐幸福的学生更快乐、更幸福。

3. 高级标准：自我实现

开发心理潜能，达到自我实现，是积极型心理健康教育模式的终极目标。针对终极目标，评价标准是以自我实现为基础的，即学生能充分发挥自己的潜能，表现自己的才能，生活得更有意义、更有成就感、更有品质。学校应尊重学生的潜能差异，根据学生的不同心理需求，创设自我实现的机会和条件，帮助每一位学生开发自己的潜能，追求自我实现。自我实现，不仅是学生心理自主和谐发展的需求，也是社会和谐幸福的根本需要。

心理健康、快乐幸福、自我实现，三个评价标准由低到高，由浅入深，体现了积极型心理健康教育的目标；发展与预防、矫治相结合，立足于发展。

四、职校生积极型心理健康教育模式建构的原则

职校生积极型心理健康教育模式的科学建构，需要把握科学性原则、发展性原则、主体性原则、全面性原则、职业性原则和操作性原则。

（一）科学性原则

职校生积极型心理健康教育模式的建构，要建立在对职业学校心理健康教育工作深刻认识和准确把握的基础上。坚持科学性原则，就是要在遵循职校生身心发展规律和心理健康教育规律的基础上，对职业学校心理健康教育的基本内涵进行深入的理性分析，在实践中不断地修正、完善职校生积极型心理健康教育模式，以更好地为职校生的心理发展服务。

（二）发展性原则

发展性原则，是指积极型心理健康教育模式的建构必须以发展的观点来对待学生，要遵循学生身心发展的特点和规律，以学生发展为重点，促使全体学生获得最大限度的发展。积极型心理健康教育模式的构建的目的，是让处于不同心理健康状态的学生都能心理健康、幸福快乐、自主发展。另外，学生的发

展具有阶段性、差异性和不均衡性。从低年级到高年级，从进入学校到走出学校再到就业创业，每个学生都是不断发展中的个体。在模式建构时，要充分考虑学生的年龄阶段和发展任务变化，帮助个体全面可持续地发展。

（三）主体性原则

主体性原则，是指积极型心理健康教育模式的建构要以学生为主体，心理健康教育活动要以学生为出发点，并以促进学生的自主成长和自主发展为目的。主体性原则，要求职校生积极型心理健康教育模式充分尊重职校生的主体地位，立足于学生的最近发展区，提供适合学生的教育；无论是教育内容的安排、教学方式的选择，还是教学活动的组织等，都要充分发挥职校生的主体作用，考虑学生的个体差异和不同的心理需求，鼓励职校生自我教育、自我启发、自我体验、自主发展。

（四）全面性原则

全面性原则，是指积极型心理健康教育模式通过全员教育、全面渗透、全方位推进，旨在促进全体学生的全面和谐自主发展。职校生积极型心理健康教育模式，面向全体学生，不但要使全体学生收获心理健康，更要促进其快乐、幸福、自主成长，“让每个学生都抬起头来走路！走适合自己的路！”积极型心理健康教育的实施要在学校各项活动中全面开展、全面渗透、全过程进行，要综合考虑时间指向（过去、现在、未来）、活动类型（生活、学习、工作、社交）、关系维度（对人、对事、对己）等，提倡学校与家庭、社会全方位推进，形成教育合力，使每一个个体都能实现全面、和谐、自主地成长。

（五）职业性原则

职业教育不同于普通教育，是以就业为导向，除了理论知识的学习，更注重专业技能、职业核心能力和综合素质的培养。在“强技能”的同时，更要“强素养”、“强个性”，给学生更多的“增加值”和“附加值”，培养具有自信阳光气质、文明有礼品质和创新创业特质的发展性、复合型和创新型技术技能人才。因此，职校生积极型心理健康教育模式，要能体现出职业学校的特点或特色，体现职业性原则。

（六）操作性原则

模式的建构是为了更好地指导实践工作，因此一个理想的职校生积极型心理健康教育模式要具有操作性和可行性，便于在教育实际中推广应用。一个缺乏可操作性的模式不可能为职校心理健康教育工作者所接受，是没有生命力的，因此建构职校生积极型心理健康教育模式，可操作性是必须坚持的原则。

第三节 职校生积极型心理健康教育模式的实施策略

职校生的教育是学校、家庭、社会共同结合的教育，三个方面各有特点、互相不能替代，学校教育长于言教，家庭教育长于身教，社会教育长于境教，各有不同的功能与优势。因此，职校生积极型心理健康教育模式的实施，必须整合三方面教育资源的力量，通过多种途径共同培养、交互作用，形成教育合力。

一、积极型心理健康教育的学校策略

学校教育策略包含极为丰富的内容，但归纳起来，主要包括三个方面：一是强化积极观念，形成积极认知；二是搭建活动平台，激发学生潜能；三是提供积极方法，促进积极发展。

（一）强化积极观念，形成积极认知

1. 人人都能积极发展

每一个个体身上都存在积极的潜能，都具有自主发展的意愿和积极成长的动力。职业学校要唤醒每一位学生的积极心理，激活每一位学生的积极思维，坚定每一位学生的积极信念：人人都能积极选择，人人都能积极生活，人人都能积极发展，进而形成内化的、内控的、适合个人的积极认知和行为模式，指导自身的积极发展。

2. 人人都能最优化发展

个体自身的积极资源具有差异性，且资源的开发和发展也存在不均衡性，因此，职业学校要引导每一位学生积极认识自己的能力，积极追求个人的最优化发展，做独特的、最好的自己。另外，职业学校要引导学生认识并尊重个体间的潜能差异及其发展的差异性，允许自己和他人有不一样的发展。

3. 人人都应主动追求自我实现

自我实现的人生是快乐、幸福、有意义的。职业学校，不仅要教给学生学习的方法，增强学生在社会立足的技术技能和实践能力，更要增长学生自主发展的智慧，引导学生认识到“我能积极发展”→“我愿意积极发展”→“我主动发展自我”，从根本上增强学生的自我发展意识，提升学生的自主学习、自主创新、自主发展能力。

（二）搭建活动平台，激发积极潜能

1. 创设发掘潜能的条件，促进学生的健康成长

职业学校应积极解读学生成长中的问题，结合学生不同阶段的发展任务和心理需求，有针对性地设计和开展心理活动，发掘、发展学生的积极潜能，促进学生的健康成长。职业学校可以成立“潜质生成长进修班”，定期开展心理活动（团体心理辅导、心理讲座等）、组织参加校内外公益活动（文明交通志愿服务、敬老院义工服务等）、组织参观校内外教育基地（校史馆、禁毒教育基地等）等，引导“问题学生”认识自己的潜能、价值和责任，体验进步带来的成就感和自我效能感，进而反思自我、调整自我、发展自我。职业学校可以定期开展“男生·女生节”系列活动（集体舞展演、青春期系列讲座、主题班会、辩论会等），对学生的正常异性交往需求给予人性化关怀，引导学生形成健康的异性交往观，学会正确的异性交往方式，认清自己的角色和责任。职业学校可以开辟“开心农场”，引导学生体验生活，感受生命的成长，引导学生更健康、更积极、更有意义地成长。

2. 搭建展示个性的舞台，培养积极的个性品质

职业学校除了要重视专业技能，更要注重学生综合素质的培养，要“强素质”、“强个性”；应充分考虑学生的心理需求和个性差异，为每一个学生的个性发展提供更多的舞台和机会。职业学校可以构建“活动心育”体系，开展行为礼仪教育等各类活动，引领行为，涵养气质；开办“幸福讲堂”，聘请校内外心理专家、企业专家等为学生开设介绍心理、职场等主题讲座，提升学生综合素养；举办“钢琴邀请赛”，使职业学校与高雅艺术对接，提升学生的人文素养；定期举办“校园游行节”活动，允许学生或社团用自己喜欢的、擅长的或体现专业特色的方式，如舞龙舞狮、啦啦操、轮滑、街舞、海盗船、火影忍者、愤怒的小鸟、扑克牌装、COSPLAY 和机器人表演等，展示自己的非凡创意和独特个性，培养学生的自信阳光、文明有礼、勇于展示自我等积极个性品质。

3. 提供实现梦想的机会，让学生做最好的自己

每个职校生都有自己的梦想，他们身上存在无穷的智慧、创意和潜力，职校生需要鼓励，需要展示。因此，职业学校应给学生提供实现梦想的机会和舞台。譬如，职业学校可以推行“优才培养”活动，针对不同年级设定不同的优才培养目标，使有特长、有专长的学生早日成为“优才”、“专才”；创新“金点子”沙龙，开办“创新工作室”，将学生的创意、“金点子”制作成创新

作品，在橱窗展示或推荐参与创新大赛，增进学生创新意识，激发学生创新思维，开发学生的创新潜能；给有音乐梦想的学生举办“个人演唱会”；鼓励学生根据个人的爱好特长成立属于自己的社团，并把活动主办权交给学生，引导学生在活动中发现自我、展示自我、发展自我、实现自我。

二、积极型心理健康教育的家庭策略

家庭教育策略，主要包括赏识教育、乐观教育、感恩教育、责任教育四个方面的内容。

（一）赏识教育

1. 爱

每个孩子都有爱和归属的需要。家长要爱孩子，并善于向孩子表达爱，能够使孩子感受到家人的爱和关心。这有助于使孩子形成安全感、归属感，有助于增强孩子的自信、存在感和价值感，有助于建立信任的亲密关系。职业学校的一些家庭是特殊家庭，如单亲家庭、离异家庭、重组家庭、留守家庭等，不管家庭出了什么状况，始终要让孩子感受到家人的爱和关心。

2. 无条件接纳

每个孩子都是独特的。家长要赏识孩子，无条件地接纳孩子。无论自己的孩子是什么样的，都接纳他，而不要产生嫌弃和厌恶。作为家长，要做到无条件地欣赏孩子，就要积极发现、发掘孩子的优势和身上的闪光点；同时，要积极接纳孩子的缺陷和不足，要用积极的眼光看待孩子的不足。

3. 鼓励发展

家庭应提供环境激发孩子在该方面的潜能，促使他的优势得到最大限度的发挥。对于正确的、积极的行为要及时给予鼓励、强化，让他们感受到取得进步、获得赞赏的喜悦，成为一个自主的、有创造力的、不断成长的人。

（二）乐观教育

1. 用积极的眼光看问题

积极型心理健康教育倡导用积极的方式来对问题做出解读并获得积极意义，因此，家庭教育中，也要重点培养孩子的乐观性，培养孩子从积极的角度看问题的能力。家长还要善于帮助孩子从逆境中发现事情的积极方面和价值，如“任何一个苦难与问题的背后，都有一个更大的幸福”，引导孩子积极地看待和应对挫折和失败。

2. 树立积极乐观的榜样

乐观品质的培养不在于说教，而是家长的以身作则，给孩子塑造积极乐观的榜样。要培养孩子乐观的品质，父母首先必须有乐观的思维方式；父母要身体力行，营造出乐观温馨的家庭环境，教会孩子正确、积极地应对挫折，学会乐观向上。

（三）感恩教育[1]

感恩是一种重要的积极心理品质，是积极型心理健康教育的重要内容。感恩可以增加个人的幸福感以及利他行为。感恩教育，应从知恩、感恩、报恩三方面着手。

1. 知恩于心

知恩于心，知恩图报，知恩是感恩的前提。感恩教育应首先让孩子认识到他们所获得的一切并非是天经地义、理所当然的，即使是再小的恩惠，也饱含了他人的善意付出。

2. 言恩于言

知恩则要谢恩，对于别人给予的帮助要存有感激之情，不仅仅要放在心里，更要勇敢地表达出来。比如，通过“给父母的一封信”等方式表达对父母的感恩之情。

3. 报恩于行

当孩子有谢恩的想法之后，要进一步引导孩子将感恩之情付诸行动。报恩的形式可以采用多种形式，哪怕是一点一滴的小事，如帮助父母做家务、热心帮助同学、带陌生人过马路等。这些都是报恩的具体表现，都可以带给学生积极的情绪体验，都有助于学生积极成长。

（四）责任教育

责任心是健全人格的基础，对职校生的学习、生活、工作等都具有重要意义。责任教育应当包括自理、自立、自强三方面内容。

1. 自理

家长对孩子要有要求。对孩子力所能及的事情，要求孩子自己动手做，引导孩子形成自理意识，对自己的事有责任，也有能力自己做，不把责任推给他人。

2. 自立

家长要培养孩子的自立意识，逐步引导孩子有自主成长的意识和行为，主

---

[1] 刘翔平. 当代积极心理学［M］. 北京：中国轻工业出版社，2010：243.

动发掘自己的潜力，做最好的自己。

3. 自强

家长对孩子要有标准。对自己分内的事，对自己该负的责任，自己有责任尽量做好，要有自强意识。这里的标准不是过于严苛，追求完美，而是适合孩子“最近发展区”的适当标准。

三、积极型心理健康教育的社会策略

每一个职校生都要走出学校，走向社会、服务社会。职业学校要解放思想、积极探索，多渠道、多元化地开发、利用丰富的社会教育资源，为职校生的健康成长服务。

（一）学校教育要和社会教育资源结合

职业教育主要以就业为导向，最终培养的是技术技能型人才。因此，职校教育要与社会需要、企业需要相接轨，如通过实习基地、社会实践基地等方式加强校企合作，邀请专业人士定期来校开展讲座，介绍行业动态和岗位需求；邀请、访谈就业创业明星，进行职业访谈，以此培养社会所需要的人才。

（二）加强社会实践

除了理论知识的学习，职业学校更应注重培养学生的专业技能和职业素养。除了学校学习，更要参与岗位实习、兼职等社会实践，将专业知识与社会实践有机地结合起来。要鼓励学生走进社区、了解社区，适当组织职校生到社区进行考察、参观、学习，通过实地接触本地的自然景观、了解历史事迹、名人文化等活动，亲身体验社会，有助于增强学生的社会责任感和感恩意识。

积极型心理健康教育是和谐社会的呼唤、是个体自主发展的需要，是人文关怀理念的重要体现。虽然积极型心理健康教育理念已经越来越深入人心，得到越来越多研究者的关注。但是，职校生积极型心理健康教育模式的建构，目前还处于初步摸索阶段。随着研究工作的深入和心理健康教育实践的探索，职校生积极型心理健康教育模式必将进一步完善、发展和成熟，为职校生的心理发展贡献更大的力量。

本章小结

积极型心理健康教育模式是职校生心理健康教育模式的重要类型之一。本章解读了积极型心理健康教育模式的基本内涵、分类、基本特征以及价值与意义，并在分析积极型心理健康教育模式研究现状的基础上，在多元智能理论、自我实现理论、积极预防理论、自我效能感理论、建构主义学习理论的指导下，从理念、目标、条件、程序、评价五个方面，对职校生积极型心理健康教育模式进行科学建构。本章还探讨了职校生积极型心理健康教育模式的实施策略，即要整合学校教育、家庭教育和社会教育的心理健康教育资源，三位一体，共同致力于促进职校学生的心理健康、快乐幸福和自我实现。

（常州刘国钧高等职业技术学校　周一平　马学果）

第七章

职校生自助式心理健康教育模式的建构

职业学校开展心理健康教育，是促进学生全面发展的需要，是实施素质教育，提高学生综合素质和综合职业能力的必然要求。当代职校生具有时代感强、自尊心强、感情丰富、个性张扬、交往广泛等心理特点，容易接受新事物，并受新事物影响。随着生活节奏的加快以及生活和社会压力的加大，职校生在生活和学习中产生的心理问题越来越突出，而解决这些问题必须依赖于他们自身的“免疫力”和“自愈力”，这些“力”的培养离不开教育。另外，新的课程改革核心问题是培养学生的职业能力，无论是专业能力，还是学习能力和社会能力，都与学生的心理健康密切相关，特别与职业学校是否进行自助式心理健康教育，学生能否进行心理自助有很大关联。乔姆斯基曾说过，“促进自我教育的教育才是真正的教育”。因此在职业学校开展自助式心理健康教育符合职校生的成长规律，有助于满足学生职业能力发展的需要，也符合教育发展的基本规律。

第一节　职校生自助式心理健康教育模式的概述

准确把握职校生自助式心理健康教育模式的内涵，明确职校生自助式心理健康教育模式的分类和特征，正确理解职校生自助式心理健康教育模式的意义，是科学建构职校生自助式心理健康教育模式的基础。

一、职校生自助式心理健康教育模式的基本内涵

自助式心理健康教育是指主体通过各种方式，满足自己的心理性需要，促

进心理发展，维护心理健康的活动❶，是在肯定学生主动建构的基础上，发挥学生自我建构的潜能，利用学生自身的力量，让学生自己帮助自己，实现学生心理最优发展的过程❷。学生是心理自助的主体，教师是自助式心理健康教育的实施主体，从两个主体的层面分析职校生自助式心理健康教育模式的基本内涵较为合理。职校生自助式心理健康教育模式的基本要义包含两个方面：一个是建立“我是主人，我要自助”的学生发展观，另一个是建立“他是客人，帮他自助”的教师教育观。

“我是主人，我要自助”是自助式心理健康教育中学生必须树立的一种发展观，其核心是产生自助意识、探寻自助方法、调整自助行为。职校生正处于青春期，也是“第二次断乳期”，他们的自我意识不断增强，开始出现“我想做”、“我要做”的心理状态，但对生活又很茫然。此时，职校教育应顺应、引导和强化学生的自主意识，让学生明白个人发展的决定因素在于自身，将来要适应社会的发展，现在必须做好准备，特别是要完善个人心理素质和心理品质。所以，提高职校生心理自助意识就显得尤为重要。

“他是客人，帮他自助”是自助式心理健康教育中教师必须树立的一种教育观，其核心是激发学生心理自助意识，促进学生自助方法的掌握，引导学生自助行为。“以学生为中心”是人本主义心理学家罗杰斯教育理念的重要组成部分。他认为学生具有强大的自我发展的潜能，教育要做的就是帮助他们实现潜能的发挥。自助式心理健康教育模式就是在践行“以人为本”理念的基础上，以学生为主体，激发他们内在的潜力和动力，让他们产生一种积极的、向上的自我管理、教育和服务的意识，通过适当的途径让他们掌握正确的自助方法，引导他们不断调整和修正自己的行为，以真正实现心理自助。

二、职校生自助式心理健康教育模式的分类

根据职校生的心理特点和职业学校自助式心理健康教育现状，可以从不同视角进行分类。

（一）按自助的需求层次分

1. 心理保健式自助

心理保健是指“人类个体与组织，为了保持心身的良好状态，良好的环

❶ 王希永．论自助式心理健康教育［J］．中国教育学刊，2005（2）：26－28.

❷ 崔景贵，黄亮．当代职校生心理健康教育模式的理论建构［J］．职教论坛，2013（7）：6－8.

境适应、改造能力、情绪管理能力、发展良好的人际关系，不断完善自身所进行的相关活动与努力”。职校生处于青少年时期，他们的心理容易受环境影响，因此，心理保健式自助模式旨在建立学生正确的自我归因系统，形成积极的心理暗示，培养其乐观的生活态度。

2. 心理冲突式自助

心理冲突是指个体因存在两个或两个以上相反或相互排斥的动机，从而出现矛盾纠结的心理状态。这种状态下的个体容易出现焦虑、抑郁的心理亚健康症状。这在职校生中较为常见，如学习与生活的矛盾，友谊与爱情的矛盾，个人与父母的矛盾，等等。心理冲突式自助模式旨在帮助学生进行有效的自我心理调适。

3. 心理障碍式自助

当个体心理出现问题，达到影响其正常生活学习且无法通过自身调试回归心理健康状态时，心理自助的方向开始转向有能力帮助自己的他人或组织。心理障碍式自助模式重在从观念上引导、培养学生心理危机的防范和求助意识，从而将可能的心理危机消除在萌芽状态。

（二）按心理自助的方式分类

1. 通用式自助

学生个体的性格特征、知识储备量和心理健康程度都影响到其“自助”的层次和水平。通用式自助模式是指学生通过运用积极的心理暗示等基本的心理自助技能，让自己达到新的心理平衡，其核心是自我帮助。

2. 互助式自助

“互助”即互相帮助，学生间或朋友间的心理互助是解决学生心理困惑的重要方法和途径。作为同龄人，他们有相近的兴趣爱好、共同的语言、相似的生活方式，相互间容易沟通，思想容易产生共鸣。在交流的过程中，个体的心理困惑或障碍容易解决，这就是典型的朋辈互助，其核心为自助助人。

3. 付助式自助

“付助”即给予帮助，是个体心理自助的最高层次。学校大力开展和普及心理健康教育，让一部分具备良好心理素质的学生掌握一定的心理咨询和帮助的技能，让他们在学生中开展付助服务，从而普及“自助”，通过帮助别人来提高自己，从而提高心理健康教育的效果，其核心是助人自助。

（三）按心理自助的内容分类

1. 个性发展自助

青少年是个体人格的定型时期，是塑造良好个性的关键期。良好的学校环境、向上的班级文化以及丰富多彩的课外活动，都有助于学生个性发展。中等职业学校拥有较多的实践科目，是培养学生创新个性的摇篮。因此，职业学校可依据自身有利优势，开展心理健康教育教学，引导学生学会自尊、自爱、自信、自强。

2. 学习心理自助

学习心理自助模式旨在通过多种方式将心理知识融入到学生日常学习生活中，让其领会内涵的同时能学以致用。职业学校可通过开设心理健康课程、心理讲座、心理小报、心理辅导和其他培训方式展开学习心理自助教育，也可以通过心理社团等学生自治组织将心理知识以黑板报、心理班会等方式呈现，既实现方式方法的“自助”，又实现内容内涵的“自主”。

3. 人际交往自助

职校生在学校中的人际交往无处不在。学生与学生、学生与班主任，学生与任课老师以及学生与学校其他工作人员之间或多或少都存在一定的互动关系。学校要利用好职校生在校期间现有的人际关系，帮助学生形成积极向上的人际理念，建立健康正确的人际关系，这些可以通过人际关系主题团体辅导、班级特色文化建设以及班主任日常工作来实现。

4. 情绪管理自助

职校生由于对于自身和环境掌控能力较弱，情绪较易出现波动，如果不加以调节和疏导，不仅会影响学生身心健康，而且容易诱发心理问题。因此引入情绪管理自助模式旨在通过帮助学生了解自身情绪和他人情绪，同时加以协调和引导，充分挖掘和培植个体和群体的情绪智商，培养他们驾驭情绪的能力，确保学生保持良好的情绪状态。

5. 青春期自助

青春期是个体发展的转折时期，此时个体身体发展突飞猛进，渐趋成熟，但心理发展相对滞后，二者出现了发展上的不平衡。这一身心发展的不平衡是影响青春期个体心理健康的主要矛盾。因此，青春期自助旨在帮助学生认识自己，正确分析青春期行为及原因，并采取合适的方式调整和帮助自己。

三、职校生自助式心理健康教育模式的基本特征

依据职校生的心理特点以及职校生心理健康教育的规律，职校生自助式心理健康教育模式的基本特征主要表现在：自主性、职业性、人本性、教育性和发展性。

（一）自主性

自助首先体现在自主，没有自主就无法自助。无论从“我是主人，我要自助”的学生发展观，还是“他是客人，帮他发展”的教师教育观都不难看出，学生要求自主或培养学生自主的重要性。正值青春期的职校生，成人意识增强，要求独立解决问题的渴望也明显提高，这是自主的重要表现。作为学校而言，培养学生自主意识、自主能力，学生才能自尊、自爱、自信、自强，在意识上产生自助、在行为出现自助，这也是教育的重要目标之一。

（二）职业性

职校生自助式心理健康教育模式的研究对象为职校生，最典型的特征之一，就是“中等职业学校学生正处在身心发展的转折时期，随着学习生活由普通教育向职业教育转变，发展方向由升学为主向就业为主转变。”❶ 职校生不同于高中生，他们将直接面对社会和职业的选择，面临日趋激烈的职业竞争和日益加大的就业压力，而未来的职业环境对他们又提出了知识和技能并重的要求，因此，自助式心理健康教育是以职业教育为导向，以“自助”为教育方式，具有鲜明的职业特色。

（三）人本性

温家宝同志曾经指出：“以人为本是科学发展观的本质和核心，是一切工作的出发点和落脚点。”❷ 以人为本的教育不仅要赋予学生广博的知识和技能，更注重塑造学生真、善、美的心灵。自助式心理健康教育模式尊重学生个性，通过形式多样、内容丰富的自助式教育因材施教，让每一个学生都能成为心理健康的职校生，让每一个特殊身份的学生心理不特殊，使得学生个性积极展示。

（四）教育性

心理自助是个体的行为，让学生能够心理自助就是一种教育，自助式心理健康教育是心理健康教育的重要组成部分，首先要遵循教育规律，符合职业教育发展规律和职校生心理发展特点。当然，自助式心理健康教育的目标是“发挥学生自我建构的潜能，利用学生自身的力量，让学生自己帮助自己，实现学生心理最优发展的过程”，这也与我们的教育目标高度一致。

---

❶ 教育部．中小学心理健康教育指导纲要［Z］．教基［2002］14号．

❷ 温家宝．牢固树立和认真落实科学发展观——在省部级主要领导“树立和落实科学发展观”专题研究班结业式上的讲话［EB/OL］．人民网，2004－2－29．

（五）发展性

发展不仅是现代教育理念的体现、现代心理学精神的要求，同时也是个体心理发展的现实需要。[1] 自助式心理健康教育模式将工作的重点定位在把握学生心理发展脉络，根据学生不同年龄阶段身心发展的特点和职业发展的需要，分阶段、有针对性地设置心理健康教育的具体内容。因此自助式心理健康教育模式体现了发展性的基本要求。

四、职校生自助式心理健康教育模式建构的价值与意义

职校生的自助式心理健康模式建构是职校生心理健康教育模式的有力补充，是职校生自助式心理健康教育发展的必然，对职业学校心理健康教育有很大的指导和参考价值。

（一）凸显学生的主体地位

人本主义心理学强调人的天性中存在着自我实现的需要，个体会尽自己所能地发挥自身优势和潜能，达成最终的目标，而具体到学校的心理健康教育，要做到“以学生为主体，充分启发和调动学生的积极性”[2]。自助式心理健康教育工作的前提就是尊重学生、信任学生，并为其创造条件和机会，充分发挥学生群体自我教育的主动性，充分调动学生关爱心灵健康的积极性。总之，自助式心理健康教育可以充分地实现学生的主体地位。

（二）增强心理健康教育预警功能

在学校心理健康教育中，由于社会对心理教育、心理咨询的偏见以及青春期职校生心理发展闭锁性的特点，多数学生不愿意面对自身的心理问题，更羞于向教师表达或求助。而自助式心理健康教育模式有助于学生获得一些心理健康基础知识，能够有意识地检视自身的心理状态，问题一旦超出自身能力范围，学生就会求助于可信任的同学、班主任甚至专业人士。在这个自助式网络中，学生群体能够自主自助，教师和专业人士能够及时、准确地理解和把握当前学生心理健康状况，从而提高了心理工作的灵敏性、准确性，增强了心理健康教育的预警功能。

（三）提升心理健康教育效能

在传统的心理健康教育中，学生只是被动的接收者，教育也仅是教师的

---

[1] 崔景贵，黄亮．当代职校生心理健康教育模式的理论建构［J］．职教论坛，2013（7）：4－9.

[2] 教育部．中等职业学校学生心理健康教育指导纲要［Z］．教职成［2004］8 号.

“独角戏”，这在很大程度上影响了心理健康教育的效果。自助式心理健康教育将重点从把握每一位学生心理转变为让每一位学生习得心理自助技能，这一转变不仅节约了心理健康教育资源，而且极大地发挥了学生的主观能动性，必将有助于提高心理健康教育的实效性。

第二节　职校生自助式心理健康教育模式的科学建构

自助式心理健康教育模式是当前心理健康教育模式的基本类型之一。职业学校开展心理健康教育已深入人心，取得了一定的成效，但总体来说，还未形成相对科学的体系和模式，特别对于职校生自助式心理健康教育模式的研究更为稀少。

一、职校生自助式心理健康教育模式的研究现状

研究和科学建构职校生自助式心理健康教育模式，必须基于当前职业学校自助式心理健康教育的现状。

（一）职校生自助式心理健康教育模式的现状分析

以“自助式”为关键词在中国知网上进行检索，共检索到文章 1415 篇；以“自助式”为篇名，共检索到文章 465 篇；以“自助式心理健康教育”为主题，共检索到文章 329 篇；以“自助式心理健康教育模式”为主题，共检索到文章 163 篇；以“自助式心理健康教育模式”为篇名，共检索到文章 122 篇。这些文章中，首都师范大学王希永教授 2005 年在《中国职业技术教育》发表的《论自助式心理健康教育》，首次定义了自助式心理健康教育概念，分析了自助式心理健康教育的价值：能充分实现学生的主体地位，能体现以人为本的思想，能满足学生的心理性需要，能增强心理健康教育的实效；提出了自助式的内容与形式：自助式心理探究、自助式心理训练、自助式心理辅导、自助式心理暗示、自助式心理激励、成立自助式心理社团等；还提出学校要在校风、环境、场地、时间、经费、资料、设备等方面，为学生开展自助式心理健康教育创造条件。西安工程大学马睿、张敏 2011 年在《宁波经济（三江论坛）》发表的《青少年学生自助式心理健康教育探讨》，强调引导青少年学生进行自助式心理健康教育，要相信学生，让学生成为自己的主人；要教育和指导学生学会努力自我创造“氛围圈”；要增强青少年优良素质的自我建构意识，激励其自我完善；要给予学生必要的指导，等等。分析以上检索到的文

章。可以得出以下结论：

（1）从论文数量上看，研究和关注自助式心理健康教育的越来越多，总体上呈现递增趋势，但相对数量上还不多，每年只有十多篇与自助式心理健康教育相关，与自助式心理健康教育模式相关的更少，而研究和关注职业学校自助式心理健康教育的文章更是奇缺。

（2）从论文关注上看，人们越来越重视心理自助式。自助式的应用很多，可以在教学方法上，可以在教育管理上，可以在生活方式上，还可以在社会服务上，等等，但自助式聚焦于心理教育的较少，在有限的关注自助式心理健康教育的文章中，关注职业学校学生的较少。

（3）从论文的质量上看，有的纯属经验介绍，缺乏系统、深入的理论研究；有的只是其他论文的翻版，缺乏新意，没有实践基础；有的主题不明，文不对题，有牵强附会之嫌；大部分对自助式心理健康教育有所涉及，但对自助式心理健康教育模式仅是一笔带过。

综合以上研究分析，目前国内学者对自助式心理健康教育模式的研究很少，对职业学校自助式心理健康教育模式的研究更是凤毛麟角，在理论层面没有系统深入的研究，在实践层面更是缺少探索与实践。

收集研究和分析自助式心理健康教育模式时，有几个概念必须加以明晰，不能混淆。如心理自助与心理自助教育、心理自助与自助式心理、心理自助教育与自助式心理健康教育。心理自助强调实施主体是学生，而自助式心理教育的实施主体是学校或老师，换而言之，自助式心理教育是指学校针对学生心理自助而实施的教育。自助只是一种意识或行为，而自助式是指通过系统实践和研究后形成的一种范式，强调与其他方式的不同，有其自己的特点和要求。所以研究中等职业学校自助式心理健康教育模式的建构，重心应是模式的建构，主题是自助式心理健康教育，而职业学校是指定的研究范畴。

（二）职校生自助式心理健康教育模式的反思

模式的建构大体概括为两类，一类是从实践中概括形成，这种模式大多来自心理教育第一线教师的探索实践；另一类是以理论模型作为起点，结合心理教育实践所形成的理论型心理教育模式，这种模式大多由心理教育理论工作者和实践工作者共同完成，其理论指导性较强。[1] 根据目前自助式心理健康教育模式研究情况分析，理论研究少，实践概括也不多见。因此，建构职校生自助

---

[1] 崔景贵．中等职校心理健康教育整合模式的建构［J］．职教通讯，2006（4）：20－22.

式心理健康教育模式，在理论架构上要借助于模式的构成要素，综合分析中等职业学校的教育教学特点与当代职校生的生理心理特点，还要结合职业学校心理健康教育的实践，并在实践中不断检验与修正。

自助式心理健康教育模式的实施主体是老师或学校，而落脚点为学生，如何让学生在该模式的教育下，成为心理自助的主体，这是模式建构的关键。所以，“激发自助意识、告知自助方法、引导自助行为”是本模式的教育要旨，而“产生自助意识、探寻自助方法、调整自助行为”是本模式的目标所在。

二、职校生自助式心理健康教育模式的理论基础

任何一种模式建构都应建立在一定的理论基础之上，否则就会杂乱无章，不成体系。职校生自助式心理健康教育模式建构的理论基础离不开相关的一些基本理论。

（一）建构主义的学习理论

建构主义学习理论认为学习的过程是学习者主动建构知识的过程，每个学习者都有一个用来建构知识的“工具箱”，以解决现实环境中所出现的各种问题，而教师是提供环境、提出挑战或提供支持的协助者，是为了帮助学习者进行知识的建构。自助式心理健康教育是在肯定学生主动建构的基础上，发挥学生自我建构的潜能，利用学生自身力量，在学习中达到自我建构，自我解决问题，实现自己对自己的帮助，从而最终实现学生心理最优发展的过程。

（二）人本主义的潜能理论

人本主义潜能理论认为：个体天生就具有趋向完美、谋求自身充分发展的动机，只要有适当的机会和环境，个体就将致力于自我发展和潜能实现。正因为这种自我实现的需要，才使得有机体的潜能得以实现、保持和增强。因此，职校心理健康教育首先要清楚：人最终不是被浇铸和塑造而成的，环境的作用最终只是促进或帮助，使其潜能现实化。研究中等职业学校自助式心理健康教育也应基于这种理念，着眼于学生的职业能力培养，着眼于学生自主的潜能开发，着眼于学生的可持续发展。

（三）唯物主义的自主发展理论

马克思认为，自主发展就是“外部世界对个人才能的实际发展所起的推动作用为个人本身所驾驭”。我们说的“自主发展”往往是指个人发展的意愿和意志，能独立地、主动地、自控地去实现自身发展。职校生自助式心理健康教育模式强调了职校生的自主发展性，并假设通过职校有效实施自助式心理健

康教育，激发学生的自助意识，指导学生自助方法，调整学生自助行为，通过职校生自身的努力和学习，在心理上能够实现自助，并且能够自助助人，助人自助。

三、职校生自助式心理健康教育模式的理论建构

模式的构成要素有五个方面，即理念、目标、条件、程序、评价，职校生自助式心理健康教育模式也由这五个要素构成。

（一）理念：明确两个观念，建立两种意识

学校和学生是职业教育中的两个重要主体，在自助式心理健康教育中，学校的育人观决定着学生发展的方向与水平。学校帮助学生树立积极的发展观是影响学生心理发展的重要因素。只有树立正确的学校育人观和学生发展观，建立科学的学校服务意识，培养学生的主动发展意识，才能为自助式心理健康教育过程和效果提供保障。

1. 树立正确的学校育人观和学生发展观

在职业学校，谁是顾客？很多人都不假思索地说，是企业（家长），学生是我们的产品，我们的产品是为企业（家长）服务的，企业（家长）就是学校的顾客。其实，职业学校的直接的顾客应该是学生，企业和家长只是间接顾客，企业和家长对学校的评价大多数来源于学生，学生是最有权利评价学校的。以人为本，以学生为主体，“一切为了学生、为了学生的一切、为了一切学生”等先进理念都源于学生是顾客。自助式心理健康教育也必须基于这一理念，应该视学生为顾客，帮助他们学会自助，帮助他们成长。当然，职业学校还有一个使命，就是要帮助学生确定正确的个人理想，明确个人奋斗目标，树立职业自信心和个人发展自信心，从内心深处产生积极的、向上的自助意识。所以，职业学校自助式心理健康教育应树立以下两种观念：“他是客人，帮他自助——学校育人观；我是主人，我要自助——学生发展观”。

2. 建立科学的学校服务意识和学生主动发展意识

自助式心理健康教育是学生自助式的心理教育，学生能不能自助，很大程度取决于学校帮助，这种帮助行为就是服务。职业学校应该建立以学生发展为中心的服务体系，事事把学生视为“被管理者”，只会是低效能、短视见的管理是不利于学生自己发展的。学校的服务内容包括：建立良好的教育教学秩序，提供优质的师资队伍，保障有效的实训实验条件，提供必要的后勤服务，等等。如何提供服务，这是关键，服务的目的不是让学生拥有某种物质性的东

西，而是让学生在服务过程中产生主动发展意识，这是服务的真正要义所在，这也是学生能否可能持续发展的重要因素。在自助式心理健康教育中表现为：由心理他助走向心理自助、由教育客体转为教育主体、由被动参与变成主动承担。

（二）目标：面向所有学生，关注特殊学生

职业教育的目标是培养高素质技能型人才，为社会主义建设提供合格的劳动者。其中高素质包含较好的心理素质。显然，中等职业学校建构自助式心理健康教育模式的目标与职业教育目标是不谋而合的，都是为了让学生拥有较好的心理素质。

1. 让每一个学生都能成为心理健康的职校生

职业教育是面向全体学生的教育，自助式心理健康教育同样必须面向全体。面向所有学生，坚持一个不能少、一个不放弃原则，对于学生不同层面的心理需求，相应地给予帮助和支持，让无助者有助，让求助者得助，让寡助者多助。让每一个学生都拥有健康的心理状态和积极的生活态度。

2. 让每一个特殊身份的学生心理不特殊

据统计，目前职业学校的学生家庭有超过 1/3 的家庭是特殊家庭，特殊家庭主要表现在：单亲家庭、离异家庭、重组家庭、贫困家庭、祖孙家庭等。另外，目前职业学校有超过 1/3 的学生入学成绩达不到中考总分的 60%。如果说特殊的家庭教育是职业学校自助式心理健康教育的第一难题，那么，学习困难就是第二大难题。在职业学校，性格孤僻内向、脾气古怪、自卑自郁等负面心理特征的学生不在少数。所以，在面向全体学生的同时，时刻关注并帮助特殊学生学会自助，这也应该是职业教育的重要任务和目标。

（三）条件：坚持三结合，明确两途径

教育的基本要素由教育者、教育对象、教育媒介（教育手段和方法）、教育内容等组成，只有四要素齐全，教育才能成为可能。自助式心理健康教育的条件，同样要体现在这四个方面。通俗地讲，即有与教育相适应的师资队伍，有需要教育和培养的学生，有适合的教学手段、方法和科学的教育内容。前两个条件是客观存在的，后两个条件体现职业学校及教育者教育能力和水平。开展自助式心理健康教育，学校必须做到三结合，坚持生活教育和实践教育。

1. 学校、家庭、社会相结合

家庭教育、社会教育、学校教育是相辅相成的，学校教育要充分发挥家庭教育和社会教育的重要作用。通过社区教育工作会议、社会实践、企业实践等形式加深学生对社会的了解与适应，通过家委会、家长会、电访、家访等形式加强与家长的沟通，提高教育的有效性。

2. 师生心理共同发展相结合

在心理健康教育过程中，学生是受益者，老师同样是受益者。自助式心理健康教育的要义是“助人自助、自助助人”，通过帮助别人而获得自助，通过自助而具备帮助别人的条件。教师要适应现代职业教育的要求，就必须了解学生的心理特点与现状，否则就不能有针对性地开展心理教育；而在帮助学生自助的同时，对自己而言，也是一种自助。只有基于共同发展的师生关系，教师帮助学生自助才能成为可能，才能更有成效。

3. 心理教育与专业发展相结合

不同的专业有不同的心理素质要求，营销人员应具备良好的沟通能力，电气维修人员要求良好的逻辑思维能力，电子产品设计人员应具备空间想象能力，等等。自助式心理健康教育要求有意识地让学生全面了解自己的个性特征与类型，有意识地培养与专业发展相配的心理素质。

4. 生活和实践是两条重要途径

俗话说“解铃还需系铃人”，心理问题大多数来源于生活，生活中产生的心理问题必须在生活中理解、顿悟和排除。在生活中让学生自助成长很重要，通过与别人合作，通过与别人沟通，通过自己思考问题，通过自己处理问题等等，学生在生活中得到锻炼。学校要充分挖掘生活教育资源，让学生充分体验生活、了解生活、理解生活、适应生活，在生活中学会自助。

实践是熔炉，只有真正在熔炉中得到锤炼的钢才能成为好钢，职业学校的教育是学生走上社会前的教育，学生必须有足够的心理准备。如何让这些心理准备更充分些，唯一的途径就是让学生更多地接触和感知社会，在实践中学会自助。

（四）程序：三个层次、三个步骤

能够自助和实现自助，首先必须有自助意识，没有自助意识就谈不上自助，更谈不上成功自助；有了自助意识后，必须掌握合适的自助方式，不恰当的自助方式达不到有效的自助。前两个要求都具备了，就会产生自助的行为与举动。所以，自助式心理健康教育的程序为“产生意识、获取方法、积极行动”。根据学生的自助形式，可以分为三个层次，即求助、自助与付助。

1. 产生自助意识

学生无助时，就会求助，求助是自助一种低层次表现。向谁求助？到哪儿求助？学校所要做的就是告知学生，当你无助时，你可以得到帮助，你可以向谁求助，可以到哪儿求助。

学生失助时，就会自助，自助是学生成长的必经之道。这里的自助主要是指自己能够帮助自己，能够知道自己目前所处的状态，知道解决问题的途径和方法。学校所做的就是大力宣传自助的重要性，创设良好的自助氛围。

学生间寡助时，就会需要相互间的付助，付助是自助的高层次表现。能够付助的学生一定是自助能力强的学生，同时明白自助助人的道理。学校所要做的就是大力宣传自助助人的理念，创设良好的助人氛围。

2. 获取自助方法

求助的方法主要为咨询和治疗。对于咨询而言，可由学校专业心理咨询师或专业咨询机构给予帮助，咨询师会通过面对面咨询、网络咨询等方式给当事人提出建议。对于治疗而言，主要由专业的医疗机构进行，辅以药物加以治疗。

自助的方法主要是调适。通过心理暗示、情感宣泄、适度放松、有效沟通等途径努力解决心理困惑和疑虑，调适自己的心情。学校应根据不同类型心理困惑总结不同的案例，告知不同的处理办法，让学生有章可循。

付助主要解决的是如何给别人以有效的帮助。学校需要告知学生如何发现需要帮助的人，如何帮助别人，帮助别人有哪些技巧与方法等。

3. 产生自助行为

发出求助信号，这是求助学生的主要表现。学校要充分建立各种心理救助平台，对求助学生进行帮助。救助平台除了要建立自己的心理咨询中心外，还要与本地区各种咨询中心和心理治疗机构建立良好的合作关系，构建互动的、高效的救助网络。

运用各种心理调适手段，让自己的心情恢复到平静，这是自助学生的主要表现。学校要充分建立各种心理自助平台，如运用网络平台、心理小报、黑板报等宣传媒质，广泛宣传心理健康知识和心理调适方法与手段，让学生会助。

积极的、发展的校园文化和宣传氛围有助于学生朋辈互助。学校要充分搭建各种付助平台，让寡助学生得到多助。如成立心理合作组，组织心理训练，进行心理游戏等，让学生在活动中得到帮助。

（五）评价：健康、快乐、和谐三 H

不同的自助层次，自助方法不同、自助途径不同，当然评价也不尽相同。

低层次的表现为学生无助，向外求助，得到救助，心理得到补助。评价的标准是以健康（HEALTH）作为前提的，这也是最为基础的。离开了健康，就不能正常学习和生活，对于这一类人，学校更应该给予关注和帮助。

中层次的表现为学生失助，自帮自助，学会自助、能够自助。评价的标准是以快乐（HAPPY）作为基础的，生活每天充满阳光，心情愉悦，会让自己的生活和学习更加充实和高效率。

高层次的表现为别人寡助，向外付助，朋辈互助，心理得到多助。评价的标准是以和谐（HARMONY）作为目标的，和谐是心理发展水平的重要标志。

四、职校生自助式心理健康教育模式建构的原则

针对职业学校教育教学特点，建构适合职校生身心发展的自助式心理健康教育模式必须遵循以下几个原则：

（一）科学性原则

1. 教育必须符合规律

自助式心理健康教育模式是心理健康教育模式之一，必须符合教育规律。同时，职校生自助式心理健康教育模式还要符合职校生的心理特点。本模式中提出的服务意识与主动发展意识；面向全体学生，关注特殊群体；三结合两途径等都与当前职业教育发展充分吻合。

2. 架构必须科学合理

模式的构成有理念、目标、条件、程序、评价五个方面，自助式心理健康教育模式可以从以上五个方面加以分析，并形成独特的职校生自助式心理健康教育模式。

3. 推广具有可操作性

模式的建构离不开理论和实践，既要具备一定的理论基础，又要经得起实践的检验。没有理论建构的模式不能称为模式，只能称为经验总结；未经实践验证的模式也不能称为模式，只能称为理想架构。而本章所提及的职校生自助式心理健康教育模式是基于通用的模式构成要素加以分析的，并且是结合职业学校自助式心理健康实践而进行，对职业学校心理健康教育具有良好的通用性和较强的操作性。

（二）社会性原则

1. 职校生必须走向社会

尽管中高职衔接已开始试点，并且取得很大的成效，但基于职业学校现状

而言，大部分职校生的求学还是一种“相对终结性”教育，即离开职业学校后必须步入社会。了解社会、接触社会、熟悉社会、感受社会是职校生自助式心理健康教育模式一项重要内容。

2. 职校生必须融入社会

具备融入社会的基本方法和能力，这是职校自助式心理健康教育模式的重要内容。让学生参加社会实践，通过实践感知社会，并在感知中自我解决问题，能够正确理解和辨析社会问题，树立正确的人生观和价值观，从而为真正融入社会奠定基础。

（三）生活性原则

1. 教育内容离不开生活

职业学校比较重视学生职业技能和知识的教育，但对学生与生活相关的知识、方法和技能较为忽视，但这些内容又是与职校生是息息相关的，所以自助式心理健康教育模式必须融入生活教育内容等元素。

2. 教育对象离不开生活

职校生的主要生活环境为学校，职校生的发展既受到学校环境的影响，也影响着学校环境。关注和重视学生的生活环境是自助式心理健康教育的重要内容。

3. 教育方式离不开生活

“解铃还需系铃人”，综观职校生的心理不适应、不协调，以及产生的心理问题，无不与生活相关。解决这一类问题的关键，不是居高临下的说教，而是还原生活，用贴近生活的教育方式化解。

（四）职业性原则

1. 要具有职校特质

职业教育不同于普通教育，具有与普通教育完全不同的教育特质。如职业学校通常是就业前的教育，必须有职业技能考核，对文化课的要求较普通中学低，企业文化渗透多等，这些都明显带有职业学校的烙印，职业学校的特质决定了职校生自助式心理健康教育模式必定体现职业性。

2. 要符合学生特点

职校生自助式心理健康教育模式的研究和服务对象是职业学校学生，只有适应并能促进职校生发展的自助式心理健康教育模式才是科学的、合理的。

3. 要展现技能特色

每一位职校生都必须具备一项或多项职业技能，这是职业教育目标所决定的，研究职校生的自助式心理健康教育模式必然要与学生技能学习相关。

（五）全体性原则

1. 关注所有教育对象

职校生自助式心理健康教育模式关注的对象是全体学生，心理健康的要关注，心理亚健康的要关注，心理不健康的更要关注。每一个学生有自助意识，会自助方法，能有效自助，是职校生自助式心理健康教育的核心目标。

2. 关注所有教育内容

可以在学生个性发展上展开心理自助，可以在学生学习上展开心理自助，可以在学生生活中展开自助，可以在学生人际交往上展开心理自助，等等，对职校生开展自助式心理健康教育应该是全方位的，而不是单一的、孤立的、封闭的。

3. 关注所有教育过程

产生自助意识、探寻自助方法、调整自助行为，这是学生的自助心理过程；激发自助意识、告知自助方法、引导自助行为，这是学校自助式心理健康教育过程。只有这两个过程的每一个环节都关注了，教育才会有更大成效，模式才能更加成熟、科学。

（六）发展性原则

1. 模式建构的可持续性

用模式的构成要素来建构职校生自助式心理健康教育模式，具有很强的开放性，在理念上可根据学校实际进行调整和修改，在目标上可根据职业学校的发展科学定位，在条件上可根据学校的教育实际进行科学设置，在程序上可根据人的心理过程进行充分细化，在评价上可根据效果充分展示，这样的模式构建具有充分的可持续性。

2. 学生成长的可持续性

建构自助式心理健康教育模式，是让处于不同心理健康状态的学生都能有自助意识，都有自助能力，都有自助方法，都能自助。这是让学生掌握自我解决问题的能力和独立解决问题的能力，有利于学生终身可持续发展。

3. 教育发展的可持续性

职校生自助式心理健康教育模式是建立在建构主义、人本主义、唯物主义等理论基础上的教育模式，注定了这种模式具备可持续发展。当然，注重于人的终身发展的教育模式必然是可持续的。

第三节　职校生自助式心理健康教育模式的实施策略

本章中所涉及的职校生自助式心理健康教育模式的实施策略，都是基于职业学校的教育策略，是一个以学校教育策略为核心，其他教育为辅助的实施策略体系。所以，职业学校教育策略可以分为两个方面，一个是内部实施策略，一个是外部实施策略。内部实施策略主要利用学校内部资源的教育策略，涉及教育教学管理以及后勤管理的所有层面，是一个内部的教育管理体系。外部实施策略主要是为了贴近学生生活、促进学生适应社会和企业要求，挖掘家庭、企业和社会的教育资源，并对学生实施有效的教育管理策略。

一、自助式心理健康教育的职校策略

这里所指的学校教育策略，是一种狭义的教育策略，主要是指学校内部的教育。本节主要从学校管理的层面介绍职业学校自助式心理健康教育模式的实施策略。

（一）改变自助思维

1. 人人能自助

职业学校教育工作者，特别是班主任要相信学生能够通过自己的努力完成任务。不要把学生看成不懂事、不成熟、做不成事的人，实际上学生从内心深处更渴望老师和家长们把自己看做成人，自己完全有能力完成一些事，并且能做好这些事。

2. 自我管理

树立学生自我管理意识。能管理好自己，也能管理好自己的团队，通过自我管理，提高自己的生活质量，也能通过管理为自己和他人服务，提高自己的能力，达到自我教育的目的。学校要创造机会让学生自我锻炼，给学生一定的锻炼空间。

3. 授之以渔

告诉学生心理自助知识很重要，但这些知识更需要内化为“生产力”，就是让学生掌握自助方法，这是帮助学生自助的最好的“营养”。

（二）整合自助资源

1. 家庭

家庭是孩子的首个教育实体。家庭对孩子的成长与发展有很大的影响，成

功的孩子背后一般都有成功的家庭教育，其标志是学生自我管理能力强。职业学校有一部分学生的家庭教育是失败的，但作为教育者，不能把有效实施教育的责任全部推向家庭，更不能对孩子的家庭失望。我们要做的是燃起孩子对家庭的期望，并能从中找到教育的突破口。

2. 企业

学生离开职业学校后，人生的第一项选择就是工作的选择，对将来从事的岗位充满着期待，如何了解企业、熟悉企业、选择企业、服务企业等一系列的问题亟需解决。学校应充分与企业进行合作，为学生将来的就业提供自助条件，让他们在学习过程中熟悉企业的工作过程、企业的管理要求和企业的文化。

3. 社会

社会资源丰富且复杂。充分利用社会的资源优势，开展相应的教育，促进学生对社会的认识，提高学生适应社会的能力。如与人武部门合作开展国防教育，与消防部门合作开展消防安全教育，与社区医院合作开展健康教育，与社区合作开展志愿者实践活动，与交通部门合作开展交通安全教育，与公检法部门合作开展法制教育等。通过利用这些资源开展学生心理自助教育，能进一步提高学生的公民素质和道德。

（三）明确自助途径

1. 生活途径

陶行知先生在20世纪20年代就提出一个观点“生活即教育”，主张远离生活的教育是伪教育，脱离实践经验的知识是伪知识。健康的心理是源于生活实践经验的积累，是个体自我完善的重要体现；不健康的心理是源于对生活的误解或不理解。所以，生活是人类成长的环境，人不能脱离这个环境而生存，在这一环境中所产生的问题，也必须依靠这一环境来解决。生活教育最为核心的问题就是学生心理自助，在生活中感受和体验生活，在生活中自主设计、自主规划、自主实施、自主反思，在生活中寻找解决生活中产生问题的答案，这无疑就是一个生活自助过程。

（1）在生活中认识——学会自助，积累心理资本。

要自助，首先要有自助的意识，要有自助的资本。对于中等职业学校，首先要加强心理保健知识的宣传，开发和利用好学校各类资源，如心理咨询师、广播站、校刊校报等，通过心理讲座、团体心理辅导、心理小报等各种形式宣传心理健康的重要性，让学生生活的每一个环节都充满这样一个宣传氛围。其次，通过一些生活案例分析给一些学生正确的舆论导向。通过主题班会、辩论会、主题活动等分析讨论人的诚信问题，人的道德问题、人的意志问题、人的耐挫折力问题，人的孝道问题，等等，让学生明白什么是对，什么是错；什么可做，什么不能做，提高学生自我明辨是非的能力。最后，要通过实践活动让学生在生活中体验。如参加心理剧演出、参加户外素质拓展训练、参加劳动生活实践、参加青年志愿者活动，等等。通过这些措施落实有效帮助学生并积累心理自助资本。

（2）在生活中磨炼——学会求助，保持心理平衡。

生活中经常会遇到不如意的人和事，遇到困难，有人自行解决，有人通过求助解决，也有人“习得性无助”。自行解决，说明具备了相对的自助能力。不能解决，通过求助获得解决也是一种自助能力。求助的方式很多，可以向朋友求助，向老师求助，向家长求助，也可以向社会求助。

（3）在生活中提高——学会互助，促进心理和谐。

社会是由人组成的，人不能脱离社会而生存。心理健康教育的目的是助人自助，助人的前提是自助，助人的目的也是自助。和谐的团队或群体有助于个体的和谐成长。在学校生活中，学校可通过互助团队建设，搭建学生心理互助平台，如设立班级心理咨询委员，建立学校心理保健网络体系，设立心理沙龙，建立师生对话机制、家长与孩子交流平台，等等。生活中，也要学会互助，首先要学会沟通。沟通是解决生活问题与困难的最佳方法，没有沟通，生活就会缺少默契，缺少理解，生活就谈不上质量。其次要学会他助。帮助他人是中华传统美德，也是生活中互助的前提，只有真心诚意地帮助他人，才能获得他人的信任，才能在自己最无助时得到他人最大的帮助。再次要学会共情。在理解的同时，更注重于互助，这也是提高互助有效性的重要途径。

（4）在生活中升华——实现自助，完善心理品质。

让教育回归生活，最终目的是让学生在生活中健康成长，成为一个适应社会、改造生活的先行者，这无疑需要学生在生活中认识、实践、磨炼、体验、提高和升华。而这一过程正是学生心灵成长的过程，是学生不断自助的过程，也是学生心理品质不断完善的过程。

2. 实践途径

经验源于实践，实践积累经验。只有亲身实践过，才有体会和感受，才能知道能不能做，会不会做，做得怎样，为下一次碰到类似情况提供解决问题的方法和途径。心理自助经验也是通过不断实践而摸索出来的心理感受和认识。

职业学校是一个相对封闭的环境，如何让学生除了课堂外，还拥有另一片活动天地，如何让社会实践拥有与课堂同等地位，这是职业学校及职业教育工作者所需思考的。

（1）课堂内自主实践：教学做合一。

课程教学中要注重教学做合一，让学生在学中做，做中学，通过实践加强学生对知识的理解和应用，同时提高其自身的实践能力。这也是目前课程改革中最为核心的问题，即教学方法的改革。让学生在课堂中动起来、让学生在课堂中活起来，让学生在课堂中笑起来，核心问题就是在知识传授过程中，让学生在知识学习中实践起来。

（2）课堂外自主实践：搭建平台。

大部分职业学校都采用封闭式管理，不让学生出班门，出校门，怕学生惹事生非，怕学生出现安全问题，怕学生做不到位，等等。怕的结果，就是把学生圈起来，局限在一个狭小的空间里活动。而实际上，越是这样管理，越会产生问题，从根本上来说，也不利于学生发展。课堂外的自主实践可分为两个层面：一个层面是基于校园内的实践，学校可建立各种社团和学生自治组织，通过参与社团建设和学生自治，锻炼学生自我管理能力；另一个层面是校园外的实践，通过青年志愿者服务队、暑寒假社会实践与社会调查、参与社会公益活动、社区联盟等活动的参与，加深对社会的认识和理解，提高学生自我分析、自我处理问题的能力。

（四）提供自助方法

1. 暗示法

自助式心理暗示是指对事情发生的结果或即将发生的结果，采用自我评价、自我安慰和自我调节的一种方法。个体通过自我安慰、自我提醒、写日记、写微博、变换环境等方式对自己施加积极的心理暗示，从而改变心境，提高自信心，达到心理平衡，消除心理障碍和疑惑。使用此方法时，要给予积极的心理暗示。

2. 训练法

自助式心理训练的主要方法有通常有角色扮演训练法、集体演讲训练法、游戏训练法、拓展训练法等。

3. 探寻法

随着现代科学技术的发展，人们碰到困难时，寻求帮助的途径越来越丰富。可以查阅书籍，可以拜访专家，可以网络检索。通过各种手段查询，了解所关心的问题的解决方法和途径。

4. 激将法

碰到困难时，有些人想方设法去解决，有人选择了逃避，尤其对于屡次遭受打击的学生，逃避的现象更为突出。逃避就不可能自助，要想解决问题，就要让其重新树立信心，激发斗志，解决思想与意志消沉问题。

5. 求助法

碰到心理困惑、心理障碍或心理疾病，会根据自己的情况主动向家中父母、亲戚长辈、同学朋友、班主任、任课老师、心理咨询师，甚至医院求助，通过别人的帮助解决心理困惑、心理障碍或心理疾病。

6. 互助法

朋辈互助是互助中最主要的方法。如通过自身的朋友圈组成互助式心理群体，或由学校层面组织相应的互助协会，如心理协会、社团组织等。随着信息化的发展，根据兴趣爱好、个性特点，学生可以通过网络组成相应的协会、俱乐部或 QQ 群等，这种自助方式越来越受到青年学生的欢迎。

7. 付助法

班级成立心理委员，通过培训心理委员，提高心理委员的自助能力，逐步提升班级其他成员的心理自助能力，这是一种典型的付助法。通过种方式，能提高心理健康教育的广度和宽度。

二、自助式心理健康教育的家庭策略

（一）家庭是心理自助的港湾

有人说："家不仅仅是一栋房子，它是漂泊者的避风港，是心灵的驿站，是我们生命的起点。"其实家就是一个实现自助的港湾。

1. 家庭是心理自助的起点

家庭是社会的缩影，是人生的第一课堂，父母是第一任老师。所以，观察家庭成员之间的关系，很多孩子举手投足都与父母有很大的相似性，说明父母对孩子的成长有很大的影响。能不能让孩子有独立生活、独立学习的能力，很大程度上决定于父母教育孩子的方式。在职业学校经常会碰到一些孩子做事不计后果，总认为父母可以帮自己解决一切，甚至认为应该为自己解决一切，缺乏孝心和感恩心，缺乏责任意识和奉献意识，不能吃苦，不愿吃苦，一些父母面对自己的孩子很失望、很无奈。所以，从小培养孩子的自助意识，培养孩子的自助能力，有助于学生健康成长。当然，作为职业学校，更应该多层面地与家庭联系，了解学生的成长过程以及家庭的情况，有针对性的实施教育。

2. 家庭是心理自助的支撑点

家庭教育对孩子的成长很重要，正因为家庭教育的不成功，很多家庭在无奈的情况选择了职业教育，同时，希望通过职业学校能改变这一切。所以，学校被寄予很大的期望。而当职业学校也无能为力时，一些家长选择了彻底放弃。在实际的教育过程中，有很多职校教育工作者否认了孩子“过去式”的家庭教育，也同时否认了“现在式或将来式”的家庭教育的作用。其实，家庭是自助教育的起点，也是自助教育的支撑点，通过指明家庭教育的失误，指导家庭教育的办法，可以收到事半功倍的教育效果，这也是职业学校有效帮助学生心理自助的重要内容之一。

（二）家庭教育中心理自助教育的主题

1. 学会感恩

让孩子感恩社会、感恩父母，感恩同伴，怀着一颗爱心，才能更加珍惜机会。很多父母很感慨，从小到大，什么事都不让做，管好他的学习就行了，要什么就给他什么，怎么要现在一点都不听话呢？说不得，打不得，面对自己的孩子很无奈。其中一个重要原因，就是孩子从小养成衣来伸手、饭来张口的习惯，不知道感恩。适当地告知孩子，生养孩子不容易，从怀着孩子到生养下来，到现在养大成人，父母要花费很大的精力和时间。对于离异家庭的孩子，要让他们尊重父母的选择，学会自立自强。而单亲家庭的孩子，更要学会独立和坚强。当然尊重父母、尊重长辈、友爱对待邻里，这都是感恩的具体表现。学校要指导家长教育孩子，正确引导家长的教育行为。

2. 学会理财

理财是个人成长的必需技能，也是自助的重要表现。而正确的理财必须从小培养，该花的钱一定要花，不该花的钱一分也不花。这种思维还不能在职业学校学生中形成共识，用品牌手机，穿名牌服装，唱歌跳舞、生日聚会、用零食代替正餐，饭后必饮料，正餐过后还有三餐四餐，等等，花钱大手大脚，奢侈浪费。不科学的理财思路，往往令学生习惯于花钱，对生活不加珍惜。就业过程中更显得挑三拣四，不能耐心从事一项职业，往往一事无成。要引导家长合理给予学生生活费，科学指导学生理财，适当时候让学生参与勤工俭学，体验生活的艰辛。

3. 学会承担

每个人都是家庭的成员，是家庭成员都应该承担家庭责任。父母承担了经济、生活等压力，也要告知孩子，不让父母担心，也是一份责任。围绕这个责任，就应该遵章守纪、认真学习、努力实践，尽自己的最大能力做好自己应该要做的事，并且敢作敢当，为自己的言行负责，明白决定自身发展前途与命运的永远是自己。

三、自助式心理健康教育的企业策略

（一）企业是心理自助的舞台

职校生离不开企业，企业是职校生展现自己所学以及自己能力的人生舞台。所以，如何让职校生如何尽快了解企业、熟悉企业，如何让职业教育教学内容贴近企业、贴近生产过程，如何让职校生感受企业管理、企业文化，就成了职业学校需要研究与实践的重要课题。

1. 邀请企业参与专业建设

成立企业参与的专业职教集团，邀请企业参与专业论证、专业人才培养方案的制订、课程标准制订和论证、课程教学等，使专业与产业相适应，使教学过程与生产过程相贴近、使课程与企业项目相接近。

2. 走进企业熟悉专业知识

积极组织教师参与企业实践，了解新技术、新工艺、新材料、新方法、了解企业人才需求，提高教师的专业技能和专业认知水平。定期组织学生参观考察企业，感受企业文化，了解生产工作过程、扩大学生的专业视野。

3. 诚信对话开展广泛合作

本着诚信合作，互惠多赢的原则，与企业开展广泛而深入的合作，落实“引”字工程（引企入校，引资入校，引师入校、引研入校、引文入校……），设立企业实践园、班级冠名、奖学基金等，吸入企业先进设备，吸收企业先进管理文化，等等，为学生技能培养、职业素质培养搭建平台，提高学生在企业的适应性和发展性。与企业开展各类合作，是为了培养学生更适应企业需求，也为促进学生自主成长奠定基础。

（二）企业教育中的心理自助教育的主题

1. 重视职业生涯规划

职业生涯规划是帮助职校生树立自信心，树立职业理想的重要途径。职业生涯规划应是全体学生参与的一项工作，特别是刚进入职业学校的学生，充分利用这个机会让学生对自己的理想和目标进行思考，并重新科学定位，这很有必要，可以引导学生在校期间甚至整个人生的发展。当然，做职业生涯规划时，应对专业、自我及企业、行业发展状况有足够的了解。

2. 重视企业实践

利用业余时间和寒暑假参加企业实践，是学生自主认识企业、了解企业、熟悉企业的最好办法，也是自我体验和体会企业工作流程的重要途径。作为学校，既要牵线搭桥，又要有序组织，积极创造机会并鼓励学生参与企业实践，在这期间，要重点加强敬业爱岗教育，热爱企业是自己从事工作的最基本要求，也是将来成就人生的最重要的条件。

本章小结

本章分析职校生自助式心理健康教育研究现状，阐释建构职校生自助式心理健康教育模式的意义，分析自助式心理健康教育模式的基本内涵、分类方法和基本特征（自主性、职业性、人本性、教育性、发展性等），以模式的五要素（理念、目标、条件、程序、评价）为架构，科学建构了职校生自助式心理健康教育模式，并结合职业学校教育特点，有针对性地提出职校教育策略、家庭教育策略、企业教育策略。职校生自助式心理健康教育必将迎来一个新的发展时期，所建构的模式必将不断丰富和完善。

（武进技师学院　杨永年　洪夏丽）

第八章

职校生发展性心理健康教育模式的建构

职业学校开展心理健康教育，对帮助职校生解决心理困惑与冲突、优化心理机能、完善人格品质等具有重要的作用。一方面，职校生正处于身心发展的重要时期，其身体发育已趋于成熟，自我意识增强，渴望融入社会，但其心理还处于走向成熟的过渡时期，身体发展与心智发育不协调，心智发育滞后于身体发育。另一方面，职校生既要学习专业技能知识，又要到企事业单位顶岗实习；既要应对学业负担带来的种种压力，又要抵制过早接触社会带来的种种诱惑，这都对职校生的心理健康发展带来挑战和考验。而以往的心理健康教育只是关注到个别心理有问题的学生，对学生群体的心理健康水平关注不够，发展性心理健康教育模式面向学生全体，关注学生整体心理机能的优化和心理健康水平的提升，因此，积极建构发展性心理健康教育模式，能实现职业学校心理健康教育的价值和目的。

第一节　职校生发展性心理健康教育模式的概述

目前，心理学领域对心理健康的理解主要有两种：一种是临床精神医学的理解，将人分为健康和不健康两类，认为心理健康就是心理功能正常，没有任何心理症状；另外一种是人本主义心理学的理解，认为心理健康就是个体在与发展变化的外界环境的相互作用中，能不断调整自己的内部心理结构，从而达到自身与环境的平衡和协调，保持较高的适应性，并渐次提高心理发展水平，完善人格特质。第二种看法突出了心理健康教育发展性的内涵，富有积极性和建设性。

一、发展性心理健康教育模式的基本内涵

发展性心理健康教育模式建立在发展性心理健康教育理论的基础上，以优化学生的心理机能、开发学生的心理潜能、完善学生的人格特质、促进全体学生身心的整体健康发展为目标，帮助学生解决成长过程中面临的心理发展问题为核心任务，通过各种有针对性的教育、训练和辅导活动，激发学生自主发展的心理能量，实现自我调控、自主解决成长过程中的各种心理问题的一整套实施程序和操作规范。

在这一模式中，教育占有重要的地位，强调整个学校心理环境的创设，它将心理健康教育从矫治心理疾病为主转变为以促进心理发展为主，从开展个别心理咨询为主转变为指导全体学生为主，工作模式从以医疗为主转变为以教育为主，这样的模式使心理健康教育更加具有主动性和全面性。

以往的学校心理健康教育过多地侧重于心理问题的防治和矫正，对全体学生关注不够，对学生的成长与发展关注不够。心理学家马斯洛认为："实际上每一个人都具有一种对健康的积极向往，一种希望发展，或希望人的各种潜力得到实现的冲动。"香港心理辅导专家林孟平教授也指出："每一个学生都有其个人的价值，故此有权利去享受被接纳、被教导和被爱护。"这些都说明学校心理健康教育必须重视全体学生中每一个体的价值，帮助学生发挥潜能、迈向成长，达到全面发展的目的。所以学校心理健康教育不能仅仅停留在解决心理问题的层面上，还需引导广大学生建立和谐人格，在更高层次上给学生指出努力的方向，这是新时期学校心理健康教育的内在要求。因此学校要加强和改进当前的心理健康教育工作，转变工作思路，重构模式，变被动应付为主动出击，变矫治预防为积极发展，把全体学生的成长与发展作为心理健康教育的重心，这样，才能切实提升学生的心理素质，从而实现生命质量的提升。

二、发展性心理健康教育模式的基本特征

（一）以促进学生的心理自主健康发展为教育目标

在发展性心理健康教育过程中，要强调学生心理的自主健康发展，这对促进学生的心理健康和人格完善是十分重要的。学校要引导学生通过自我心理探究、自我心理训练、自我心理辅导、自我心理激励、自我心理暗示等形式，培养自身的自尊、自信、自强意识，能以积极的态度投入学习和生活中去。发展性心理健康教育突出学生的自主发展，其最终目的即是要让学生最大限度地发

挥自己的潜能，能用自我教育的形式应对学习和生活中的各类事件，优化心理机能，最终实现人格的完善。

（二）以全体学生、主要是正常学生为教育对象

发展性心理健康教育面向全体学生，更多地关注心理正常的学生，以提高学生心理素质，优化学生心理机能为主要目的；同时也关注有心理障碍的学生，帮助其消除心理障碍，维护心理健康，以便能更好地发展。发展性心理健康教育关注学生的未来，提高学生潜能，从而实现学生的可持续发展。

（三）以学生成长过程中面临的心理问题、心理健康为教育内容

发展性心理健康教育的主要内容就是帮助学生认识和发现成长过程中可能面临的心理问题和心理健康，发挥学校教育的组织功能，引导学生学会认识问题、分析问题和解决问题，在此过程中培养相关的技能，挖掘心理潜能，优化心理机能，提高心理素质，最终提升生命质量。

（四）以激发学生自我探索、自我体验、自我实践、自我教育为实现途径

发展性心理健康教育的开展关键在于培养学生的自我教育能力。学校要引导学生注重自己内在的心理需求和个性特点，激励学生通过自我探索、自我体验、自我实践、自我教育等形式，充分挖掘自己的心理潜能，发挥自身心理发展的能动性，优化心理机能，培养积极的人生态度，从而进一步提升学生的自我信念和主观幸福感。

（五）以课堂、活动、心理辅导等多种形式相结合为实施手段

发展性心理健康教育以课堂、活动、心理辅导等多种形式为实施手段，普及大众心理知识，通过提供给学生一个促进其成长的全方位的、发展性的综合环境，关注学生心理健康，关心学生和谐发展，在以人为中心的方法的指导下，让学生发现自我，深化自我认识，充分发展自身个性，从而最终走向独立，走向创造性。

（六）以学校、家庭、社区相结合为支持系统

学校教育是否优质、家庭关系是否和谐、社区环境是否良好，都会对学生的心理健康产生极其重要的影响。发展性心理健康教育应以学校为中心，家庭和社区为主要载体，形成学生心理健康教育支持系统，充分发挥发展性心理健康教育的作用，使学生的心理素质得到全面提高。学校为学生提供一切教育活动，家庭为学生提供物质支持和精神支持，社区为学生各种心理品质的发展提供天然环境。让学生在一种充满信任和支持的大环境中成长，对促进学生形成积极的健康心理具有极其重要的意义。

第二节 职校生发展性心理健康教育模式的科学建构

20 世纪 80 年代中期以来，心理健康教育在我国职业学校迅速兴起并蓬勃发展。从发展取向看，职校生心理健康教育工作正面临着教育模式重构的课题。只有科学建构模式，才能正确指引心理健康教育的发展方向。职业学校心理健康教育要科学、健康发展，必须走发展性之路。建构发展性心理健康教育模式，就要针对职校学生的生理、心理特点，加强对学生积极心理品质方面的教育。

一、职校生发展性心理健康教育模式建构的理论基础

职校生发展性心理健康教育模式的建构需要依托一定的理论基础，主要包括以下几个方面：

（一）埃里克森的人格发展理论

埃里克森将人的自我意识的形成和发展过程划分为八个阶段，每一个阶段都有一个普遍的发展任务，发展任务的解决与否决定着个体能否形成积极的个性品质。埃里克森十分重视环境和教育对个体心理发展的影响，重视心理发展过程中个体的内在心理冲突，以及解决冲突对个体成长的重大意义，强调要用发展的眼光看待个体心理的成长，这些都为发展性心理健康教育模式奠定了理论基础。

职校生处于青春期，这个阶段的任务是解决同一性危机，体验着忠诚的实现。因此，职业学校心理健康教育的任务是要帮助学生形成身份认同以及心理社会的认同感，要用发展的眼光看待学生的变化，在课程设置、班级管理及心理机构等方面加以完善，达到促进学生身心发展的目的。

（二）心理辅导的价值理念

人本主义心理学家马斯洛认为：“实际上每一个人都具有一种对健康的积极向往，一种希望发展，或希望人的各种潜力得到实现的冲动。”在此基础上，香港林孟平教授给心理辅导所下的定义是：“在辅导的过程中人的价值是被重视的，它的重心是个人，强调以全体学生为服务的对象，而目的是要协助学生充分发挥潜质，达至完美的全面发展。”“每一个学生都有其个人的价值，故此有权利去享受被接纳、被教导和被爱护。”❶

❶ 林孟平．辅导与心理治疗［M］．香港：商务印刷社，1996：349.

新时期的心理辅导凸显了人的价值的实现，十分重视学生内在潜能的发挥，认为心理辅导不能仅仅停留在解决心理问题的层次上，还必须面向群体，引导广大学生发展和谐人格，并进一步给学生指出努力的方向，使其个性得到充分发挥，生命质量得到提升，最终迈向成长。这也为发展性心理健康教育模式提供了理论支撑。

（三）现代教育人本化的价值取向

教育部《中等职业学校学生心理健康教育指导纲要》（2004 年）明确指出，职业学校心理健康教育“要立足教育，重在指导，以学生为主体，遵循学生身心发展规律”。现代教育的核心理念和根本原则是“以人为本”，“教育更多的应该是一种呵护”，教育的根本目的是实现人的全面发展。“教育过程是一个逐步提高人的价值的过程。教育价值关系是一种以尊重人的自身价值为本体价值的价值关系。”现代教育人本化的价值取向，强调人的价值的最终体现。心理健康教育作为学校教育的重要组成部分，更应充分发挥其应有的功能，充分发展学生的潜能和人格，使学生获得最大限度的发展。

二、职校生发展性心理健康教育模式建构的目标

发展性心理健康教育模式应坚持把协助学生解决成长过程中的各种心理发展问题以及促进学生潜能发展和个性完善、提升整体生命质量作为学校心理健康教育的总体目标。

发展性心理健康教育模式突出发展性，强调用发展的眼光看待学生，认为学生是发展中的人，具有无限的发展潜能，学校心理健康教育的任务就是要创造一切可能的条件，将学生的这一发展潜能充分开发出来，使学生获得更高水平的发展。

（一）纵向发展目标

发展性心理健康教育模式的纵向发展目标，要根据不同年级学生群体的心理矛盾和心理冲突来制订。

1. 一年级——开展适应性教育

由于环境的改变，刚入校的职校生在学习、生活、人际等方面都普遍存在一些适应性问题，开展发展性心理健康教育，就是要帮助学生增强自信心、培养积极心态，提高学生的心理调适能力。

2. 二年级——开展学习心理辅导

指导学生掌握各种学习策略，切实提高专业学习和技能训练的效果，为学

生步入职场做好准备。

3. 三年级——加强职业心理辅导

帮助学生形成良好的就业观念，提高学生的职业规划与职业发展能力。同时，培养学生的社会适应能力和抗挫折能力，树立竞争和合作的意识，为毕业生步入社会打下良好基础。

（二）横向发展目标

发展性心理健康教育模式的横向发展目标，主要是针对学生的不同心理健康水平制订，体现层次性。

1. 矫治性目标

针对极少数已产生心理疾病的学生，早发现、早诊断、早治疗和早干预。

2. 适应性目标

针对少数存在心理困扰和烦恼的学生，通过心理健康教育使其正确认识自己的心理健康状况，学会自我心理保健。

三、职校生发展性心理健康教育模式建构的原则

（一）系统性原则

心理健康教育是对全体学生实施的一项素质教育工程，要把它纳入学校教育的总系统中，从学校育人的整体利益出发，发挥各方面的优势，多层次开展工作。

（二）主体性原则

主体性原则是指以学生为主体，强调学生的主动性，以“助人自助”的基本观念和态度，引导学生心灵的成长。

（三）教育性原则

教育性原则是发展性心理健康教育模式的重要原则。心理健康教育只解决少部分学生的心理障碍问题是远远不够的，无法满足绝大部分学生心理发展的需求，更不能发挥心理健康教育应有的作用，必须坚持教育性原则，促进学生人格完善和潜能的开发。

（四）渗透性原则

发展性心理健康教育应渗透、贯穿于职业学校各科教学中。职业学校各科教学均应当以素质教育的总目标为依据，结合各科教学的内容与特点，建立相应的心理素质培养目标，充分把握学科教学中富含的心理健康教育资源，使各科教学过程和心理健康教育相互渗透、相互促进，并通过职校生心理素质的发展来真正提高各科教学的质量。

四、职校生发展性心理健康教育模式建构的内容

教育部《中等职业学校学生心理健康教育指导纲要》（2004 年）指出，中职学校的心理健康教育应包括："普及心理健康基本知识，树立心理健康意识，了解简单的心理调适方法，认识心理异常现象，正确认识和把握自我，以及掌握一定的心理保健常识。"为促进每位职校生心理素质得到最充分的发展，结合《中等职业学校学生心理健康教育指导纲要》（2004 年）要求以及学生的心理实际和发展需要，同时着眼于现实及未来对人才的客观要求，发展性心理健康教育模式应主要包括以下内容：

（一）人格教育

人的心理行为是人格与环境相互作用的结果，而人格反映着一个人的心理全貌，对人的身心健康、活动效率及社会适应有着深刻而持久的影响。职业学校培养的是适应知识经济社会的应用型、技能型人才，在人格特征上要具有健康、自主、创造、和谐的特点。因而，实施发展性心理健康教育要利用心理学的有关原理与技术，积极、主动地帮助学生进行社会适应，形成健全人格，最大限度地发挥个人潜能，提高活动效率，最终达到学生的全面发展。

1. 有正确的自我意识

能客观地认识自我及自己所处的环境，能正确分析自己与所处环境的关系；能根据自己的能力、性格、气质和需要等，恰当评价与接纳自己，不断地完善和发展自我。

2. 有创新意识

在形成正确的自我意识的同时，培养创造性思维，有创造性劳动以及创造性的自我发展，培养生活的热情和有效解决问题的能力，形成独立人格。

（二）生活适应辅导

生活适应是职校生心理素质结构中适应维度的重要组成部分，是评价职校生心理健康水平的一个重要指标，主要涉及生活观念、生活习惯和生活方式等方面。[1]

1. 生活观念

随着职校生生活经验的丰富及自我意识的逐步完善，他们对人生、对生活

---

[1] 张廷艳，江琦，赛琼．中学生生活适应辅导及其内容探析［J］．重庆职业技术学院学报，2005（7）：152－154．

也形成了自己的一些看法和态度，即产生了生活观念。在此过程中，学校的发展性心理健康教育要帮助学生树立崇高的生活理想，形成积极的生活态度。在学生遇到困难时，要鼓励学生运用所学心理学知识，勇敢面对挫折挑战，保持积极乐观的心态，最终实现个人价值。

2. 生活习惯

学校要重在培养学生良好的个人卫生习惯、劳动习惯、饮食习惯、作息习惯、健身习惯、休闲娱乐习惯和消费习惯等方面的习惯。

3. 生活方式

面对新事物，职校生的接受能力强但分辨能力差，学校的心理健康教育要在尊重学生人格和选择自由的基础上，恰当引导学生认识健康生活方式的真正内涵，帮助他们形成独立选择生活方式的能力。

（三）人际训练

人际关系对个体心理的发展起着举足轻重的作用。良好的人际关系能使职校生获得学校、班集体、学习小组包括寝室同学的支持、信任和尊重，能满足学生的心理需求，使他们在相互理解、相互关心中产生积极愉快的情绪；但假若人际关系失调，就会影响学生正常的学习和生活，损害学生的身心健康，甚至会影响学生的社会交往能力，产生各种社会适应问题。对学生的人际训练应包含以下内容：

1. 讲解人际关系的心理行为原理

如人际交往的作用、意义，影响人际交往的心理因素，在人际交往中容易产生的认知偏差等。

2. 训练人际交往的技能和技巧

人际交往基本技能与技巧的训练，以提高学生人际交往能力，使其在人际交往中善于运用高超的语言技巧，体现出良好的道德品质、个性修养和善于体察人意的能力，如善于聆听、学会关心、坦诚相待、幽默风趣、落落大方、豁达大度等。

3. 克服人际交往的障碍

如由自卑、自傲、害羞、恐惧、孤僻、嫉妒、猜疑、敌意、自我中心等心理产生的交往障碍。指导中要注重学生观念的转变和行为的调适，同时注意在人际交往的训练中培养学生的良好心理品质。

（四）情绪情感教育

苏霍姆林斯基说过：“情感如同肥沃的土壤，知识的种子就播种在这片土壤上，种子会萌发出幼芽来。”[1] 积极的情绪情感能帮助学生形成乐观、开朗的个性，消极的情绪情感对学生的学习生活都有负面的影响，严重者可能会导致行为的偏差，出现各种心理障碍。因此，发展性心理健康教育要关注教育过程中学生的情绪情感以及态度、信念的形成，帮助学生保持愉快、乐观的心境，促进学生心理的健康发展。

职校生正处在“疾风怒涛”的青春期，生理、心理发展不同步，另外，由于行为习惯偏差，自我约束能力差，加之学业的压力等诸多因素，导致自信心不足，消极情绪偏多。因而，职业学校的发展性心理健康教育要重在培养学生的积极情感，调控消极情绪。

（五）性心理教育

职校生处于青春发育期，产生了朦胧的性意识。他们对异性表现出好感和追求，对有关性的知识产生了强烈的好奇心，在这个阶段，如果缺乏对学生的有效引导，则极容易出现性心理偏差，甚至是性犯罪行为，从而影响学生的身心健康水平。所以，发展性心理健康教育的内容还应加入青少年友谊、青春期异性交往行为规范等内容。

（六）学习心理指导

学习心理指导，是指心理健康教育工作者根据现代学习心理的有关理论，结合所教学生的实际情况，有目的、有计划和有步骤地教会学生如何学习的过程。具体内容包括学习方法指导、学习动机指导、学习兴趣指导、学习习惯指导、应试心理指导等。通过学习心理的指导，学生能提高学习效率，轻松完成学习任务，并且可以真正提高自身的学习能力，更好地满足新时代和知识社会终身学习的要求。主要帮助学生形成两种能力，即学习科学知识的能力和自我学习监控的能力。

（七）职业规划教育

职业学校的职业规划教育是一项具有较强实践性的活动，它以职校生的身心发展为出发点，立足于社会现实和学生的实际需求，在教给学生生涯规划相关理论知识的基础上，培养学生认识自我、认识客观环境的能力，提升学生的综合素质，从而使学生能明确未来发展方向，充分挖掘自身潜能，并最终实现职业目标和人生理想。主要包括以下内容：

---

[1] 苏霍姆林斯基. 帕夫雷什中学［M］. 赵玮等译. 北京：教育科学出版社，1983：265.

1. 职业意识教育

职业教育人才培养目标的内在要求就是培养学生的职业意识。职业学校必须帮助学生树立“三个面向”意识：第一，面向职业。要让学生了解职业的内涵和特点、要求和条件，在专业学习的同时，据此对照自身，查漏补缺，朝着职业所要求的方向发展。第二，面向技能。包括专业技能、求职技能、人际技能等。学校要注重在各类学习实践活动中培养学生的各项技能。第三，面向市场。帮助学生了解就业市场的瞬息万变，体验竞争的日趋激烈，根据市场的变化及时自我调整，对未来做好心理素质和技能上的准备。

2. 求职技能教育

有人说，成功等于20%的智商加上80%的情商。较强的求职技能、良好的社交能力都是实现职业发展的重要条件，属于情商培养的一部分。因此，学校应通过各种途径引导学生学习各种求职技能，如制作简历、写求职信、学习面试技巧、了解职场礼仪等。同时，学校也可积极为学生搭建平台，邀请资深校友、职场人士到校讲学，让学生体验有别于学校生活的社会交往，帮助学生建立良好的人际关系。

3. 择业就业教育

伟大的人民教育家陶行知先生说：“行是知之始，知是行之成。”从这个层面来说，学生光有较强的专业知识是不够的，“学”与“做”总是相辅相成的。尤其对职校生而言，学校应引导学生多参加一些与本专业相关或相近的社会活动，多积累一些相关经验，“在做中学”、“以学导做”，才能在日后激烈的职场竞争中立于不败之地。学校还要组织好学生在加强专业学习的同时，进行相关职业资格证书的考试，为实现理想的生涯目标提前做好准备。

第三节 职校生发展性心理健康教育模式的实施策略

发展性心理健康教育模式作为一种新型的教育模式，是一种面向全体学生的教育，是一种主动积极的教育，其重点在于优化心理机能，开发心理潜能，完善人格品质，这是与现代教育精神相一致的，符合职校生的发展需要，符合当前社会的发展需要。在实施策略上，职业学校要借助丰富多样的心理教育途径，探索一套切实可行、具较强实践性的操作体系，从而提高发展性心理健康教育模式的效果。

一、职校生发展性心理健康教育模式的实施途径

要实施发展性心理健康教育模式，就要全面提升发展性心理健康教育课程的层次，打造一支专业化程度高的发展性心理健康教育师资队伍，打破单一的以“心理矫治”为主的心理健康教育模式，探索以课堂教学、主题活动、团体辅导、个别咨询和教育宣传为主的丰富多样的发展性心理健康教育的方法与途径，加强学校、家庭、社会和自我的协同教育。

（一）全面提升发展性心理健康教育课程的层次

1. 确立课程目标的导向

由于受经济、文化、观念等因素的限制，目前，职业学校的心理健康教育目标仍是以矫治型目标为导向的。它面向的是少数有心理问题的学生，没有兼顾到全体学生整体心理水平的建设，是不科学的，违背了现代教育以人为本的价值理念。因此，要重新确立以发展性目标为导向的心理健康教育新课程，面向全体普通学生，针对他们成长过程中可能会出现的问题，做到提前预防，全面提升学生的整体心理健康水平。

2. 做好课程内容的选择

课程内容是课程目标的载体和具体化，也是心理健康教育目标能够真正实现的重要步骤。要将发展性心理健康教育模式推向纵深发展，就必须精心选择课程内容，使之符合发展性目标取向。

3. 加大课程实施的力度

为了加强对发展性心理健康教育课程的重视与落实，职业学校应构建一个强有力的领导班子，由主管校长、团委书记、专兼职心理辅导教师、教务主任和后勤总务主任等组成。各部门通力合作，相互协调，全面组织、管理实施学校的心理健康教育活动，包括贯彻上级工作精神和要求、把握心理健康教育的发展方向和发展速度、决定教育活动的基本条件建设、落实教育活动经费、制定学校教育工作计划、拟定管理制度、布置教育活动任务、组织指导实施、检查活动状况、总结评价教育效果等。另外，各专兼职老师应采用多种形式，多渠道、多方位地将发展性心理健康教育课程实施到位。

（二）建成一支专业化程度高的发展性心理健康教育师资力量

要有效实施发展性心理健康教育课程，一支强有力的、受过专业培训的师资队伍是关键。

1. 人员构成

心理健康教育师资队伍，应由专职老师（心理辅导老师）、骨干教师（班主任）和全体老师（全员参与）三方面构成。

专职老师指导和开展学校心理健康教育课程建设的各项工作，包括制订心理健康教育课程方案和工作计划、承担心理健康教育课堂教学、对学生进行心理咨询、指导其他教师开展心理健康教育活动等。

骨干教师的主要任务是协助专职老师承担学校心理健康教育课程建设的相关工作，负责班级学生的心理健康状况追踪，定期开展心理健康教育主题活动。

发展性心理健康教育模式要“面向全体学生”，因此，学校还应定期地请专职老师对全体教师进行培训，以扩充心理健康教育师资队伍，最终实现“全员参与”和“全面教育”。

2. 注重教师自身的心理健康建设

教师的心理健康水平，对教师自身的事业、生活、家庭婚姻、工作等有不同程度的影响；对教育教学、教书育人工作，对学生个性培养和成长等也有重要的影响。因此，学校应重视教师自身心理健康的建设，如关心教师疾苦、定期举办工会活动、观看心理教育专题影片、邀请资深心理辅导老师来校讲学、安排教师校外进修、参加心理教育培训等。

（三）探索多样化的发展性心理健康教育方法与途径

1. 课堂教学

职业学校的发展性心理健康教育，要充分发挥课堂教学的主阵地作用，将正面知识的传授与课堂教学的渗透相结合，增加学生的心理知识，转变学生对心理健康教育的漠视态度，加深学生对心理健康教育的认识与了解，引导学生关注心理健康。在课堂教学中，教师要改变过去那种单一传授知识的传统刻板教法，要有意识地帮助和引导学生运用道德和人文知识对自身进行主体自我创设与自我建构。如通过案例分析、心灵电影等多种方式，引导学生关注身边的人和事，积累学生的感性经验，鼓励学生彼此进行言说与倾听，讲述自己的故事。在这一过程中，教师要善于发现并利用相关心理健康教育的内容，结合学生实际和心理发展的规律，适时适当地对学生进行心理健康教育，使学生在潜移默化中形成良好的心理品质和健全人格。

2. 主题活动

为使心理健康的观念深入学生心中，职业学校要不断创新发展性心理健康教育工作思路，定期举行内容丰富、形式多样的心理健康教育主题活动，如，积极开展“心理健康活动月”活动。在活动中，学校要为广大学生精心组织专题讲座、心理漫画展、现场心理咨询、心理拓展训练、心理电影鉴赏、心理剧表演大赛、心理沙龙、心理运动会等各种形式的主题活动。

另外，根据学生的心理发展实际需求，学校还应将心理健康教育融入日常的学生管理工作中，定期组织班级心理委员进行培训，使其了解和掌握一般的心理学知识和技能；利用课余时间不定期组织学生开展多元化的集体活动，如体育运动会、知识竞赛、演讲比赛等。这些活动的开展，将会极大增强班集体的凝聚力，促进学生间的交往，使学生的身心都能得到长远的、和谐的发展。

3. 团体辅导

针对学生中存在的一些普遍性心理现象，学校的专职老师应定期组织专题讲座，让学生分小组讨论目前存在的一些同类心理疑问，小组成员利用已有经验，对存在的问题表达自己的看法，利用团体的相互影响、启发、引导和帮助，形成团体共识，使学生对自己的问题有所领悟和理解，进而改进自己的态度和行为。

4. 个别咨询

首先，学校要纠正学生对于“心理咨询即意味着存在心理疾病”这个错误认知，帮助学生了解心理健康的一般性知识，鼓励需要心理咨询的学生积极主动地寻求帮助。另外，随着工作的深入开展，不断丰富心理咨询的形式，还应设置心理信箱、开设热线电话、建立校园心理卫生 QQ 群等，多渠道地开展心理咨询。

5. 教育宣传

学校要从心理健康教育课入手，普及心理健康知识，提高心理保健意识，通过课堂教学、讲座和广播、校刊杂志、心理小报、宣传栏、网络等各种传播媒介宣传心理健康知识，包括心理健康的标准、心理健康对人的发展的重要性、各种心理疾病的表现和对人的危害、心理问题的自我调节方法等具体内容。学生只有在了解心理健康的相关知识后，才能把心理学的有关理论和自己的心理行为实际结合起来，才能利用科学的知识自觉地进行自我心理调适，主动寻求心理帮助和疏导。

（四）加强学校、家庭、社会和自我的协同教育

职校生心理发展及其特点是社会、家庭、学校和学生个体共同作用的产物。促进职校生的心理健康成长，不应只是学校和教师的任务，而是全社会所有人共同的责任。我们应使学校、家庭和社会形成教育合力，齐抓共管，协同教育，才能有效地提高职业学校心理健康教育的效果。如建立学校和家庭联系卡制度、开展阅读心理图书、举办心理沙龙活动以及聘请有影响的心理专家担任校外心理辅导员等。同时，还须培养职校生自我教育的能力。从心理健康教育的目的来看，最好的教育并不是给学生多少具体的帮助，而是使学生自主自立、学会自己处理问题，以便在今后漫长的生活道路中能更好地适应，也即“教是为了不教”。

二、职校生发展性心理健康教育模式的操作体系

职业学校的发展性心理健康教育模式就是以职校生为教育对象，以培养学生健康心理和良好品质为目标内容，以各种有针对性的教育、训练和辅导活动为方法过程的一种相对标准的结构形式和比较稳定的教育运行样式。该模式依照综合性和发展性原则，建立健全学生心理健康档案，以学科教育、课外教育为两条主渠道，建构学生心理咨询中心、学校德育处、学生会三级网络体系，形成教育与宣传、他助与自助、个案与团体、校内与校外四个结合的心理健康状况模式，意在营造一个全方位、全过程、全员参与的具有本校特色的校园心理文化环境。

（一）建立健全一套完整的学生心理健康档案

以前，职业学校对入学新生的了解，仅限于原有学业成绩、特长爱好、身体健康状况等方面，学生管理工作也仅停留在学习成绩、卫生状况、纪律情况等表层化的指标上，对学生心理等深层次的方面了解得比较少。为使职业学校的教育工作不流于简单化、表层化，学校应对新入学的新生建立心理健康档案，以便客观全面系统地了解学生，为今后的学生管理工作奠定科学的基础。

1. 健全规章制度，科学规范建档

每年10月（新生入学后的一个月），学校的心理咨询工作室应利用专题讲座等方式，首先给学生普及有关建立心理档案的知识，让学生明了这是有效了解自身的一种方式；然后用标准的心理测试量表及问卷对学生进行心理健康测试，在对数据进行严谨分析的基础上建档。对学生在测试中反映出的问题进行分析，作为评估学生心理健康水平的一手资料，同时也作为学校制订德育目标、确定德育内容的重要参考资料。学生的心理健康档案在使用时严格遵守保密原则，由专人保管。

2. 面向全体学生，系统收集材料

每学期期末，心理咨询工作室应联系各部门，将学生的学业成绩、奖惩情

况、健康状况、班主任教师评语等进行搜集、整理并归档，同时将每学期的个别咨询记录、心理测验情况等内容充实到心理健康档案中，并选取有价值的材料补充入库，以便全面了解学生心理状况的最新动态。

3. 利用心理档案，实施跟踪指导

学校的心理咨询工作室要充分利用心理档案，对学生实施跟踪指导。对学生建立心理档案的真正目的是及时准确掌握学生当前的心理健康状况，对可能存在的问题能够早发现、早预防、早治疗。根据学生在测试中反映出来问题的不同程度予以不同的指导和咨询；对问题特别严重的，及时联系其家长，安排到专门医院进行治疗。

（二）以学科教育和课外教育为两条主渠道

1. 学科教育

发展性心理健康教育课程逐步被列入课程表，这标志着职业学校对心理健康教育的重视。为全面提升该课程的教学质量、激发学生的学习兴趣、增强教学效果，学校应成立相应的心理咨询工作室，配备受过专门的心理咨询培训的专职教师。工作室除接受学生日常咨询外，还应坚持长期与班主任密切联系，定期培训班级心理委员，另外，还应不定期地开展心理健康教育讲座，举办心理健康主题教育活动。

（1）通过心理健康教育课程的开设直接进行发展性心理健康教育。学校应将心理健康教育课程纳入学校课程体系，纳入学校的教育计划，并给予相应的考核，从课程地位上明确其重要性。另外，在课程内容上，要根据学生的生理、心理、年龄等特征来确定发展性心理健康教育的内容，对新生、二年级以及毕业年级实施不同的课程内容，体现教育的针对性。在教学中，要坚持“学做结合”，理论联系实际，知识传授与心理训练相结合，心理健康教育与人生观教育相结合。教师在教学中要注重学生主体性的发挥，积极尝试用专题讨论、热点剖析、活动训练、角色扮演、团体咨询等方式丰富教学形式，提高学生的参与程度，促进学生心理健康理念的内化。

（2）将发展性心理健康教育目标渗透到其他学科教育中去。在其他学科的教学中，每位教师要利用心理学原理根据学生的心理发展规律来进行教学。另外，要充分挖掘学科中与心理学内容相关的素材并加以利用，体现心理健康教育的目标，做到真正有效培养学生的良好心理品质。在课堂管理上，教师积极进行课堂改革，实现教学形式、教学方法的重大突破，转变过去那种教师讲授、学生被动接受知识的局面，尊重、接纳、关心学生的一切表现与行为，与学生平等对话，建设积极的课堂心理环境。

2. 课外教育

好的环境能够造就人。因此，学校在加强发展性心理健康教育课程的同时，还应十分重视校园文化、第二课堂的建设，在营造健康心理整体氛围的同时，让心理健康、心理保健意识真正走进学生头脑。

（1）在浓郁的校园精神文化氛围中塑造学生。为了使学生快乐成长，学校秉承“文以载道，德艺双馨”的根本宗旨，积极有效地开展各项文体活动，有计划、有目标、有系统地进行阶段性的教育引导活动。在各种各样丰富多彩的文体活动中，促使学生的胆量和自信得到培养和加强。如学校可以举办“校园十佳歌手比赛”、“诗歌朗诵比赛”、“书画比赛”等，让学生尽情展示自己的才华，享受成功的喜悦，发现自身的价值，增强自信，努力营造一个积极、健康、向上的校园环境。

（2）利用第二课堂增强学生心理自我调控的能力。在加强专业学习的同时，学校可以安排“心理教育周”，充分发挥心理辅导老师和班主任的作用，通过组织学生听心理健康报告、表演心里话剧等多种形式的宣传教育活动，丰富学生的课余生活，从多方面提升学生心理素质。同时，在全校范围内进行有关心理健康的征文比赛和演讲比赛，将优秀作品刊登于校园刊物，并通过校园网、宣传栏、黑板报等多种渠道进行宣传和教育，最大限度地调动起学生关注心理健康的自觉性，让学生开阔视野、丰富情感、锻炼意志、提高自我调节能力、社交能力、研究和创新能力以及独立思考、解决问题的能力。

（三）建构覆盖全校各专业、年级、班级的三级网络

学校应建构起“学生心理咨询中心、德育处、学生会”心理健康教育三级网络，形成一个自上而下、层次清楚、职责明确、覆盖全校各专业、各年级、各班级的具有能动性的网络体系。

1. 一级网络——完善学生心理咨询中心

学校德育处、教务处、总务处、心理咨询中心各部门应通力合作，相互协调，共同为学校发展性心理健康教育的开展努力。心理咨询中心应配备有专职的心理辅导老师，并取得相应的心理咨询资格证书，主要负责对学生心理健康教育的总体规划与研究，根据学生的心理特点及心理发展水平，制订各专业不同年级心理健康教育工作的内容、重点；同时，利用学生心理健康档案对学生的心理健康状况进行跟踪和调查，积极开展心理咨询；并配合学校有关部门定期对班主任老师、兼职心理老师进行培训，向学生宣传心理健康有关知识。

2. 二级网络——加强德育处的学生管理工作

发展性心理健康教育要借助学生管理途径，在意识层次上提高学生的心理素质。学校德育处可采用个别谈话、团体辅导等灵活多变的形式，培养和提高学生的心理自我调节能力。同时，学校要十分重视在规范的生活环境中培养学生，在日常的学习和生活中向学生渗透心理健康有关知识，坚持寝位、餐位、座位、工位、岗位五位一体学生管理新模式，形成德育特色品牌，实现以下5个目标：以寝位打造个性人、以餐位打造文明人、以学位打造文化人、以工位打造精神人、以岗位打造理想人。

3. 三级网络——利用学生会进行学生自主管理

在开展发展性心理健康教育的过程中，学校的学生会也应发挥不可估量的作用。学生会成员可以定期接受心理咨询中心的培训与指导，再到学生中进行心理健康知识宣传，以学生自我教育为主要形式，组织各班级的心理健康小组或心理爱好者开展专题学习和讨论。及时发现学生中存在的心理问题和困惑，进行同伴之间的心理援助，对自己不能解决的问题，及时报知相关老师，协助老师关注学生的心理健康状态。

（四）形成并坚持教育与宣传、他助与自助、个案与团体、学校、社会与家庭的四结合

1. 教育与宣传相结合

除利用课堂教学这个主阵地对学生进行心理健康教育外，学校还可以通过各种丰富、系统的活动来宣传心理健康知识。例如：根据各专业、年级心理健康教育工作的内容、重点，定期、不定期邀请校内外专家为师生举办专题心理学报告、讲座，使学生树立心理保健的意识；依托校园艺术节，每年组织"心理健康教育月"活动；利用校园各种媒体开展心理健康知识宣传，组织心理沙龙、心理健康征文、演心理剧、组织心理健康演讲等活动。这些活动的开展，可以为全体学生提供关注心理健康的环境与氛围，提高学生对心理健康重要性的认识，也能够帮助学生掌握必要的自我心理调适的方法，增强学生自我心理调适能力。

2. 他助与自助相结合

除鼓励学生在遇到心理问题或心理困惑时主动求助心理老师外，学校应充分调动学生的主动性和积极性，将各班级的心理委员、心理爱好者组建起来，积极鼓励同伴间互助，帮助同伴解决心理困惑；对不能解决的问题及时报知老师，为需要咨询的学生与心理老师之间架起一座沟通的桥梁。同时，由于心理健康意识的加强，学生个体大多改变了以往对心理健康教育的成见，寻求心理帮助的主动性增强，他们会自主地加强心理知识的学习、心理调适技能的训练，遇到自己无法排遣的心理困惑会主动请求、寻找帮助。

3. 个案与团体相结合

咨询中心每周定时对学生开放，接受学生的来访、咨询。通过个别咨询、团体咨询和同类心理问题辅导组的方式对学生进行心理健康辅导。咨询中心的教师还应充分利用网络隐匿、广泛、便捷的特点，将 E-mail、QQ 号公布，同时在学校网站的主页上链接心理论坛、心理咨询 BBS，以便学生在网上接受辅导。

4. 校内与校外相结合

心理健康教育不仅是学校教育的任务，也是全社会的任务和职责，只有获得来自社会和家庭的支持和认可，才能得到有效开展，共同促进学生心理素质的提高。要充分利用好家长、学校这个平台，利用短信、家长 QQ 群、家庭资源研发等方式，积极与家长进行沟通，向家长宣传心理健康知识，请家长配合学校教育，共同关注学生心理健康。同时，学校通过“请进来、走出去”的方式，积极与社会各部门联系，邀请有关专家到校组织讲座、进行宣传，组织学生志愿者到各个社区、福利院等进行心理健康知识宣传及相关活动。

本章小结

发展性心理健康教育模式以全体学生为教育对象，以促进学生心理的全面发展为目标，以帮助学生解决成长过程中面临的心理发展问题为任务，通过优化学生的心理机能、发掘学生的心理潜能、完善学生的人格品质，最终提升学生的生命质量。建构科学的发展性心理健康教育模式，要以人格发展、心理发展、心理辅导、现代教育人本化价值取向等相关理论为依据，从目标、原则、内容等方面系统建构。在该模式的实施方面，要全面提升发展性心理健康教育课程的层次，打造一支专业化程度高的心理健康教育师资队伍，探索多样化的心理健康教育方法与途径，加强学校、家庭、社区和自我的协同教育。同时，依照综合性和发展性原则，建立健全一套学生心理健康档案，以学科教育、课外教育为两条主渠道，建构学生心理咨询中心、学校德育处、学生会三级网络体系，形成教育与宣传、他助与自助、个案与团体、校内与校外四个结合的操作体系，意在营造一个全方位、全过程、全员参与的具有校本特色的校园心理健康教育环境。

（江苏省海安县教师进修学校　李加平　崔益祥　戴玲　吴迎春）

第九章

职校生学习型心理健康教育模式的建构

职校生正处于身心发展的重要时期，教育部2004年颁布的《中等职业学校学生心理健康指导纲要》提出："要加强和规范中等职业学校学生心理健康教育工作，要根据中等职业学校学生生理、心理特点和发展的特殊性，运用心理健康教育的理论和方法，培养学生良好的心理素质，促进他们身心全面和谐发展。"教育部2012年颁布的《中小学心理健康教育指导纲要》指出，心理健康教育"要在普遍开展心理健康教育工作的基础上，继续推进和深化心理健康教育工作，努力提高质量和成效，率先建立成熟的心理健康教育服务体系"。心理健康教育需要以人为本、精益求精、与时俱进，要实现心理健康教育由"被动防御型"向"引领发展型"的根本转变，必须以"学习求发展"；学生发展要从"被动接受型"向"主动成长型"转变，也必须以"学习求发展"。建构学习型心理健康教育模式正是为规范和加强心理健康教育、让心理健康教育主动适应社会发展、帮助学生可持续发展应运而生的新模式。

第一节　职校生学习型心理健康教育模式的概述

建构心理健康教育模式离不开时代的背景，任何一个模式都是为适应社会的发展、教育的发展、学生的发展需要而建构。因此，建构学习型心理健康教育模式，必须了解学习型模式建构的背景，明晰学习型模式的概念和内涵，这样才能结合职校特色，建构符合当代职校生实际的心理健康教育模式。

一、职校生学习型心理健康教育模式建构的背景

（一）时代背景

在当今时代，科技技术不断迅猛发展；工业结构不断调整变化；社会在各方面开始国际化；信息社会高速发展，知识更新速度越来越快。人们一方面享受着社会高度发展带来的文明，拥有多样化发展自我的条件和机遇，另一方面也体验着前所未有的竞争、压力和危机感。联合国教科文组织国际 21 世纪教育委员会 1996 年发表的《教育——财富蕴藏其中》中指出："每个人在人生之初积累知识，尔后就可无限期地加以利用，这实际上已经不够了。他必须有能力在自己的一生中抓住和利用各种机会，去更新、深化和进一步充实最初获得的知识，使自己不断适应变革的世界。"❶ 一个人只有不断更新自己，才能与时俱进，否则只能被社会淘汰。

（二）学习型社会创建背景

20 世纪 90 年代，美国麻省理工斯隆管理学院彼得·圣吉的名著《第五项修炼——学习型组织的艺术与实务》（1990）出版，标志着学习型组织理论问世。该理论一经问世，便掀起了组织学习和创建学习型组织的热潮。20 世纪 90 年代末期，该理论受到我国各界的关注，纷纷开展学习型组织的研究。2001 年 5 月，时任中共党中央总书记江泽民在亚太经济合作与发展组织人力资源建设高峰会上明确提出："构建终身教育体系，创建学习型社会。" 2002 年 10 月，中国共产党的第十六次全国代表大会报告正式提出："形成全民学习、终身学习的学习社会，促进人的全面发展。" 在这些重要讲话和文件精神的指导下，我国建设和研究学习型组织的热情经久不衰。学校是教书育人的专门的学习场所，更要深入学习和贯彻学习型社会的理念和内涵。学生是社会的人，学校教育是为了培养学生适应社会、发展自我的基础教育，构建学习型的心理健康教育模式，是建设学习型学校的需要，也是建设学习型学校的落脚点之一。

（三）终身学习背景

终身学习是一个广为人知的概念，自古就有"活到老，学到老"一说。在社会、经济、技术不断变革的今天，时代的发展向人们提出了更高的要求，

---

❶ 联合国教科文组织总部中文科．教育——财富蕴藏其中［M］．北京：教育科学出版社，1996：75.

人们也感受到终身学习的紧迫感。“今天，谁都不能再希望在自己的青年时代就形成足够其一生享用的原始知识宝库，因为社会迅速发展要求不断地更新知识。”[1] 终身学习要求学生能够根据自己的意愿和能力，发展自己的知识、技能以及学习态度，因此终身学习也向职校的教育提出了挑战和质疑，如何培养学生愿意终身学习、具备终身学习的能力的职校生是职校教育的新课题。联合国教科文组织提出了每个人的一生中所要进行的“四种基本学习”：“学会认知”、“学会做事”、“学会共同生活”、“学会生存”，这同样是职校教育不可回避的重要职责。

（四）应试教育背景下职校生学习心理特点

在中小学应试教育的影响下，职校生对“学习”的理解是狭隘的，认为学习就是课堂学习、学校学习、书本学习，认为学习成绩决定了一个人的成功与失败，形成了被动学习的习惯。加上职校生在初中阶段总体成绩处于班级的中等或者中等偏下，因此职校生中普遍存在学习动力低、学习习惯差、不会时间管理、学习目的功利性强等特征，这些不良的学习心理品质直接影响他们的学习成效。因此，建构学习型心理健康教育模式，不仅要通过学习来帮助学生心理健康发展，也要促进他们终身学习能力的形成。

二、职校生学习型心理健康教育模式建构的概念界定

建构心理健康教育模式，已成为当今职校心理健康教育深入发展的趋势，而从不同的视角出发，建构出不同的心理健康教育模式，这也正是各职校心理健康教育的特色所在。学习型心理健康教育模式就是从学习的视角来进行模式的建构。

（一）关于学习的内涵

什么是学习？学习有狭义与广义之分，狭义的学习是指在书本或他人辅导下获得知识。现代汉语词典对学习的解释是：“从阅读、听讲、研究、实践中获得知识和技能。”广义的学习，是指一个人从外界获取信息并对信息进行加工整理的全过程。“因为每个人都是天生的学习者。我们不必教婴儿学习，他们生来就是出色的学习者——学习行走、说话，甚至自己处理一些事情。学习不仅是人类的天性，也是生命趣味盎然的源泉。”[2] 当每个人来到这个世上，

[1] 联合国教科文组织总部中文科．教育——财富蕴藏其中［M］．北京：教育科学出版社，1996：89.

[2] ［美］彼得·圣吉．第五项修炼——学习型组织的艺术与实务［M］．郭进隆译．上海：生活·读书·新知三联书店，2003：4.

对世界的好奇心是最初的学习动力，但是随着时间的推移，人们越来越不爱学习，越来越不会学习，甚至把学习当成了任务和负担。没有学习的动力，体验不到学习的乐趣，不会学习，何谈能力的培养？学习型社会，学习是工作和生活的一部分，相互促进。学生在离校时，不应将继续学习看做一种强加给自己的任务或一种终身不可摆脱的负担，而是一种自我成长的需要。学生通过学习而成长，也通过学习而形成学习力，让自己一生受益。

（二）学习型心理健康教育模式的内涵

2012年教育部印发的《中小学心理健康教育指导纲要》中提出："心理潜能"、"身心和谐可持续发展"、"自主自助和自我教育能力"这样几个关键词。学习型心理健康教育模式的建构就是借鉴学习型组织的理念，在心理健康教育过程中通过渗透学习力的教育思想，发挥课堂学习的主阵地作用，培养学生的学习力，充分开发学生的心理潜能，培养心理健康的可持续发展能力和自我教育能力。因此，学习型心理健康教育模式就是要建构一个"以学习求发展"的模式。从这个角度来说，只有让学生具备了强大的"学习力"，让学生学会了学习，身心和谐的可持续发展才能成为可能。学习型心理健康教育模式就是要以个体的学习来追求心理潜能的开发，以团队的学习追求合作和竞争力的提高，以课堂的学习追求学习能力的养成，以课外的学习追求应对挫折、适应社会的能力，以自主的学习追求自我教育能力的发展，以灵活的学习追求多样化的发展。

三、职校生学习型心理健康教育模式建构的意义

社会是不断向前发展的，人也必须跟上时代的步伐。只有主动适应社会发展的人才能立于不败之地。培养学生主动适应社会的意识和能力，是建构学习型心理健康教育模式的现实需要；学习力的本质是竞争力，"获得知识的能力将成为竞争力的关键，而这种能力只有通过不断的学习保证"[1]。"唯一持久的竞争优势，或许是具备比你竞争对手学习得更快的能力。"[2] 建构学习型心理健康教育模式是培养学生具备可持续竞争力的本质需要；心理健康教育的最终目的就是为了学生的身心健康发展，因此，一切教育的落脚点都是"发展"上，固化的基础知识固然重要，但是更重要的是让学生具备可持续发展自己的

---

[1] 周德孚，殷建平，蔡贵奇．学习型组织［M］．上海：上海财经大学出版社，1998：8.

[2] 由长延，徐林．学习型组织研究综述（上）［J］．研究与发展管理，2002（3）：11－15.

能力。要真正实现学生身心和谐的可持续发展，就必须建构学习型心理健康教育模式，从以知识的讲解、心理问题的解决为重心转移为知识的应用能力培养、自我教育能力的生成上来。

在众多的心理健康教育模式中，学习型心理健康教育模式从另一个侧面和维度来思考心理健康教育。从理论上来说，既是对已有经验的提炼总结，也是对未来心理健康教育模式的一种理论构想和理论探讨，丰富了人们对职校生心理健康教育模式的认识，同时为职校心理健康教育工作的开展提供借鉴。这正是本模式的价值所在。

第二节 职校生学习型心理健康教育模式的科学建构

任何一个模式的建构都不能凭空想象，必须有客观的现实基础和丰厚的理论基础。职校生学习型心理健康教育模式扎根于当代职校心理健康教育的现实土壤，针对目前职校生存在的问题，在科学的学习理论、心理学理论的架构下，寻找能够解决问题、预防问题、促进发展的心理健康教育新模式。

一、职校生学习型心理健康教育模式的现状分析

在中国知网中搜索对学习型心理健康教育模式的研究，结果显示这方面的专题研究几乎没有。目前的学习型模式的建构研究主要有学习型国防生培养模式研究、学习型思想政治教育模式研究、学习型高校人才培养模式研究。因此，在进行这方面的研究时可借鉴的经验资料比较少。常维华认为培养学习型国防生培养模式首先就是要树立正确的学习观，养成习惯、启发自觉，从内心深处热爱学习。[1] 成中梅认为人才培养模式的主要实现途径为课堂教学、科学研究和课外活动。培养学习型人才就是要让学生在学习过程中既掌握知识又学会学习、学会思考，培养学生的合作学习能力。[2] 裴长安在研究学习型学校的组织文化建设中提出，学习型学校要建设终身学习的文化、合作分享的文化、自我反思的文化、富有创新性的文化、和谐开放的文化，在策略上要营造共同学习的氛围。学习型家庭建设与青少年健康成长研究中，有的强调学习型家庭与学校互动关系。“家校合作指学校与家庭在认识一致、目标认同、情感融

[1] 常维华．浅析学习型国防生培养模式［J］．学园（教育科研）．2013（3）：49－50.

[2] 成中梅．学习型高校的人才培养模式研究［D］．武汉：华中科技大学，2008：92.

洽、信息沟通的基础上，双向互动地共同促进学习型家庭的生成和发展。”❶顾明远认为，学习型社会就其形式来说，就是要创造一个全民学习和终身学习的社会，就其实质来说，就是一个“以学习求发展的社会”。综观目前关于各类学习型模式或组织的建设研究，主要是将学习型组织的概念引入相关领域中，以学习来推动个人或组织的发展。因此，本研究在借鉴以上研究成果的基础上，尝试将学习型组织的理念融入到心理健康教育中，以探索能够真正实现学生身心和谐可持续发展的心理健康教育模式。

当前对学习型模式的建构，存在着务虚不务实的问题。模式建构得非常理想，但是可操作性不强，也缺乏实践的行动研究，缺少从理论—实践—理论这样一个提升的过程。由于学习型组织的理念来自国外，因此大部分研究停留在移植引用、浅尝辄止的程度上，缺少本土性、原创性。因此，建构学习型心理健康教育模式一定要立足我国的学习文化及我国职校实际，既要吸收国外的先进理念，也要符合我国职校生的实际情况来进行创造性的研究，从而建构出本土化的、有实际操作意义的学习型心理健康教育模式。

二、职校生学习型心理健康教育模式的理论基础

（一）学习动机理论

学习动机是推动、引导和维持学生进行学习活动的一种内部力量，是影响学生学习活动得以发动、维持、进行直至完成的内在动力。缺乏学习动力的学生，遇到学习困难容易退缩，对学习兴趣减弱。学习动机理论，总体来说，包括行为主义动机观、人本主义动机观、认知主义动机观。行为主义动机观认为学生的学习动机受到外在强化的影响。正强化可以增强学习动机，负强化可以降低学习动机，目前学校教育中采取的很多奖励与惩罚措施都是基于这一理论。人本主义动机观中最著名的就是马斯洛的需要层次理论。人的任何行为都有意义，都有自己的目标，而这个目标就是需要。人的需要包含了生理需要、安全需要、归属与爱的需要、尊重的需要、认知需要、审美需要和自我实现需要这七个层次。有需要才会有动机。认知主义动机观主要包括了成就动机论、归因论、成就目标理论等。成就动机理论中，麦克阿里认为，成就动机是一个人人格中非常稳定的特质，人人都想追求成功。阿特金森认为，人在追求成就时有两种倾向，一种是试图取得成功，一种是试图避免失败。归因是人们对他

❶ 徐锦俊. 家校合作推进学习型家庭的创建［J］. 教育发展研究，2005（9）：100－101.

人或自己的所作所为进行分析，指出其性质或推断其原因的过程。韦纳的归因理论分析了个体对其活动成败原因的看法以及这种看法对动机的影响。学生通常将学业的失败或成功主要归于能力、努力、任务难度、运气。当一个人把自己的失败归因于自己的努力程度不够时，能够激发自己的学习动力。

（二）学习型组织理论

彼得·圣吉的学习型组织理论认为“学习”不同于我们日常所说的书本学习，而是广义的“学生活”，是“心灵转换”的意思，涉及人之所以为人的价值观问题。学习型组织的最高目的是使人“活出生命的意义”。[1] 他认为学习型组织的主要内容为“五项修炼”：自我超越、改善心智模式、建立共同愿景、团体学习和系统思考。国内学者对这五项修炼的内容进行了不同的解读。张声雄结合我国的国情，提出了学习型组织的六大要素：拥有终身学习的理念和机制；建有多元回馈和开放的学习系统；形成学习共享与互动的组织氛围；具有实现共同愿景的不断增长的学习力：工作学习化使成员活出生命的意义；学习工作化使组织不断创新发展。[2] 学习型组织理论对我国创建学习型组织或模式起到了广泛而积极的影响，丰富了我国对学习的认识。

（三）学习型学校与学习型教育理论

与传统学校相比，学习型学校具有教育的整体性观点、共同的使命、愿景与价值观、扁平式组织结构、开放性、团队合作与集体探究、反思与对话、行动导向与实验、持续发展、以学为中心。[3] 学习型教育的特征为：学生可以通过多种途径学习知识；每个人都必须明白学习过程且具备基本的学习技能；由学习者控制学习过程；教育和学习是高度的整体性活动，成功基于学习者如何很好地进行团队学习；正规教育是终身学习的基础；“学校学习”仅是整个教育旅程中的一部分；正规教育为学习者与政治、经济、精神、技术、科学和社会世界提供了联系途径和网络平台；你具备越强的能力与适应力，你就越成功。[4] 学习型教育的内涵不同于传统教育，包括树立正确的学习观，学习途径和形式的多样化，正确认识正规教育的作用，打开学习的视野，树立正确的成功观等。这些对建构学习型的心理健康教育模式具有非常重要的指导意义。

---

[1] 邵泽斌．国内学习型组织研究综述［J］．河北师范大学学报，2007，5：8.

[2] 姜伟东，叶宏伟．学习型组织——提升组织的学习力［M］．南京：东南大学出版社，2003：41.

[3] 成中梅．学习型高校的人才培养模式研究［D］．武汉：华中科技大学，2008：53.

[4] 成中梅．学习型高校的人才培养模式研究［D］．武汉：华中科技大学，2008：52－57.

（四）学习力理论

联合国教科文组织曾指出："未来的文盲将不再是不识字的人，而是不会学习的人。"面对快速发展的社会，学习力成为现代人的核心竞争力。早在1965年，美国人佛睿斯特首次提出了学习力这一概念。国内学者主要从学习动力、学习能力等方面来描述学习力的内涵，"学习力主要包括学习动力、学习毅力和学习能力三部分，是系统而深入地发动学习、维持学习、推进学习、改善学习与创新学习之力的组合"❶。一般认为，学习力是人们获取知识、分享知识、使用知识和创造知识的能力；它由学习动力、学习毅力、学习能力和学习创新力等几个方面构成；是动态衡量一个组织、个人综合素质和竞争力强弱的真正尺度。❷ 简单地说，就是要让学生想学习、会学习、爱学习、善学习。学习动力来源于学习目标、兴趣、动机，学习毅力来源于意志力、价值观、心理素质等，学习能力主要包括阅读力、记忆力、理解力、判断力、学习效率等，学习创新力主要包括观察力、分析力、思考力、应用力，是学习的最高境界。学习力的发展过程是人们自我学习、自我变革、自我超越、自我发展的过程。

三、职校生学习型心理健康教育模式的科学建构

（一）理念

1. 树立正确的学习型教育观

学生的成长和发展都要通过学习来实现，学习是途径，学习也是能力。学习的途径有很多，包括课堂学习、课外学习、网络学习、现实学习、活动学习、实践学习等。学习型教育就是要让学生能从多种途径获取自己需要的知识和技能。人的一切行为都是由需要决定的。学习型教育观要求深入地了解学生的需要是什么，教什么、何时教、如何教都由学生的心理需要和心理发展规律来决定。学习需要个体的参与，但是学习离不开团体的力量。团队学习可以弥补个体学习的不足。学习型教育观就是要将个体学习与团队学习相结合，让学生在团队中学会分享、交流，学会合作与竞争。课堂学习是学校教育的主阵地，是终身学习的基础。因此学习型教育要求充分发挥课堂的作用，重视课程建设。学校学习仅是人生整个学习过程中的一个阶段、一个组成部分，因此学

❶ 吴振利．"涵养"学习力，为创建学习型社会奠基［J］．中国高等教育，2011（15、16）：63－64.

❷ 肖开勇．学习力：高校教师必备之素质［J］．中南民族大学学报（人文社会科学版），2007（6）：170－171.

习型教育观要帮助学生树立正确的学习观。学校学习只是为学生认识世界打开了窗户，固定知识的学习只是学校学习的初级目标，学习力的提升才是学习型教育的真正目标。在传统的学校教育中，人们往往认为学历越高越成功，成绩越好越成功，但学习型教育要帮助学生树立全新的成功观，成功就是实现了潜能的开发，谁具备了越强的能力，谁就越成功。

2. 树立学生可持续发展观

人的一生都在发展变化中，在学校教育中，尤其要学会用发展的眼光看待学生。学生的过去不等于现在，学生的现在不等于未来。学生是会改变的。在短暂的几年学校学习生涯中，学生在教师的指导下进行学习，当他离开学校时，他的学习还将继续，他的职业生涯发展才刚刚开始。因此，学校教育必须具备长远眼光，着眼于培养学生的可持续发展能力，使学生永远不满足现状，具备积极向上的心态和动力。在这个前提下，学生能够自主地进行学习，只有能够自主学习的人，才能够自觉学习、坚持学习、改善学习，而这种学习力是学生可持续发展的关键。

3. 树立“以学习求发展”的育人观

学习是途径，在学习的过程中，学习力也得到训练和提升。发展是可持续的发展，发展离不开学习。发展是“整体的”、“综合的”和“内生的”，发展应以人的价值、人的需要和人的潜能为中心，旨在满足人的基本需要，促进生活质量的提高和共同体每位成员的全面发展。❶ 具体而言，发展就是要让人的潜能得以充分开发，人的素质得以整体提升，人的创造得以充分发挥，人的社会价值得以充分实现，人得以全面而自由地发展。顾明远提出学习型社会就是一个“以学习求发展的社会”，同样，学校教育的实质也是“以学习求发展”的教育。“以学习求发展”的具体内涵就是：以个体的学习来追求个体的发展，以组织的学习来追求组织的发展，以国家的学习来促进国家的发展；以终身的学习来追求终身的发展，以灵活的学习来追求多样的发展，以自主的学习来追求内在的发展。❷

（二）目标

教育部2004年印发的《中等职业学校学生心理健康教育指导纲要》和2012年印发的《中小学心理健康教育指导纲要》中都对心理健康教育的目标

---

❶ ［法］佩鲁．新发展观［M］．张宁等译．北京：华夏出版社，1987：22.

❷ 顾明远，石中英．学习型社会：以学习求发展［J］．北京师范大学学报（社会科学版），2006(1)：5－14.

做了表述。归纳起来，主要包括提高心理素质、优化心理品质、心理潜能开发、人格健全发展、心理调适能力、正确认识自我、挫折应对能力、良好个性、自主学习能力、自我教育能力等方面。崔景贵认为，在心理健康教育目标上，要关注职校生心理的自主和谐发展。[1] 在学习型心理健康教育模式中，心理健康教育在总体目标上与纲要是一致的，但是本模式的目标重点是学生身心和谐可持续发展。

1. 让每一个职校生成为身心和谐的人

学生的心理状况一般分为三种类型：第一类是有严重心理疾病甚至是需要危机干预的学生，第二类是有轻微心理问题的学生，第三类是心理健康的学生。对于这三类学生，如何实现他们的身心和谐呢？第一类学生只占极少数的一部分，这部分学生需要移交给专门的心理治疗机构进行心理治疗，同时，学校要给予足够的关注；第二类学生要通过学校的心理咨询，对学生进行科学有效的心理辅导，让其恢复到心理健康的水平，同时接受心理健康课程的教育，提升他的心理健康水平；第三类学生则通过心理健康教育课程就能促进他们的身心和谐发展。每一个学生都是平等的，心理健康教育是爱的教育，不能放弃任何一个学生，要通过多种途径去帮助学生实现身心和谐，为他们将来的生活幸福奠定基础。

2. 让每一个职校生成为身心健康可持续发展的人

一个人的心理状态始终处于一个动态的发展过程中，一个此时身心和谐的人，彼时也有可能失衡，因此成功的心理健康教育要让学生学会如何让自己保持身心健康，主动的应用心理健康知识，调整身心，恢复平衡。心理健康教育在树立心理健康意识的同时，要培养学生自我调适能力，这是身心健康可持续发展的关键。

3. 让每一个职校生成为具备自主学习力的人

自主学习力是学习力的核心。学习型心理健康教育模式深入贯彻学习力的思想，学生的自主学习力是职校教育成效的保证，更是心理健康教育义不容辞的责任。具备自主学习力的学生拥有学习的愿望和需求，了解自己的需要和特点，学习态度端正，知道学什么，为什么学，怎么学，达到什么效果。[2] 自主学习力与学习目标、学习兴趣、学习动机都有很大相关，但是总体上，职校生

---

[1] 崔景贵．职校生心理健康教育模式建构的现状与策略［J］．江苏教育，2013（5）：12－16.

[2] 郭秋平．自主学习力：大学的核心竞争力——以哈佛大学为例［J］．郑州大学学报（哲学社会科学版），2006（11）：181－185.

自主学习性较差。影响自主学习的学习动机中，大部分学生以外部动机为主，内部动机薄弱，在学习基础不够扎实、职校教学内容陈旧和教学方法单一、班级学习氛围不浓、外在不良诱惑增多等因素影响下，外部动机很容易受到严峻挑战并逐渐削弱。[1] 职业学校的教育质量一方面取决于教师的“教育力”，另一方面更取决于学生的“学习力”。学生缺乏学习的自主性，职业学校的教育资源就不能最大化地实现它的教育价值。

（三）条件

教育活动的实现需要一系列的条件来保障。对于学习型心理健康教育模式来说，最主要的条件是组织机构、经费保障、师资队伍保障、教育场所保障。

1. 组织保障

组织保障就是要建立以校领导为首的、由分管领导、专兼职心理老师组成的一个科学合理、分工明确的组织管理机构，例如成立心理健康教育中心、心理服务中心、心理咨询中心等，虽然名称不一，但是基本心理教育功能是一样的，这是心理健康教育工作能够正常运转的前提条件。在学习型心理健康教育模式下，从领导到普通教师都崇尚学习，善于选择和利用各种资源进行学习，把工作和学习有机结合，工作学习化，学习工作化，使学习和工作变为互相启发、互相激励、互相转化的过程。这样一个学习型的领导组织是学习型心理健康教育得以顺利开展的组织保障。

2. 经费保障

心理健康教育工作的开展途径多种多样。心理健康的宣传、心理社团活动的开展、学生心理骨干的培训、心理教师的培训、班主任的心理培训，都必须有经费的保障。“巧妇难为无米之炊”，心理健康教育是一项专业性强、实践技能要求高的工作，从事心理健康教育的教师或学生必须通过专题的培训、工作实践来提高自己，一定的经费是活动开展、师资培训最重要的保障。

3. 制度保障

心理健康教育的落实必须有一定的政策和制度来保障。学习型心理健康教育模式的制度包括心理健康教育工作管理制度、专兼职心理教师学习交流制度、心理咨询值班制度、心理咨询预约制度、学生心理骨干培训制度、心理社团管理制度、班主任心理培训制度、专兼职心理教师管理制度、心理课程建设制度、兼职心理教师工作补贴制度等。心理健康教育涵盖面广，参与教师多，

---

[1] 王国光，田静．关于职校生学习力的调查报告［J］．职教论坛，2011（21）：88－90.

充分合理发挥好教师的作用，将学习型心理健康教育落实下去，建立和完善各项制度是不容忽视的保障条件。

4. 师资队伍保障

师资是心理健康教育模式的主导力量。心理健康教育的质量如何，在很大程度上依赖于师资队伍的专业水平和实践能力。学校的心理健康师资队伍一般由两类人组成：一类是科班式的学校心理教育教学和研究人员，是我国学校心理健康教育的重要力量，他们虽然有丰富的心理学知识，但是缺乏实践训练和丰富的学生工作经验；另一类是“半路出家式”的班主任、政治课教师、校园以及学校团队干部等，他们一般受过短期的心理健康教育培训，是心理健康教育的主要力量。总体来说，这样组成的心理师资团队存在着队伍不稳定、素质参差不齐、专业化水平不高等问题。要想解决这些问题，在学习型心理健康教育模式下，就是要打造学习型心理教师团队，这是提高教师学习力的有效途径。而教师的学习力是学习型心理健康教育的必备素质，没有学习力的教师如何培养学生的学习力？没有学习力的教师又如何提高教育力？所以建设学习型师资团队是开展学习型心理健康教育的重要条件。

5. 教育场所保障

心理健康教育工作包含个体咨询、团体辅导、心理培训、心理测试、危机干预、心理社团等，需要专门的教育场所。因此，要为心理健康教育开辟专门的心理咨询室、团体辅导室、心理放松室、心理宣泄室、心理沙盘室、心理阅览室等。让心理辅导中心成为学生爱来、想来、静心学习和成长的地方，是心理健康教育共同追求的目标。

（四）程序

学习型心理健康教育模式需要帮助学生树立正确的学习观，在心理健康教育的过程中融入学习型组织以及学习力思想，让学生以团队学习的形式，在学习型教师的带领下，提升自己的学习力，培养身心和谐可持续发展的能力。

1. 激发学习动力

职校生由于自信心不足，挫折应对方式消极，再加上来到职业学校，学习压力比中学小了很多，学习评价从成绩为主导变为以素质为主导，学习方式从被动学习到主动学习，这一过程考验着学生的学习动力和适应力。学习动力强的学生能主动改变自己，听取老师和家长的意见，主动调整自己的学习心态，树立目标，提高自己的综合素质。学习动力弱的学生则容易随波逐流，或者自暴自弃，或者虚度光阴。在职校生中，学习动力弱的学生占据了很大一部分。

因此，当他们展开职业学校的全新生活时，激发和增强他们的学习动力是心理健康教育的首要任务。针对他们的心理特点，需要让他们学会正确看待失败，学会正确归因，激发他们超越自我的渴望和信心。

2. 树立正确的学习观

学无止境，要让学生对学习的认知和情感从狭隘、功利转变为主动的贯穿生命全过程的自觉意识和生活需求。现代社会，知识的增长和扩展是无限的，不会学习的人就要落后于时代。网络由于不受时间、空间、容量的限制，能快速的分享和交流，成为备受现代人欢迎的新的学习途径和资源。但是现在职校生上网大部分时间都花在了娱乐上，而没有真正意识到通过网络来提高自己。因此，要帮助学生树立终身学习的理念，把学习视为一种生活方式和手段，作为生活的组成部分，而不是把学习与生活截然分开。生活中处处皆学问，时时可学习。

3. 组建学生学习团队

组建学习团队可以形成学习共享与互动的团队氛围。在团队中，每个人都有责任共同完成学习任务，每个人都能从不同的角度激发灵感、思想，互相交流碰撞，闪现智慧的火花。团队学习是合作学习的一种典型形式，而合作学习具有令人吃惊的效能，集体可以做到比个人更有洞察力、更为智慧，通过合作学习，团体的智商可以远大于个人的智商。

4. 渗透式培养学生的学习力

学生身心和谐可持续发展的保证就是学习力，学习力是心理健康教育成功开展的保证，也是职校教育质量的保证。学习型心理健康教育不单单是“授人以鱼”，更重要的是“授人以渔”。职校生只有具备了自主的学习力，才能不断接受新的信息和知识，更新自己，保持与时代同步，让身心处于健康动态平衡的状态中。培养学习力的途径很多，包括心理健康系列课程、社团活动、团体辅导、个体咨询等，要在多种途径中渗透学习力的思想和培养。如在自我认识课程中教会学生自我认识的方法，并且布置应用这些方法来认识自我的成长任务；在情绪管理课程中，教会学生情绪管理的方法，并且让学生在不同的情境下体验情绪的释放，并通过记录自己在实际生活中的应用情况，提升情绪调适能力；还可在徒步拉练活动中引导学生培养坚持到底的学习毅力等。

（五）评价

1. 评价主体为学生

学生是整个教育过程中最重要的部分，心理健康教育是以学生为主体的教育，因而学习型心理健康教育的评价主体也是学生。学生是学校教育中平等的一员，学生对老师的教学是最有发言权的，因为他们掌握着课堂教学的第一手资料。因此，要给学生更多的参与机会，更多发言的权利，学校要多听取他们对心理健康教育的需要和意见。

2. 评价的标准分为三个层次：知识、情感态度和应用能力

心理健康课程是集知识传授、心理体验与行为训练于一体的公共课程。知识、情感态度和应用能力是心理健康教育的三维目标，也是评价的三个维度。低层次的评价标准是学生心理健康知识的获得，中层次的评价标准是学生是否形成相应的情感态度，高层次的评价标准在于学生的知识应用能力、转化能力，这也是学习力是否形成的最高评价标准。

四、职校生学习型心理健康教育模式建构的原则

（一）以学为主原则

这里的“学”指以学生为教育过程的主体，以课堂为心理健康教育的主阵地，以学习力的获得和提升为保证学生身心和谐可持续发展的主要目标。具体地说，以学生为主体就是要主动走进95后职校生的内心世界，让学生的课堂主体作用充分发挥，让课堂教学的过程成为学生讨论、交流、思考、表达的过程；以课堂为主阵地，就是要面向全体学生实施“以学习求发展”的心理健康课程教育，在课堂中传授知识、体验内心、学会学习、训练行为，形成学生的学习力。以学习力的培养为主要目标，这是身心和谐可持续发展的本质要求，没有学习力，可持续发展将无从谈起。

（二）可持续发展性原则

心理健康教育不同于普通的学科知识教育。专业的学科教育主要着眼于学生的知识技能的掌握，而心理健康教育的目的是使学生心灵成长、内心幸福。因此，心理健康教育任重而道远。要在这短暂的几年时间里，教给他们受用一生的、能够让他们实现身心健康可持续发展的内容，只有通过学习型心理健康教育模式，让学生具备学习的愿望，学会学习的知识，开放的心态，才能发展自己。

（三）反思性原则

学习型心理健康教育模式中的教师必须是学习型的。学习型的教师是一个永远追求自我超越、积极行动、善于反思和终身学习的人。古人云：“学然后知不足，教然后知困。知不足，然后能自反也；知困，然后能自强也。”学

习，是教师和学生成长的起点。在学习中了解自己的不足，反思自我，然后才能超越自我。反思是超越自我的前提，反思是自我成长的必经之途，反思也是一种学习能力、一种教育原则，反思的过程就是学习的过程，反思的过程是成长的助推器。学生可以在反思中明辨是非，在反思中变得睿智。反思就是要求学生学会内归因，要求学生学会觉察自己的内心。一个经常反思的人不会停止学习的脚步。因此，要在心理健康教育过程中贯彻反思性原则，不断认识自我，不断缩短现实自我与理想自我的差距。

第三节　职校生学习型心理健康教育模式的实施策略

建构学习型心理健康教育模式，从途径看，课堂学习是主阵地，因此必须加强心理健康教育课程建设；从主体看，关键是要建设一个学习型的心理教师团队，因为教师的学习力会在很大程度上影响学生的学习力；从对象看，职校生是主体。职校生的学习受到学校环境和家庭环境的影响，因此营造良好的学校和家庭学习氛围也是开展学习型心理健康教育的重要策略。

一、建设心理健康系列课程

课堂是师生最重要的活动场所，学生的智力、情感、意志等心理活动主要是在教学过程中展开的，教师与学生的人际互动也主要是在教学活动中产生的，课程是实施心理健康教育的主要途径。学生正处于发展中，通过及时的心理健康课程的引领，可以预防许多心理问题的发生，也可以指导学生自己解决心理困惑。

1. 根据年级差异设立心理健康课程内容

学生在不同的阶段有不同的心理发展课题，因此，心理健康系列课程建设就是根据学生的不同年级设立不同的课程。例如职校一年级可以开设新生适应、团队合作课程、人际交往课程、青春期健康教育课程，二年级可以开设学习心理课程、人际沟通课程、时间管理课程、情绪管理课程，三年级可以开设生命教育课程、情感心理学课程、压力管理课程，或者开设职场心理学课程、社交礼仪课程、执行力课程。

2. 设立不同性质的心理健康课程

心理健康教育课程已经逐渐纳入德育课程体系中，而且，一部分职校已经将心理健康课程纳入必修课中。心理健康必修课起到了普及心理健康知识、树立心理健康意识的作用，但是要全面培养学生的心理素质、提升心理健康水平，只有一学期的心理健康课程是远远不够的。因此，在必修课之外，可以针对不同年级的学生设立心理健康选修课，建立一个开放的心理学习系统，让学生可以自由选择，充分学习。

3. 采用体验式教学理念

心理健康课程是集知识传授、心理体验与行为训练为一体的课程。其中，体验是关键。通过活动、创设情境、亲身实践、自我反思等途径，促使学生不断产生新经验、新认识，引导学生对课程中自己的心理感受、情感体验、行为变化、活动过程及效果等进行深层次思考，进而培养学生的反思和学习能力。

4. 创新心理健康课程教学的新形式

要不断提升心理健康教学成效，就要了解目前心理课程教学中存在的问题，并且针对问题，创新心理健康教学的形式。例如，针对每个班级的班级管理、师生沟通、个人成长的需要和特点，设计不同的课程模块，以“心理成长体验周”的形式，集中在一周内，充分发挥团体辅导的优势，开展心理健康课程教学，效果非常显著。

二、建设学习型家庭

所谓学习型家庭，是指家庭成员具有学习意识、学习习惯（包括向实践学习和向书本学习两种形式），将学习作为自身发展和提高家庭生活质量的需要，家庭中充满互动、互学的学习氛围，形成了培养孩子健康成长的良好环境。学校教育目标的达成离不开家长的配合。在学校教育中常常提倡家校合作。家校合作指学校与家庭在认识一致、目标认同、情感融洽、信息沟通的基础上，双向互动地共同促进学习型家庭的生成和发展。[1] 俗话说：“没有教不好的孩子，只有不会教的父母。”家庭教育对孩子终身都有不可磨灭的影响。善于学习的家长能够陪伴着孩子成长，每当孩子到了不同的阶段，家长都能够适应和改变自己的教育方式。学习型家庭要求父母有一定的责任感、上进心和时代感，要求家长具有学习意识，学习一定的家教理论，改善自己的家教方式。学习型家庭要求父母能够给孩子营造良好的学习氛围，家长做孩子学习的榜样。实践证明，通过帮助家长成长来促进孩子的成长效果显著。

学习型家庭建设的基本策略有：一是通过定期与不定期的家长会，抓住时

[1] 徐锦俊. 家校合作推进学习型家庭的创建［J］. 教育发展研究，2005（9）：100－101.

机，开展家庭教育讲座、家庭教育咨询会、发放家庭教育读本等，让家长与教师进行交流、学习。二是建立网络学习平台。由于职校生来自不同的城市，因此，要集中家长开展一次学习活动是非常不易的。而网络则突破了时空的限制，可以实现信息发布、资源共享、互动交流的功能。因此，学校教育要充分利用网络平台开展家庭教育，促进学习型家庭的建设。例如，通过微信平台，通过新生家长会的机会，家长扫一扫就可以加入学校开设的家庭教育微信学习平台。

三、建设学习型心理教师团队

（一）学习型心理教师团队的内涵

高品质、高水平的心理健康教育取决于爱岗敬业乐业的心理老师。在心理健康教育这条路上，如果只有一个人孤单地前行，那将是漫长、孤独、苦闷的，他会面临职校心理健康教育困境、角色冲突、工作压力、职业倦怠和消极评价，还要努力扮演人格示范者、精神关怀者和重要他人等角色。[1] 从专门的心理教师走向专业的心理教师，成长为专家型心理教师，这条道路是艰辛的。因此，要让心理老师做健康快乐、和谐成熟、专业卓越的心理老师，就需要建立一个学习型的心理教师团队。学习型教师团队相互信赖、相互帮助，学习型教师善于反思与对话。教师之间可以通过对话与合作来提高教学水平，教师可以通过与学生的对话了解其学习状况，根据学生需求改进教学实践，从而提高教学效果。最有经验的教师明白教和学都是通过实践中系统的、持续的反思而得到的。反思是学习型教师的必备素质，也是学习型教师的成长之道，更是学习型教师的共同责任。俗话说“文人相轻”，但在学习型教师团队中，所有的教师愿意分享自己的成果和错误，形成一种允许犯错、从错误中成长的文化和氛围。学习型教师勇于实践，他们敢于不断尝试新的教学方法，一起寻求最好的教育途径和方法。在学习型教师团队中，心理老师能够快速地成长，快乐地发展。

（二）学习型心理教师团队的建设策略

1. 定期交流

通过设立定期交流制度，增进交流，增强互信，形成良好的团队学习氛围。

---

[1] 崔景贵．职校生心理健康教育模式建构的现状与策略［J］．江苏教育（职业教育版），2013（5）：12－16.

2. 学习分享

团队成员，各有特点，各有优势，每个人的兴趣也不一样。因此，在有限的学习机会下，有序安排团队成员根据各自的优势领域外出学习，可以促进每位教师学有专长、术有专攻。同时，每一位外出学习的老师肩负着分享学习资料、学习心得的使命。通过个人外出学习、全体间接学习的方式，使团队成员的业务水平都有所提高。

3. 案例研讨

心理教师团队的每一位成员都是工作在教育一线的老师，会遇到各种各样的问题。虽然心理教师具备比较系统的心理学理论知识，但是在教育实践中，考验的是理论与实践相结合的应用能力。因此，针对不同个案，开展案例研讨，应用集体的智慧寻求问题的解决之道是解决问题的捷径，也是团队成员成长的捷径。

四、营造浓郁的学习氛围

职校学习氛围不够浓郁、职校生学习压力感较小，已经成为影响职校教育质量的负面因素。职校生的学习兴趣较低，经常出现见不得其他学生认真学习的现象，反而为自己不务正业而沾沾自喜，这会对原本认真学习的学生产生负面的心理影响。因此，要大力开展学习重要性教育，大力提倡学习光荣、不学习可耻的教育，利用广播、橱窗、黑板报、校电视台、社团活动等大力营造学习的氛围，让学会学习的声音不绝于耳，逐渐养成自主学习、合作学习、探究学习的意识和习惯。让学生虚心向学的必由之路就是让学生多学习。因为学习越多，越能察觉自己的无知；越追求卓越，越能激发自身的潜能，越能建立真正的自信。

本章小结

时代的发展、学习型社会的形成、终身学习理念的提出以及当代职校生学习的现状，无不在呼唤职校生学习型心理健康教育模式的建构。本章分析了职校生学习型心理健康教育模式的含义、特征、价值、现状等，基于学习动机、学习型组织、学习型学校与学习型教育、学习力等理论，认为建构职校生学习型心理健康教育模式，在理念上要秉持学习型教育观、学生可持续发展观、以学习求发展的育人观；在目标上要坚持让每一个职校生成为身心和谐的人、可持续发展的人、具备自主学习力的人；在条件方面要做好组织、经费、制度、师资、场所等方面的保障；在程序上要注重激发学生的学习动力、树立正确的学习观、组建学生学习团队、培养学生学习力；在评价上要发挥学生的主体性。在实施职校生学习型心理健康教育的过程中，要重点做好心理健康系列课程、学习型家庭、学习型师资队伍等方面的建设，营造浓郁的职校生学习氛围，从而引领职校生成为会学习、具有学习力的现代人。

（江苏省常州建设高等职业技术学校　黄志良　毛浩生　蒋丽琼　钱少月）

第十章

职校生心理—道德教育模式的建构

职校生所处的年龄阶段是人生的重要时期，是进行道德情操、心理品质和行为习惯养成教育的最佳时期，同时也是树立科学的人生观、世界观、价值观和形成正确的政治态度的重要时期。《中小学心理健康教育指导纲要（2012 年修订）》指出：中小学心理健康教育的总目标是提高全体学生的心理素质，培养他们积极乐观、健康向上的心理品质，充分开发他们的心理潜能，促进学生身心和谐可持续发展，为他们健康成长和幸福生活奠定基础。教育部《关于中等职业学校德育课课程设置与教学安排的意见》（教职成［2008］6 号）指出：德育课的主要任务是对学生进行思想政治教育、道德教育、法制教育、职业生涯和职业理想教育以及心理健康教育，提高学生的思想政治素质、职业道德和法律素质，促进学生全面发展和综合职业能力形成。职业教育既要关注职校生思想素质的培养，也要关注职校生心理品质的培养，职业学校要积极探索心理教育与道德教育的有机结合点，建构心理—道德教育模式，促进职校生健康成长和全面发展。

第一节　职校生心理—道德教育模式的概述

在社会转型期，面对强大网络信息的冲击、多元化思潮的侵入等方面的影响，职校生的心理存在着诸多问题，价值取向也出现了一些偏差。具体表现为：第一，冷漠无礼，对班集体漠不关心，对父母长辈没有礼貌，对同学缺乏热情。第二，平淡庸俗，容易满足，胸无大志，得过且过。第三，浮躁冲动，凡事以自我为中心，一言不合，即互相谩骂，甚至大打出手。第四，不求上进，认知需求缺乏，没有独立创新精神，人云亦云等。而解决以上问题的途径即是建构心理—道德教育模式，有效推进心理—道德教育，这不仅有利于职校生自身的健康发展，也符合社会和谐发展的要求。

一、职校生心理—道德教育模式的基本内涵

职校生心理—道德教育模式是心理教育与道德教育相结合的有益尝试。建构职校生心理—道德教育模式，首要的任务就是要准确把握这一模式的内涵。

（一）职校生心理—道德教育模式的内涵

心理—道德教育是本世纪初国内研究者提出的一种教育理念，是学校教育实践的产物，是在中国特定的文化积淀与现实需求下形成的。心理—道德教育是把心理教育与道德教育进行有机整合，以促进和实现人的全面发展为最终目标的一种全新的教育理念和模式，是提高学校德育工作实效性的重要途径与方法。

班华教授认为："心理—道德教育不是心育与德育的机械相加、简单混合，而是心理教育与道德教育融为一体的教育，是根据两者的内在联系，相互融合，达到心理教育与道德教育一体化的境界。这种教育模式的产生是在德心融合视域下的实践结果。它的终极价值目标是关注人的发展和人格塑造。"[1]

职校生心理—道德教育模式是一种为了提高职校生心理素质和道德品质，将心理健康教育与道德教育相结合，以道德教育为导向，以心理教育为基础，旨在促进学生整体素质提升与发展的教育模式。这种模式倡导以心育心，以德育德，以心育德，以德育心，实现心理教育与道德教育一体化。它既是职业学校德育改革的一种新型模式，也是职业学校心理健康教育本土化的有益尝试。

（二）心理—道德教育是职校生心理教育与道德教育的耦合

职校生心理—道德教育与心理教育以及道德教育的核心目标具有同构性，心理教育的发展、道德教育的拓展、人的培育的整合性要求是心理—道德教育发端的前提。品格发展和人格塑造是道德教育和心理教育的共同目标，这正是职业学校心理教育与道德教育融合的逻辑起点。职业学校道德教育关注的思想问题实质上属于心理现象范畴，其核心是职校生的精神成长，而精神成长的核心是职校生的心理成长。职校生心理—道德教育是心理与道德教育互促与互补

[1] 班华．对"心理—道德教育"的探索［J］．教育科学研究，2010（1）：25－30.

的产物。

1. 心育拓展德育的视野，增强德育功能

道德教育的顺利开展离不开心理教育，借助心理教育，能够更好地发挥德育的整体性功能。学生的思想观念、政治立场和道德品质等都是外部影响与学生内部心理因素相互作用的结果。学生的心理问题往往通过思想问题的形式表现出来，某些思想问题要通过心理教育方式来解决，而某些心理障碍也要借助人生观、世界观和价值观教育才能排除。美国著名道德教育家柯尔伯格在其“三水平六阶段”的道德发展理论中认为，道德的发展依赖于个人的认知能力，尤其与学生的逻辑推理能力发展存在着密切关系，个体的意识倾向会影响个体道德判断与行为的发展，个体的个性心理特征也制约着道德行为的表现。一定的思想道德素质是与心理的成熟度联系在一起的，人的心理调节能力以及心理潜能的开发水平在很大程度上影响道德价值观的建立与完善。所以，心理—道德教育就是“既要使学生形成谦虚、进取、诚实、守信、善良、合群、自尊、自信等心理特质，也要相应地形成学生的人生观、世界观、价值观、集体观、劳动观、法纪观等德性素质”❶。综上所述，职校生要形成良好的思想道德品质，首先必须有健康的心态，要能够正确地认识自我，悦纳自己，对自己及他人负责任。

2. 德育使心育获得明确的目标导向

在思想道德方面受到良好的教育，有助于职校生提升认识自我以及了解他人的能力，提高思想水平和道德修养，实事求是地分析问题，明辨是非，端正看问题的角度，调整看问题的方法，建立积极的思维模式，能够正确处理好理想与现实、成功与失败、责任与义务、自我与他人等多种矛盾关系，减少自我评价过低、习得性无助感、自我不接纳、过分自卑及人际交往等方面心理问题的出现。可见，“融入了德育因素，心理教育具有道德导向”❷。因此，职校生树立科学健康的价值观，拥有良好的道德品质，对个人身心的和谐发展，促进健康人格的形成，完善自我等心理方面同样具有举足轻重的作用。

作为一种教育模式，职校生心理—道德教育将发展性的、主动积极的心理教育与道德教育相融合，可以更好地面向全体学生，优化心理机能，提升精神品质，开发心理潜能，发展人的创造性。

---

❶ 沈贵鹏. 刍议心理—道德教育课程 [J]. 现代教育论丛，2001，(1)：17－21.

❷ 班华. 再论“心理—道德教育”[J]. 教育科学研究，2010 (6)：27－30.

二、职校生心理—道德教育模式建构的教育背景

建构职校生心理—道德教育模式，需要了解职校生心理—道德发展中存在的问题与矛盾，要分析职业学校心理—道德教育的现状与问题，这是建构这一模式的教育背景。

（一）职校生心理—道德发展的问题分析

职校生年龄大多在十五六岁到十八九岁之间，正处于一生中心理、道德发展变化最激烈的时期，生理、心理发展的不平衡及生理、心理同道德或其他社会关系发展的不平衡，导致他们在知、情、意、信、行等发展方面的矛盾与冲突，比如：时代感强，责任感相对较弱；主体意识强，集体观念相对较弱；个性比较强，心理承受力相对较弱。

1. 职校生心理发展过程的矛盾分析

从心理层面来看，职校生心理发展特点主要表现为：一是求知欲望强烈，对新事物有深厚兴趣和探索意向；二是观察敏锐，勤于思考，敢于怀疑并力图寻求正确答案；三是情绪的两极性比较明显，容易感情用事；四是自我意识较强，有“自我中心”倾向，行为的自觉性、自制力还有待于进一步提高；五是社会意识开始形成，社交范围扩大，有一定的社交活动的组织能力。同时，职校生心理发展过程中还存在着以下几个方面的矛盾：

一是独立意识与依赖性的矛盾。表现为渴望独立，但由于年轻，人生经验不够丰富，知识结构又很不完善，尤其是经济上不独立，使他们对父母仍有较大的依赖性，这种依赖性常常使他们感到不安。二是求新意识与识别力的矛盾。他们不唯上、不唯书，注重自己的直接经验和现实感受，但他们文化功底较差，思维能力还不够强，有时看问题比较简单，缺乏全面深刻的剖析。他们的求新意识有不加识别的盲目性缺点。三是自卑和自强的矛盾。一些职校生虽然想通过学校的学习掌握一些真本事，凭自己的能力立足于社会，但是面对社会重学历轻能力的人才选拔标准，他们又不免自我鄙视、自我轻蔑、自我责备。这种自卑和自强的矛盾在他们的内心时常交替。此外还有渴望理解和闭锁心理的矛盾、就业与升学的矛盾等。

2. 职校生道德发展过程的矛盾分析

从道德层面来看，职校生道德发展特点主要表现为在道德价值观方面的多元化和矛盾化。他们认同责任感，却缺乏从我做起的责任意识；有较高的社会公德价值取向，却缺乏良好的遵守社会公德习惯；有较好的集体价值取向，但

在行动上，重实惠、讲实利；认同诚信价值理念，但却考试作弊、弄虚作假；认同爱护公物、勤俭节约的社会公德，但校园里长明灯、长流水以及乱扔、乱倒、乱张贴等破坏社会公德的现象却屡见不鲜。这一方面反映了职校生对这些传统道德价值观的认同，另一方面也暴露出一些问题值得教育者反思。

（二）职校生心理—道德教育的矛盾分析

1. 心理教育与道德教育的相对独立化

职业学校心理、道德教育工作基本由两个独立的教师群体来承担：心理教师和德育教师。但有些专职的心理教师没做过德育工作，而有些德育教师不具备必要的心理学知识，这就造成心理教育与道德教育之间的相对封闭与隔离，缺乏必要的交流与协作，导致心理—道德教育工作的失效。

从人员结构上看，从事心理—道德教育的师资队伍素质参差不齐，人员结构复杂多样，专业结构不合理，许多学校至今还没有本科以上学历的专职心理教师，许多学校的德育教师也多是“半路出家”，从其他专业转行而来，缺乏必要的专业素养和理论储备，这是目前职校德育工作队伍的普遍现状。

2. 心理教育与道德教育的智育化

受科学主义与实用主义的影响，心理—道德教育教学工作逐渐演化同其他各学科一样，教育内容泛化，与现实生活脱离，教育方式单调，教育过程成了一种知识教育和认知教育的过程，复杂的心理过程和德育过程简单等同于心理知识和道德知识的掌握，以机械的限制性的管理和处罚替代心理—道德教育。无论在心理—道德教育教学与评价还是日常管理等方面都存在着智育化的现象。忽视职校生在日常的社会、学校、家庭生活中多样化的心理—道德实践活动，忽视职校生主体作用的发挥，导致道德规范难以有效地内化为学生的道德情感和道德信念，更难以外现为学生的道德行为，无法塑造学生的健康人格，从而造成知易行难、知行不统一的现象。

3. 保持价值中立与引导学生价值取向之间的矛盾

心理教育主张价值中立，对受教育者的情感、态度、价值观予以尊重与接纳。道德教育则注重对学生情感、态度、价值观的引导和澄清。在心理教育的实践过程中，强调将价值影响降到最低，对受教育者的观念、情感、行为给予无条件的尊重与接纳，不将自己的价值观强加到受教育者的身上。但是，在学校道德教育的实践中，面对价值观正处于形成时期的职业学校学生，可能会经常碰到学生的价值选择与社会规范发生冲突的情景。“心理—道德教育过程中，是侧重于保持价值中立还是侧重于对学生进行价值引导和澄清，始终是教育工作者面临的矛盾和问题。如果选择对受教育者进行价值干预，即引导和澄清，就有可能与心理教育的实践原则相冲突，如果保持价值中立，又会与教育者的职业道德相冲突”[1]，如何调和这一矛盾成为顺利开展心理—道德教育的一道难题。

三、职校生心理—道德教育模式建构的意义

建构职校生心理—道德教育模式，不仅是职业学校心理健康教育的重要途径，也是职业学校教育教学改革的需要，是落实职业学校人才培养目标的重要手段。

（一）适应职业学校教育教学改革的需要

教育部《中小学心理健康教育指导纲要（2012 年修订）》指出，心理健康教育的主要任务是：全面推进素质教育，增强学校德育工作的针对性、实效性和吸引力，开发学生的心理潜能，提高学生的心理健康水平，促进学生形成健康的心理素质，减少和避免各种不利因素对学生心理健康的影响，培养身心健康、具有社会责任感、创新精神和实践能力的德智体美全面发展的社会主义建设者和接班人。要实现《中小学心理健康教育指导纲要》提出的主要任务，职业学校必须探究心理教育和道德教育的新模式，推进职业学校的教育教学改革，寻找合适职校生身心发展需要的心理健康教育的有效模式和手段。而职校生心理—道德教育模式的建构是落实《中小学心理健康教育指导纲要》的重要途径，能够适应职业学校教育教学改革的需要。

（二）落实职业学校人才培养目标的手段

教育部《关于进一步深化中等职业教育教学改革的若干意见》（教职成［2008］8 号）指出，要“坚持育人为本，把德育工作放在首位。抓质量首先要抓德育。……要遵循中等职业学校学生身心发展的规律，增强新形势下中等职业学校德育工作的主动性、针对性和实效性。要把社会主义核心价值体系融入到职业教育人才培养的全过程”。以服务为宗旨、以就业为导向、以应用型人才的培养为己任、以实践性教学为所长的职业教育，应坚持把心理教育与道德教育有机结合，运用职校生心理—道德教育模式，将育心和育德工作纳入职业学校的人才培养目标中，在人才培养方案的制订和修改上要以促进学生身心和谐可持续发展，促进学生全面发展和综合职业能力形成为基础，将职业学校

---

[1] 刘晓明．心理—道德教育的实践模式［J］．思想理论教育，2011（11）：11－15.

的德育和心理健康教育工作落到实处。

第二节 职校生心理—道德教育模式的科学建构

当前，职校生正处于一个变化迅速、竞争激烈的社会环境，复杂的社会环境对人才培养提出了更高的要求。职校生既要具备较好的心理素质，也要具备较高的道德素质。目前，职业学校的心理教育缺乏行之有效的方法，也缺乏高素质的专职心理研究队伍；道德教育内容泛化，方式单调，与学生的现实生活相脱离；心理教育与道德教育相互分离，各行其是。这种现状对塑造职校生的人格没有益处，难以收到实效。职校生心理—道德教育模式能够将心理健康教育和道德教育有机结合、相互渗透，实现以心育德，以德育心，同时提高职校生心理品质和道德素养。这一新型教育模式的建构既是职业学校心理健康教育的新尝试，又是职业学校教育改革的必然要求。

一、职校生心理—道德教育模式建构的核心问题

职校生心理—道德教育模式的建构，核心问题是将心理教育与道德教育有机结合，找寻到最佳结合点，使得这一模式具有心理教育与道德教育的双重特点，具有培养学生心理品质与培养学生道德品质的双重职能。

（一）职校生心理—道德教育模式的建构理由

职校生在成长过程中具有的某些品质既是心理品质，也是道德品质。积极品质如关心、诚信、勇敢、勤奋、自信、友好、团结、自尊心和荣誉感等，消极品质如对立、破坏、狭隘、妒忌和多疑等，都既具有心理品质特性，也具有道德品质特性。职校生心理—道德教育模式就是根据两者的内在联系，将心理教育与道德教育相互融合，达到心理教育与道德教育一体化的境界。

这一模式的建构符合职校生的身心健康发展规律。心理教育和道德教育的育人功能，都是通过认知、情感、意志、信念、行为等方面进行的。

一方面，传统德育以理论教育为主要内容、课堂教学为主要渠道、灌输教育为主要方法，强调德育的整体化，忽视学生个体品质的多样性、层次性；注重德育的知识化，进行特定价值观念和道德准则的传递，停留在道德知识的宣讲上，忽视学生的价值判断和选择能力的培养。因此，要依靠心理素质或心理结构要素的培育，来实现道德要求转变为学生的品德和行为的过程。

另一方面，心理健康教育也需要道德教育的导引和参与。道德教育的目标

确立、内容选取和方法选用直接关乎学生的心理层面。心理教育实践中要渗透道德教育，使学生心理的健康发展具有更加明确的方向。丰富的德育实践活动能增强学生的心理承受能力，磨炼学生的意志品质，提高学生的心理素质。心理教育为实施道德教育奠定基础，又要以德育目标为导向，并使其内容更加贴近学生生活，帮助学生形成健康的心理品质，促进学生健康人格的发展。“加之社会转轨时期各种文化的冲突也会使学生面临一系列的心理冲突与心理抉择，必须通过德育来规定心理教育的发展方向，并指导学生心理品质的健康发展。所以，心理教育也离不开德育教育。”❶

（二）职校生心理—道德教育模式的建构重点

道德与心理同属于意识范畴，都是以人脑为器官，以客观现实为源泉，以实践活动为桥梁，以感知为基础的。学生道德品质方面存在的问题与心理品质的问题往往混杂在一起。心理问题可能会演化为道德问题，道德问题也可能是心理问题产生的诱因。因此，在职校生心理—道德教育模式的建构中，重点是要找到心理教育与道德教育的最佳结合点，既能够体现心理教育与道德教育的双重特点，又具有培养学生心理品质与道德品质的双重职能。

心理—道德教育模式在建构过程中要认识并处理好以下几种关系：一是价值的绝对性与相对性的关系。心理教育提倡价值的多元化，强调尊重受教育者已有的价值观。而道德教育承担着社会教化的责任，需要将社会的主导价值观与社会规范传递给受教育者。因此在职校生心理教育与道德教育融合的过程中，要处理好价值的绝对性与相对性的矛盾关系。二是价值中立与引导学生价值取向之间的关系。心理教育强调对受教育者的观念、情感、行为给予无条件的尊重与接纳，不将自己的价值观强加到受教育者的身上。道德教育中，面对价值观正处于形成时期的职校生，可能会经常碰到学生的价值选择与社会规范发生冲突的情景，此时是保持价值中立还是引导学生的价值取向，是摆在每一位职业教育工作者面前的两难选择，需要进行慎重选择。三是协调价值的功能干预与价值的内容干预的关系。价值观既是道德教育的研究内容，也是心理教育的研究内容，但与道德教育不同，在心理教育的学科体系中，价值观作为人的个性的构成要素，属于个性倾向性的范畴，心理教育关注的是价值观形成的内在结构与功能，不研究价值观的具体内容，因此是可以回避价值判断问题的，功能干预也就成为心理教育区别于道德教育对价值观进行干预的主要特

❶ 巢小莉．发挥辅导员优势 构建心理—道德教育模式［J］．中国校外教育．2008（6）：69－70.

征；而道德教育以帮助受教育者形成与社会发展相一致的正确价值观为己任，内容干预是其核心任务。因此，在职校生心理教育与道德教育融合的过程中，协调价值的功能干预与价值的内容干预的关系是需要进一步思考的问题。

职校生心理—道德教育过程中的价值互动应是价值中立与价值干预的协调整合，在教育过程的不同阶段，应体现出不同的价值处理策略。初期，以价值尊重为主要实践形态；中期，以价值澄清为主要实践形态；后期，以价值引导为主要实践形态。

二、职校生心理—道德教育模式建构的理论基础

职校生心理—道德教育模式的建构，与其他心理健康教育模式一样，要以积极心理学、人本主义心理学、建构主义心理学等为理论基础。同时，心理教育与道德教育有着共同的文化根基、共同的价值归属、共同的教育目标和共同的教育途径，也使得心理—道德教育模式的建构更加具有可操作性。

（一）职校生心理教育与道德教育有共同的文化根基

任何一种教育理念，抑或教育形态的萌生都有其特定的文化积淀与现实需求。五千年的文化智慧构成了教育的丰富内涵，而教育又担当着传递与发展文化的使命，因此有必要从文化的视角对职校生心理与道德教育的融合加以阐释。

“天人合一”是中国文化所独具的特色，这种思想以传统文化的形式保留在华夏子孙的头脑中，成为影响人们思维方式、价值取向、伦理观念及审美情趣等精神成果的总和。而精神层面的建设又是心理—道德教育的核心内涵，因此，文化对于职校生心理—道德教育的影响根深蒂固地融合在其血脉之中，“天人合一”的思想自然而然地成为职校生心理—道德教育理论建构的文化根基。

人是心与德的载体，是心理机能和心理活动的主体，也是道德观念和道德行为的主体。德心融合视域下的职校生心理—道德教育其理论支点就是人的发展与人格的塑造。人格是一个人稳定而独特的心理特质，道德教育与心理教育所要解决的就是人格的成长与教育问题。由于道德教育所指向的道德人格与心理教育所指向的心理人格在各自的视野内具有同构性，使得道德教育与心理教育的融合成为可能。一方面，心理—道德教育秉承着心理教育中对个体完整人格的塑造；另一方面，心理—道德教育又传承着道德教育中对个体人生观、世界观、价值观等品格的培养。因此，职校生心理—道德教育需要从人格培育的生理基础出发，充分发挥个体心理层面的人格特质，使得心理层面的人格特质

进一步生成社会文化层面的人格特质。

（二）职校生心理教育与道德教育有共同的价值归属

无论是心理教育还是道德教育，都应当关注职校生的健康心灵和幸福人生。幸福教育应该是职校生心理—道德教育共同的主题和价值归属。

幸福是人生意义实现和体味时的心理感受，具有终极性、动力性、意义性等特征。心理教育和道德教育都需要幸福。无幸福的教育同无幸福的生活一样不可取。苏霍姆林斯基说：教育是人与人心灵上最微妙的相互接触，尊重学生的独立人格，让学生领悟做人的真谛，从而形成快乐感、幸福感，这是塑造学生完善人格的重要途径。这极为深刻地揭示了幸福教育、心理教育和道德教育的内在联系。心理教育即是幸福教育，更确切地说心理教育是察知幸福、体验幸福、追求幸福的教育。通过心理教育使学生心理成长发展的过程，就是不断追求幸福的过程。心理教育关注人的幸福并不在于给人幸福，而是通过人心理的发展，指向对幸福的追求。从这一意义来讲，幸福不是实存状态，而是追求状态。心理教育需要幸福为指引，明确以幸福为主题。

教育的整个过程应该是教师关注学生精神生活的过程，在此过程中，一是承认学生有在受教育过程中获得幸福的权利，实质上就是要承认教育活动的幸福主题；二是必须引导学生的精神生活，这涉及幸福教育的本质。无论对于心理教育还是道德教育来说，幸福都具有重要意义，因此幸福可视为职校生心理—道德教育共同的价值归属。

（三）职校生心理教育与道德教育有共同的教育目标

职业学校心理教育的根本目的在于帮助职校生形成健康健全的人格，而职业学校道德教育的最终目标是培养出既具有符合社会要求的坚定信念、高尚情操又有主体意识、健全人格和个性才能的人。健全人格的建构和培养是二者的共同目标。在这种共同目标的指引下，两种教育的结合则成必然。“一方面，道德教育需要心理教育的支持和补充。心理教育能为实施道德教育奠定基础，并使其内容更加贴近学生生活，有利于学生完整人格的发展。另一方面，心理健康教育也需要道德教育的导引和参与。心理健康说到底是一种人生态度。从心理健康的结构观点来说，心理机能的发挥无疑受到主体更为内在的隐性的思想意识所制约，如个体对社会的意识、个体对群体的意识、个体对自身的意识等。这意味着心理健康的人必须有观念明确、能身体力行而又有一定程度弹性的道德准则。心理辅导与咨询的实践已经证明价值观问题是许多心理问题的诱因，缺乏道德观念与坚持超道德观念是人格异常者与神经症患者常见的特征。”❶ 因此，职校生心理教育作为促进学生心理健康的必要手段和途径，德育的导引和参与是非常必要的，因为二者具有共同的教育目标。

（四）职校生心理教育与道德教育有共同的教育途径

职业学校道德教育和心理教育在工作方式上是密不可分的。学生的道德问题可以通过心理健康教育解决。美国德育专家也曾指出：人的思想乃至行为所出现的许多问题，是由于心理出现了障碍，是一种心理不健康甚至发生疾病的表现。他们认为，学生一些心理问题不可能仅通过课堂教育及搞各种活动得到解决，有些学生将其烦恼以不正常的行为表现发泄出来，做不道德的事，这其中有些是由于其心理存在着诸多矛盾导致心理失衡而产生的。而人的心理平衡需要一种价值观作为支柱。在教育实践中不难看到，一些心理健康教育的活动，实际上就是对人进行道德教育而往往又是通过心理健康教育的方式进行的。另外在操作途径上，二者都要通过课程、学科渗透、班主任（辅导员）工作、团队活动、课外实践活动、优化校园环境、家校配合等方式进行实施。而这样的结合可以缓解从事心理健康教育难度较大和人员相对薄弱这一矛盾。德育工作者掌握一定的心理诊断与辅导能力，对于提高二者的教育工作质量是至关重要的。虽然两种教育在操作的具体要求和内容上有所不同，但它们具有共通的运行模式。

“心理教育和道德教育的育人职能，都是通过认知、情感、意志、行为的四个层次进行的。知情意行是职校生心理活动的基本规律，道德教育也要遵循这一规律，从知到行，最终达到内化，才有绩效。而道德内化是道德教育信息通过个体心理素质，进行多方面的选择、分化、融合、顺应的过程。也就是说，在道德形成的内化过程中，主体的自我意识、情感及性格等心理素质是内化的决策性机关和重要的调控器。”❷ 因此，在职校生的品德培养与教育中，道德规范和要求要内化为职校生的道德品德和主体行为，要依靠心理素质或心理结构要素的培育，由心理健康教育承担。

三、职校生心理—道德教育模式建构的基本内容

职业学校实施心理—道德教育，有利于职校生自身的健康发展，能够促进

---

❶ 邓寿群．“心理—道德”教育模式的构建［J］．河南职业技术师范学院学报（职业教育版）．2005（6）：33－35.

❷ 邓寿群．“心理—道德”教育模式的构建［J］．河南职业技术师范学院学报（职业教育版）．2005（6）：33－35.

职校生整体心理素质和道德水平的提高。职校生心理—道德教育模式的建构包括基本理念、教育目标、主要条件、实施程序、评价策略等方面的基本内容。

（一）职校生心理—道德教育模式建构的基本理念

从教育理念上看，职校生心理—道德教育应把学生的健康发展放在首位。“在心理—道德教育模式的建构中，我们明确提出关注人的生命，关心人的发展，关照人的心灵，特别是关怀人的精神发展的要求。心理—道德教育模式特别是学会关心模式、阳光教育模式、幸福教育模式、爱心教育模式、和谐教育模式、责任教育模式和学会共处模式等，都应该是心理—道德教育人性化精神的充分体现。心理—道德教育模式人性化，符合现代人的发展本性，符合心理—道德教育的本性，是极其重要的心理—道德教育理念。”[1]

职业学校心理教育和道德教育的共同点是都致力于职校生的快乐学习与健康成长，关注职校生的身心健康与人生幸福，关注职校生的积极人生与和谐发展。帮助职校生走上幸福人生的道路，实现自我价值和社会价值的有机统一是职校生心理—道德教育模式共同的、永恒的教育主题和价值追求。职校生心理—道德教育模式强调以心育心，以德育德，以心育德，以德育心，从而实现心理健康教育与道德教育的有机融合。

（二）职校生心理—道德教育模式建构的教育目标

从教育目标上看，健全人格的建构和培养是职校生心理教育和道德教育共同的教育目标。心理教育侧重于帮助学生形成健康的人格特征，道德教育侧重于对学生进行理想信念、道德品质、高尚情操等的教育与培养。因此，职校生心理—道德教育模式建构的教育目标是要着力于职校生的个性和谐发展，增加其社会适应性，澄清并引导其价值观的形成，健全人格品质，优化心理机能，提升精神品质，开发心理潜能，培养创新意识，提高创新能力，解决职校生在成长与发展中所面临的各种发展性问题，实现知、情、意、信、行的和谐统一，促进职校生整体心理素质和道德水平的提高。

（三）职校生心理—道德教育模式建构的主要条件

职校生心理—道德教育模式的建构，除了要健全制度、制订规划外，还应该遵循系统性和主体性原则，要做好课程设置工作和师资队伍建设工作。

一是要遵行系统性和主体性原则。要将职校生心理—道德教育纳入全校各专业人才培养方案中，作为人才培养目标的一个重要指标，发挥学校教育的整

---

[1] 崔景贵．心理—道德教育模式的建构策略［J］．教育科学研究，2010（6）：41－44.

体功能。职校生心理—道德教育过程中，教师是主导，学生是主体。教师要尊重、理解并信任学生，激发学生的学习需求与动机，增强学生自我教育的能力，通过师生共同努力，实现教育目标。

二是要做好课程设置工作。目前，各职业学校都开设了德育必修课程，也都开设了心理教育必修课和选修课。教师在实际授课中，要认真学习和研究教育部印发的《中小学心理健康教育指导纲要（2012 年修订）》和教育部《关于中等职业学校德育课课程设置与教学安排的意见》（教职成［2008］6 号）等文件精神，要吃透教学大纲，将心理教育课程与德育课程融会贯通，使心理教育与道德教育相结合。要进一步认识职校生心理—道德教育的意义，提升对两者融合的教育自觉性。要组织专家及一线教师编写以“心德融合”为特色的校本教材或学生读本，明确育心与育德的关系，并以培养职校生良好的道德素质和健康的心理素质为宗旨和最终目标。

三是要优化师资队伍。心理教育和道德教育的融合体现了教育的根本目的，也对从事这一工作的教师提出了更高的要求。职业学校要引进专业心理老师，同时要加大对德育工作者的培训力度，使专业心理老师具备德育知识和技能，了解良好的道德品质能够促进学生展开对未来美好生活的憧憬和向往，而不是对学生进行不必要的心理干预。同时，专业德育工作者应具备必要的心理知识和技能，了解道德教育只有尊重学生，尊重生活，从生活出发，从学生实际出发，而不是从书本的教条和规范出发，才能发挥德育强大的育人功能。

（四）职校生心理—道德教育模式建构的实施程序

从实施程序上看，“心理—道德教育模式的建构过程，应当是一个不断递进、循序渐进、螺旋上升的发展过程。心理—道德教育模式从单一型、叠加型到一体和谐型，从初级到中级再到高级水平，不断实现心理—道德教育专业水准的提升与发展，成为真正整合化的心理—道德教育，从而形成理想的心理—道德教育模式”❶。

职校生心理教育和道德教育在教育方法上有相通之处，这也是两者得以融合、顺利实施的重要基础。一方面，学生的道德问题可以通过心理健康教育方式解决；另一方面，学生的某些心理问题也可以在道德教育实践活动中加以解决和缓解。心理教育和道德教育都是要通过课程教学、体验式实践活动、学科渗透、班主任（辅导员）工作、校园文化建设、家校配合等教育程序和方法

---

❶ 崔景贵．心理—道德教育模式的建构策略［J］．教育科学研究，2010（6）：41-44.

进行实施。心理教育和道德教育虽然存在着操作的具体要求和内容上的不同，但它们具有共通的运行模式。

借鉴心理—道德教育模式在基础教育中十多年的实践研究成果，结合职校生心理—道德特点和教育现状，在教育实践中可采取以下途径来组织和实施心理—道德教育：启发教育与课堂教学相结合；养成教育与体验活动相结合；疏导教育与学习辅导相结合；渗透教育与环境熏陶相结合。此外，在基础教育中广泛运用的诸如班级心理—道德教育、团体心理—道德教育、青春期心理—道德教育、整体协同心理—道德教育等也应该是职校生心理—道德教育模式建构的有益尝试。

（五）职校生心理—道德教育模式建构的评价策略

对于职校生心理—道德教育模式的评价，应着重看这一模式能否发挥心理教育与道德教育的整合功能，提升职校生心理素质和道德品质，实现心理—道德教育过程和教育效果的最优化。在评价策略上，一是要关注职校生的特点，对职校生心理—道德教育的评价要有别于基础教育领域的心理—道德教育。二是要关注道德教育的特点，职校生心理—道德教育的评价要有别于一般的心理教育。三是要建立健全评价体系。职校生心理—道德教育是一个系统工程，要渗透在学校教育的各个方面，要将教学管理、学生管理以及校园文化建设等都纳入到评价体系中来，形成全员育人的格局，检验心理—道德教育模式的实施效果。四是要注重这一模式在教学实施中的过程性评价，定量评价与定性评价相结合，学生自评与教师他评相结合，通过灵活、动态、即时的教育教学，既关注学生心理知识、道德知识的掌握程度，更关注学生心理品质、情感、态度、价值观、道德素养、创新能力、合作能力、社会实践能力等综合能力的提高。

四、职校生心理—道德教育模式建构的原则

职校生心理—道德教育是一项复杂的系统工程，是全体教师都需要关注和参与的重要工作。职业学校在实施心理—道德教育过程中，要把打造充满人格魅力的师资队伍作为建构职校生心理—道德教育模式的先决条件，把职校生健全人格的培养作为实施心理—道德教育的切入点。

（一）打造充满人格魅力的师资队伍是实施心理—道德教育的先决条件

亲其师，才能信其道。教师的人格魅力对学生的影响和教育是潜移默化、润物细无声的，教师要加强人格魅力的培养与提升。

1. 职校教师人格魅力对学生发展的影响

职校教师人格魅力主要表现在以下三个方面：

一是品质层面上，充满智慧、行事独立、自我控制、意志坚强是形成职校教师人格魅力的坚实基础，职校教师品质层面的人格魅力对学生具有榜样示范作用。具备充满智慧、行事独立、自我控制、意志坚强等优良品质的职校教师，其从事的课堂教学能激发学生心智、开阔学生视野，使学生得到最大限度的收获和满足，体会一种成就感和自豪感，甚至能让学生终身受益。

二是情感层面，丰富的爱心、温和的性格、和谐的人际交往、驾轻就熟的幽默感是提升职校教师人格魅力的必要条件，职校教师情感层面的人格魅力对学生具有熏陶感染作用。教师的爱、关怀与尊重是照亮学生心灵窗户的盏盏烛光。苏霍姆林斯基坚信："教育技巧的全部奥秘也就在于如何爱护学生。"美好的人生是为爱所唤起，并为知识所引导的。从这一角度讲，美好人生的开始掌握在教师手中。教师情感方面的人格魅力对学生具有长期的熏陶感染作用，促使学生将道德规范、行为准则内化为一种觉悟，外现为一种自觉行动，学会自我管理，实现教育的终极目标。

三是精神层面，将真善美的精神品格贯穿课堂始终是职校教师人格魅力的完美体现，职校教师精神层面的人格魅力对学生具有激励启迪作用。职校教师在教书育人的过程中所表现出来的学识、能力、睿智、宽容、乐观、友善、优雅等特质，能够启迪学生的智慧、充盈学生的心灵、温润学生的灵魂，让学生敬其师、信其道、遵其行、乐于行，达到无声胜有声的教育效果。[1]

2. 提升职校教师人格魅力的途径

一是要诗意地栖居，做骄傲的精神贵族。海德格尔有著名诗句曰："人充满劳绩，却仍诗意地栖居在大地上。"职校教师更应该"诗意地栖居"，追求高质量高品质的精神生活，用阅读去充实自己的精神家园，避免世俗化；用思考去丰富自己的内心世界，拒绝平庸化。诗意地栖居，是提升职校教师人格魅力的精神源泉。

二是要艺术地教学，做务实的求知者。教育的最高目标既然是培养和谐发展的人，教育的过程就绝对不应该是枯燥而又单一的知识传授的过程，而应该是让学生身心感应，使学生知情意信行统一的有机过程。单纯的科学方法达不

---

[1] 刘翠英．教师人格魅力对学生的心理与道德教育影响浅析［J］．江苏教育（职教版），2012（4）：61－62.

到这样的目的，职校教师必须让自己的教学活动彰显艺术性，体现教育教学的价值追求，将真善美的外在要求渗透到教学中，内化为学生知情意信行的过程中，通过教师入木三分的分析引导，出神入化的语言感染，韵味绵长的思辨魅力，视教学为精美的艺术，视课堂为作品创造和展示的过程，使师生情感、价值观、态度、信仰等融为一体，以推动学生身心和谐发展。艺术地教学，是提升职校教师人格魅力的实践基础。

三是要不断地修身，做学生信赖的朋友。职校教师作为育人工程中最为特殊的群体，要做学生心灵深处播撒阳光的使者，要不断修身养性，陶冶情操，做一个身心和谐发展的人，用积极乐观的人生态度，用宽容友善的博大胸怀，用高贵优雅的人格魅力，用健康美好的心理素质，做学生信赖的朋友，使得教书育人的过程达到让学生“如沐春风”的美好境界。不断地修身，是提升职校教师人格魅力的重要途径。

（二）健全人格的建构和培养是实施心理—道德教育的切入点

通过健全人格的建构和培养，即通过对学生进行人格教育，可以把道德认识、道德情操、道德行为统一协调起来，建立一种完整和健全的心理结构，使个体具有较高的动机水平和自我意识，从而形成一个高层次的、高效能的自我调节与控制系统。因此，健全人格的建构和培养是职校生心理教育和道德教育的共同目标，应当作为职业学校实施心理—道德教育的切入点。

1. 健全人格的建构和培养是职校生心理教育与道德教育相结合的重要基础

心理教育通过发展学生的各种人格特质为道德发展奠定基础，而发展了的人格特质，又直接构成德性的一项内容，二者相辅相成。事实上，从更广更深的意义上讲，人格健全是个体心理健康的核心，而良好道德品质的形成过程实质上也是健全人格的形成过程。由此可见，心理教育与道德教育都以健全人格的建构和培养为基础，都统一于人格教育中。

2. 健全人格的建构和培养是职校生道德教育与心理教育相结合的主要途径

人格教育讲究关心体贴、以情感人、以理服人，强调遵循个体的心理规律，注重个体的心理需求和个性差异。这种教育性和人性相结合的人格教育模式，一方面可作为实施积极有效的心理教育的主渠道，另一方面也可为解决德育工作中存在的过于抽象和理论化等问题提供新的思路。

3. 人格教育的内在机制也为二者的结合提供了内在的可能性

人格的形成是一个选择—整合—内化的过程。选择是个体根据自己的经验对人格教育的信息进行识别筛选并决定取舍的过程，通常包括价值标准选择和比较选择；整合是个体对决定接收的信息进行加工并使之与原有人格结构发生对接的建构过程；内化则是个体通过各种实践活动，对人格教育的信息进行检验并使之最终内化为自身人格特质的过程。可以说，无论是道德教育的内化机制，还是心理教育的内化机制，都与人格塑造的这一内在接受机制不谋而合。因此，健全人格的建构和培养就为二者结合提供了内在的共同语言。

第三节　职校生心理—道德教育模式的实施策略

职校生心理—道德教育作为一种新型的教育模式，从心理教育视角看，是发展性的、主动积极的心理教育，是面向全体学生的教育，不同于对少数有心理问题和心理疾病患者的心理疏导和心理治疗。它的任务重点是优化心理机能，提升精神品质，开发心理潜能，发展人的创造性。这是与现代教育精神相一致的发展性心理教育，符合职校生的发展需要，也符合当前社会发展要求。从道德教育视角看，心理教育融入了道德因素，丰富了德育内容，同时使得心理素质的发展具有一定的道德导向，有助于改善学校道德教育状况，提高道德教育实效。在实施策略上，借助丰富多彩的心理教育，心理—道德教育在内容方面充实多样，在形式方面生动活泼，能够为广大职校生所喜闻乐见，从而提高育心育德的效果。

一、将幸福教育作为职校生心理—道德教育的永恒主题

教育部《中等职业学校学生心理健康教育指导纲要》（2004 年）指出：心理健康教育的目标是提高全体学生的心理素质，帮助学生树立心理健康意识，培养学生乐观向上的心理品质，增强心理调适能力，促进学生人格的健全发展；帮助学生正确认识自我，增强自信心，学会合作与竞争，培养学生的职业兴趣和敬业乐群的心理品质，提高应对挫折、匹配职业、适应社会的能力；帮助学生解决在成长、学习和生活中遇到的心理困惑和心理行为问题，并给予科学有效的心理辅导与咨询，提供必要的援助，提高学生的心理健康水平。

由此可以看出：职业学校的心理—道德教育应关注学生的心理健康水平和道德发展水平，应把幸福教育作为心理—道德教育的主题。班华教授认为心理—道德教育要研究如何帮助人们走向开放人生，进行终身自我修养，实现幸福人生和美丽人生。

（一）心理—道德教育者要做职校生的精神关怀者

职业学校心理—道德教育者根本的教育自觉，是关怀职校生的精神生命，做学生的精神关怀者和精神引路人。人学理论认为，人是自然生命与精神生命的统一体，对人的关怀，根本上是对人的精神关怀；人生幸福根本上是精神幸福。教育哲学认为，心理—道德教育本质上是精神教育，教育活动是教育者与受教育者的文化—心理活动。关怀人的精神生命，就是关怀人的生活幸福；这是心理—道德教育的本义。教育者的使命，就是促进人的精神发展，提高人的精神境界；精神境界不同，幸福程度不同；提升职校生的精神境界，增强职校生的人生幸福感是职业学校心理—道德教育者的天职。

（二）心理—道德教育者要帮助职校生发挥生命潜能，成就幸福人生

职校生心理—道德教育重在优化心理机能，提高精神品质，形成和谐人格，最终是为了成就幸福人生。职业学校的心理—道德教育就是要帮助职校生优化心理机能，充分发挥自己的心理潜能。人的生命潜能无限，幸福没有终点。心理—道德教育帮助学生不断地向着理想的目标接近，做最好的自己，享受自我实现的快乐和幸福。心理—道德教育提高了学生的精神品质，也就是提高了精神境界，提高了幸福程度。心理—道德教育促进学生整体人格和谐发展，即促进了学生的自由全面发展，促进了学生各方面潜能的充分发挥，帮助学生建构健康人格，拥有幸福人生。

（三）心理—道德教育者要致力于校园幸福文化建设

职业学校校园幸福文化既是整个校园文化的重要组成部分，也是整个幸福文化的组成部分。校园幸福文化具有陶冶德性功能、育美功能、益智功能、健体功能，直接、间接地促进人生幸福。建设幸福校园文化，包括心育文化建设，也包括心理—道德教育建设。职业学校的心理—道德教育者要致力于校园幸福文化建设，把职业学校办成师生共同学习、共同成长的快乐的精神家园，为职校生的幸福人生和美丽人生尽自己的努力。

二、将职校生的个性差异及需要作为心理—道德教育的立足点

在教育中，我们既要考虑职校生不同年龄、不同年级阶段的特征，又要考虑心理形成、道德发展的关键期、成熟期，以适应学生的个性差异和需要。从个体发展的角度来看，职校生的心理发展正处于从不成熟向成熟的过渡阶段，内心既敏感又脆弱，再加上当今复杂多变的外界环境的影响，极易造成他们情感的苦闷、心理的不适及价值系统和伦理道德观念的混乱。所以，在实施心

理—道德教育过程中，要将职校生的个性差异需要作为重要立足点。

（一）以人文类选修课为基础，做好一年级新生的心理—道德教育

职校新生刚刚跨入职校大门，无论是学习内容、学习方法、专业方向、人际关系等都与中学时代有很大变化。此阶段教育的重点是要抓好适应教育，注意学生普遍的理想与现实失衡的心理、特困生心理、学习心理以及人际交往、环境适应等问题。这些问题处理不好，往往会导致他们在以后的学习生活中产生认识上和行为上的偏差和不当。要引导学生多读相关书籍，学会自我调节，要多开展相关活动，帮助学生尽快适应新的学习生活。

这一阶段的实施策略上，一是针对不同专业新生的专业特点开展形式多样的入学教育活动，包括学习职校生手册、专业介绍、学习方法辅导、新生心理健康系列讲座等；二是结合教育部及江苏省教育厅相关文件精神，修订新的人才培养方案，在新生班级的公共基础课程中，加大人文类选修课比例，将书法、音乐、美术、影视赏析等课程充实到新生的教学计划中，在这些课程的教学活动中，有意识地对学生开展心理—道德教育工作。

以音乐为媒介，推进心理—道德教育是教师在音乐教育视域下对心理—道德教育的一种探索。对于这一途径，要明确以下几个问题：一是要明确音乐教育是手段、心理—道德教育是目标和归宿；二是要遵循音乐教育的规律，渗透心理—道德教育；三是要结合职校生特点和职业学校音乐教育开设现状，有重点、分层次进行推进；四是可以将音乐教育融入校园文化，以形成系统整体推进的格局。

（二）以技能大赛为契机，加强二年级学生的心理—道德教育

二年级的学生基本上适应了职业学校的学习方式、管理模式和生活节奏，因此自我意识会更加强烈地表现出来，要求自我独立，热衷于参加各种活动，乐于自我表现。这一阶段教师要引导学生加强品德修养，进一步廓清思想观念上的模糊认识，初步形成相对稳定的价值观念、道德观念。要加强对学生的专业引导教育，引导学生明确专业方向，夯实专业基础，利用职校舞台，展示自我风采，实现自我价值。

基础教育有高考，职业教育有大赛。一年一度的职业学校技能大赛工作已经成为检验各个学校办学水平和实力的重要试金石，也是这一阶段学生施展才华、各显身手的重要舞台。各个学校都会投入大量的人力、物力和财力致力于技能大赛工作。但是，不可忽视的一个重要问题是，随着大赛的进一步深入，竞争性越来越强，各个学校在专业课教学、选手选拔、组队集训、分类指导和参加比赛等一系列环节中，学生的压力越来越大，矛盾也越来越突出。因此，针对这一阶段的学生特点、个性差异及心理需要，心理—道德教育的实施策略是要以技能大赛为契机，深入细致地对全体学生做好心理辅导和品德教育工作。通过专题讲座、团体辅导、个别咨询、社团活动等手段和方法，提高学生的竞争意识、团队协作精神、心理承受能力、抗挫力、吃苦耐劳的恒心和毅力、胜不骄败不馁的精神品质等。

（三）以文明风采大赛为手段，重视毕业班学生的心理—道德教育

这一阶段学生面临毕业和就业，重点是抓好学生的职业道德教育和就业创业教育，为学生步入社会做好衔接工作。组织和带领学生参加文明风采大赛，是加强对这一阶段学生的心理—道德教育工作的重要手段。

全国职业学校文明风采大赛已经举办十届，江苏省已经连续五年举办全省职校生文明风采大赛活动。大赛的主要项目有职业生涯设计、征文（包括感恩、诚信、创业之星、我爱我的祖国等征文主题）、摄影、动漫设计等。职业学校可以文明风采大赛为平台，组织学生参加文明风采大赛的各项比赛活动，对学生进行大赛前的心理辅导讲座以及个别辅导。

指导学生作品的过程，实际上体现了心理—道德教育的成效。比如，在进行职业生涯设计时，学生体会到了目标的重要性，目标引领自己的行动，可以让自己的行动有计划性，可以培养自己坚强的意志品质，可以将个人的人生计划融入整个社会主流的思想意识，可以自觉调节自己的行为，锻炼自己的心智，使自己学有动力、学有方向，保持健康积极的心态和学习状态，促进身心健康发展。

在指导学生参加征文比赛时，许多学生在写作中心理感触很深。大赛主题中的感恩、诚信、创业能力和素养等，不仅是德育的内容，也是重要的心理品质。学生通过写作，使这些心理品质在自己身上也得到体验和深化，起到很好的育人效果。

在指导学生进行摄影比赛时，可促使学生发现生活中的美，培养热爱生活、热爱专业、热爱祖国的良好道德品质和健康心理状态，促进学生的健康成长。

一幅几分钟的动漫作品，需要学生坐在电脑前长达半个月甚至一个月的精心设计与制作。学生参加这一项目的竞赛，不仅能进一步夯实学生的专业基础，提高学生的专业技能，同时，能培养和锻炼学生的耐心、意志、创意思维和创新品质。

总之，建构职校生心理—道德教育模式，要把教育工作的连续性、阶段性、系统性有机结合起来，保证各阶段教育内容有机衔接，形成合力，最终取得良好的育人效果。

三、在各专业学科教学中渗透心理—道德教育

职业教育的目标，是培养高素质的职业技术人才，即不仅要让学生学习和掌握专业知识与技能，更要培养和提高学生的人文素养与思想道德品质。在职业学校各专业各学科教学中有目的地渗透心理—道德教育，通过多种渠道、多种方式实施心理—道德教育，能够有效地提高职校生的品德修养，帮助职校生形成良好心理品质。

（一）在小组合作中渗透心理—道德教育

小组合作是指由教师设计、布置学习任务，学生以小组为活动单位进行互助合作、探索实践、学习交流，共同完成学习任务的过程。这是一种有明确责任分工的互助性学习，它强调学生学习的亲历性、参与性、合作性，能够最大限度地调动学生参与的积极性。在职业学校各专业各学科教学中有意识地渗透心理—道德教育，以学科教学资源为平台，开展小组合作学习，不仅使学生获得认知的发展，而且力求使学生在学习过程中得到乐趣，满足学生的心理需要，使本来没有学习动机的学生乐于学习，最终形成良好的品质。

（二）在创设情境中渗透心理—道德教育

创设情境是职业学校各专业各学科教学中常用的教学手段，是在教学实施过程中，通过声像、模拟表演、再现生活等方式营造一种氛围，激发学生的内心情感，引导学生在交流活动中获取知识、陶冶情操，使学生知—情—行达到最佳统一效果的教学方法。这种教学方法更接近职校生的生活实际，使学生如临其境，具有加强感知、突出体验的效果。当学生置身于生活的情景之中，经受着情境中的高兴、愉悦、悲伤、痛苦等各种情感的真切体验，往往会更加爱憎分明，从而激发学生对美好情感的向往与追求，对消极情感的唾弃与鄙夷。例如在语文教学过程中，教师可以围绕一定的主题，通过设置朗诵、情景剧表演、辩论、演讲等综合实践活动，深化教学内容，实现语文综合实践活动与心理—道德教育的有机结合，培养学生健全人格。

（三）在社会实践活动中渗透心理—道德教育

职业学校的社会实践活动是指有目的、有计划地组织学生利用课余时间参加与其专业成长密切相关的社会政治、经济、文化生活的教育活动。它是各专

业各学科的教学活动不可或缺的一部分，能为学生提供广阔的活动空间，使学生在实践中开阔眼界、增长知识、提升能力。同时，它又与心理—道德教育紧密结合，为学生提供接触到真正社会生活与社会活动的机会，让学生在社会中学习社会，学会与人交往，提高学生认识社会和适应社会的能力，促使学生在活动中领悟道理、培养美德，形成科学的世界观、人生观、价值观。在组织学生参加社会实践活动时，教师要引导学生积极主动地关注社会公德、社会风气、社会热点问题，培养学生对社会的恰当态度与社会责任感，启发学生运用所学的理论知识分析社会现象，了解社会生活，真正做到家事、国事、天下事，事事关心，养成多角度关注、思考问题的习惯，并为尽早适应社会打下基础。

职校生心理—道德教育就是要揭示人的生活意义，引导学生自我实现，满足心理需要，解决心理失衡。要通过丰富的心理—道德实践活动增强学生的心理承受能力，磨炼意志品质，提高道德水平，帮助学生在道德评价与选择的矛盾冲突中提高心理调适能力，提高心理素质。没有心理—道德教育渗透的学科教学是干瘪的教学。各个专业各个学科教学中都能够挖掘到富有强大生命力的心理—道德教育的素材，各学科教师都应该与时俱进，深入发掘学科教学与心理—道德教育的结合点，设计切合主题的综合实践活动，为学生提供丰富的实践机会与资源，使学生在获取学科知识、提升专业技能的同时，引导学生的德行向正确的方向发展，为其终身发展提供能量和内驱力。

例如：在课堂教学中可以引用“愿望树”、自制小报、撰写微型论文、开展社会调查等多种教学方法，丰富课堂教学形式，调动学生参与的积极性、主动性和创造性，让学生在自主学习和探究中展示自我价值。再如：理论联系实际，结合学生所学专业，在校园内创办学生创业园，锻炼和培养学生的创新意识、创意思维、创造能力和创业精神，提升学生独立分析、团体协作和社会活动的能力。

综上所述，在职业学校推行心理—道德教育模式不仅是可行的，也是必然的，这一模式的实施，是以师资队伍建设为先决条件，以人格教育为切入点，以幸福教育为主题，以学生的个性差异及需要为立足点，在学科教学中渗透心理—道德教育，使道德教育在继承中创新，使心理教育在升华中保持正确的方向。这一模式的实施，能够使职业学校心理教育与道德教育工作相互促进，相得益彰，共同发展。

本章小结

心理—道德教育模式是职校生心理健康教育模式的重要类型之一。本章解读了职校生心理—道德教育模式的内涵，分析了职校生心理—道德教育模式建构的教育背景和意义，阐释了职校生心理—道德教育模式建构的核心问题、基本内容和基本要求，探讨了职校生心理—道德教育模式建构的实施策略，即将幸福教育作为职校生心理—道德教育的永恒主题，将职校生的个性差异及需要作为职校生心理—道德教育的立足点，在各专业教学中渗透心理—道德教育。

（江苏省徐州经贸高等职业学校　黄学勇　刘翠英）

第十一章

职校生青春期心理健康教育模式的建构

教育部《中等职业学校学生心理健康教育指导纲要》（2004 年）明确指出，在中等职业学校开展心理健康教育，是促进学生全面发展的需要，是实施素质教育、提高学生全面素质和综合职业能力的必然要求。随着职业学校对心理健康教育认识的逐步深入，心理健康教育已成为学校素质教育的重要内容和组成部分。加强和改进职校生心理健康教育是一项复杂的系统工程和创新工程，唯有更新观念，科学探索，才能推动职校学校心理健康教育工作的积极发展，才能建构起高起点、有特色、可操作的职校生心理健康教育模式。

第一节　职校生青春期心理健康教育模式的概述

职校生青春期心理健康教育模式，可以理解为职业学校在开展心理健康教育工作的实践中形成的一种设计和组织职业类学校青春期心理健康教育工作的理论。青春期心理健康教育模式的建构，对于职校开展心理健康教育工作具有十分重要的理论意义和实践价值。

一、职校生青春期心理健康教育模式的基本内涵

职校生青春期心理健康教育即指教育者在一定的心理健康教育理论指导下，根据职校生青春期的生理、心理发展特点，运用心理学、教育学及其他相关学科的理论与技术，通过职业学校现有的心理健康教育课程、心理健康教育活动、学科渗透、心理辅导与咨询以及优化教育环境等有关心理健康教育的途

径和方法，帮助处于青春期的职校生解决成长过程中的心理问题，促进全体学生心理素质提高和心理机能健康发展的一类教育活动的总和。

我国职业学校心理健康教育工作者在实践中，总结了多种心理健康教育模式。主要有教育学模式、心理学模式、医学模式等几种。

（1）教育学模式。教育学模式是一种促进人发展的教育取向的心理健康教育模式，其理论与实践基础不仅包括心理健康教育理论，而且还包括中国传统文化中德行教育等。教育学模式是当前我国职业学校心理健康教育的主要模式，它也是我国职业学校心理健康教育模式本土化的表现，在心理健康教育领域取得了丰硕的成果。

（2）心理学模式。心理学模式即以心理健康为取向，以普通心理学、社会心理学、变态心理学等为理论基础，重视心理技术的运用，多采用心理辅导、心理咨询、心理治疗等方法的心理健康教育模式。心理学模式是我国职业学校心理健康教育模式中专业性较强的模式，在职业学校心理健康教育中具有不可替代的作用。

（3）医学模式。医学模式是以病态咨询为取向的心理健康教育模式，其目标包括对学生的心理障碍与心理疾病进行鉴别、治疗，从病态的心理治疗上维护学生心理健康；从预防精神病的角度开展心理卫生教育与心理咨询；从常态的心理咨询教育上提高学生的心理素质。

任何模式都有其内在的结构，职校生心理健康教育模式的结构是由模式包含的诸因素有规律地构成的系统。一般而言，一个完整的心理健康教育模式，必须具备普遍性、启发性、科学性、针对性、实效性、原创性和简约性等基本特征。职校生青春期心理健康教育模式是学校针对全体学生而建立的模式，它并非仅针对发生心理问题的学生，而是以帮助和促进全体学生发展为目标。

二、职校生青春期心理健康教育模式建构的意义

进入21世纪，我国职业技术教育迅速发展，其发展规模之大，举世瞩目。然而，职业技术教育快速发展的规模与现行的、相对滞后的教育教学模式之间呈现了较大的反差。这种反差不仅直接影响并制约着职业技术教育的健康发展，而且也给建构职校生青春期心理健康教育模式研究提出了相对迫切的现实需求，并赋予了该研究极为重要的现实意义。

（一）社会发展的迫切需求

随着人类社会步入了以高新技术为主要特征的信息社会，经济、政治、文

化多元化趋势日益明显，社会对原先的高学历、高层次人才的需求转向了对技术型人才的需求。当前出现的新的教育环境和社会环境，极大地影响着职校生的心理发展。建构职校生青春期心理健康教育模式，建立具有浓郁心理健康教育氛围的校园文化环境，在校园内开展形式多样的青春期心理健康教育活动，对职校生施加良好的心理影响，能培养他们的健康心理、优秀品质、良好心态，从而为社会培养心理素质过硬的技术人才。

（二）职校生青春期发展的内在需求

从职校生这一群体看，处于青春期的他们有朝气，健康向上，有着良好的身心与人格基础，普遍关注自身的全面发展，希望发掘自我潜能成长成才，但职校生作为当代学生中一个特殊的群体，加之处于青春期这个特殊时期，他们又承受着比其他学生更大的心理压力，也面临着升学、就业、人际交往、经济生活等各方面的巨大压力。受社会传统文化的影响，职业教育并不被全社会认可，不少职业学校的学生不同程度地出现自卑、抑郁、焦虑、偏执等心理现象，有的甚至表现为严重的心理问题和精神疾病。因此，建构职校生青春期心理健康教育模式，加强职校生青春期心理健康教育，其现实意义重大。

（三）心理健康教育理论研究和实践探索的要求

职业技术教育起步较晚，但发展很快，已成为我国教育事业中的一支重要生力军，而职业学校心理健康教育还未普遍开展，理论研究相对滞后。开展建构职校生青春期心理健康教育模式的研究，有助于丰富职业学校心理健康教育的理论研究和实践探讨，为职业学校心理健康教育的社会实践提供生动而鲜活的案例，为建立职业学校心理健康教育的理论体系提供有力的支持。

第二节　职校生青春期心理健康教育模式的科学建构

职校生正处在青春期，身体和心理都发生着急剧变化。由于生活水平的提高，当代青少年的身体发育高峰提前到来，但心理成熟则发展相对缓慢，身心差距的拉大会造成青春期烦恼，学生迫切需要正确看待自身变化，以积极的态度来塑造理想的青春形象，这就要求职校科学合理地进行青春期心理健康教育。建构青春期职校生心理健康教育模式，既是对心理健康教育理论的新探索，也是对心理健康教育实践的新尝试，更是职校生心理健康教育内涵发展的新跨越。

一、职校生青春期心理健康教育模式的现状分析

模式，其实就是解决某一类问题的方法论，把解决某类问题的方法总结归纳到理论高度，就是模式。模式是一种参照性指导方略，有助于得到解决问题的最佳办法从而高效完成任务，有助于按照既定思路快速做出优良的设计方案达到事半功倍的教育效果。正因为如此，建构职校生心理健康教育模式得到职业教育界的关注和重视。

在知网的文献搜索中，有大量青春期的研究文献，但职校生青春期的心理健康教育研究数量少，青春期心理健康教育模式研究仅有一篇。在全部关于青春期心理健康教育模式的文章中，从内容上看，大量文章仅仅介绍职校生青春期心理特征、主要问题等，有的只是抓住青春期性心理进行研究，关注表面现象而不够深入；有些文章只是对校本经验的介绍，缺乏系统、深入的理论研究，或者侧重讲述家庭、学校和社会三个主体在青春期心理健康教育中的不同地位，并没有展开阐述和具体分析。可见，职校生青春期心理健康教育模式建构较为系统的研究很少，具有进行深入研究的价值和意义。

针对职校生青春期心理健康教育模式进行现有文献的搜索和研究现状的分析，我们可以获得更多启发，不仅可以了解到当代职校生青春期问题特征，而且还可以了解到不同类型的学校在青春期这一“心理断乳期”采用的教育教学策略。

青春期心理健康教育模式的实施主体是教师或职业学校，而学习主体为职校生。“以学生为中心”的教育理念告诉我们：职校生是青春期心理健康教育的主体，模式建构要从职校生出发，最后回归到职校生青春期心理健康、人格健全、潜能发掘。因此，模式建构研究首先要考虑职校生不同于其他类型学校学生的突出特点。

青春期是模式建构时要把握的又一关键点。职校生心理健康教育模式的研究视角可以多样，但对处于青春期的职校生进行心理健康教育不等同于平常的心理教育，它更加关注这一特殊年龄阶段，需要具体深入地研究青春期心理健康教育的过程与方法。因此，模式建构要结合理论，围绕青春期展开分析阐述。

二、职校生青春期心理健康教育模式的理论基础

职校生青春期心理健康教育模式的建构离不开教育学与心理学的一些基本

理论。班杜拉社会学习理论、人本主义潜能理论、马斯洛需要层次理论是建构本模式的理论基石。

（一）班杜拉社会学习理论

社会学习理论强调的是观察学习或模仿学习。班杜拉认为，人的行为受自我调节的作用，它是个人的内在强化过程，是个体通过将自己对行为的计划和预期与行为的现实结果进行对比和评价，形成内部判断标准，从而调节自身行为的过程。社会学习理论对青春期心理健康教育模式具有重要启示价值，在职校生的学习生活中，发挥教师榜样的积极作用，合理规避现实生活中不良环境对职校生产生的影响等都可以对学生心理和行为产生积极的强化作用。除此之外，班杜拉十分关注个体内在的自我调节过程，应用到青春期心理健康教育中，可以通过形式多样的学习过程，建构学生自己对青春期身心变化的认知、对青春期性心理的正确应对策略。

（二）人本主义潜能理论

潜能理论是人本主义心理学的重要理论。人本主义假定“人性本善”，人类具有趋向完美、谋求自身充分发展的动机，只要机会和环境允许，个体就将致力于发展自我，使其各方面潜能都能得以发挥，满足个体自我实现的需要。潜能理论告诉我们：个体内在存在“机体智慧”，它是指向越来越完善的存在，是指向越来越努力实现这种完善的趋向。职校生青春期心理健康教育首先要相信青春期个体完善自我的需要，并对这种需要进行适当引导，在课程开发、校园文化建设等教育途径中，充分尊重学生、相信学生、发展学生，创造顺应学生发展的环境，宽中有度，紧中有驰。同时，潜能理论还在建立积极的师生关系、咨访关系以及确立科学全面的课程目标和辅导目标上有重要启示，个体都有向上发展与向更高级别需要发展的本能和动力，职校青春期心理健康教育不能只静止地关注个体目前已经出现的问题，而是强调要通过问题的解决和预防致力于帮助学生实现最佳发展。

（三）马斯洛需要层次理论

马斯洛理论把需求分成生理需要、安全需要、归属与爱的需要、尊重需要和自我实现需要五类，五种需要像阶梯一样从低到高，按层次逐级递升，马斯洛认为：某层需要获得满足后，另一层需要才出现；该需要满足后，后面的需要才显示出其激励作用。其中生理上的需要、安全上的需要和情感上的需要都属于低一级的需要，这些需要通过外部条件来满足；而尊重的需要和自我实现的需要是高级需要，他们是通过内部因素才能满足的，而且一个人对尊重和自我实现的需要是无止境的。每一时期总有一种需要占支配地位，对行为起决定作用。职校生正处于青春期，他们的成人感强烈，自主性较强，同时对于异性的探索和了解需求迫切，根据需要层次理论，职校应该通过适当的途径，如：课堂讲授、专家讲座、小组讨论等公开、适当的方式，结合校园、网络和其他宣传手段满足学生的好奇心；同时，积极转化这种低层次需求能量到自我实现的最高需求上去。个体对完善自我的需要是永无止境的，它能带来的成就感和满足感对于学生身心健康发展意义深远。

三、职校生青春期心理健康教育模式的理论建构

青春期是一个充满内在能量的年龄段，这些能量包括渴望自主的独立能量，由本能驱动的性欲能量，还有较难控制的情绪力量。以上三种能量，经过科学合理的青春期心理健康教育，都可以转化为正能量，从而确保职校生心理健康，促进心灵成长甚至激发潜能，把人们常说的“危险期”转而成为人生的快速成长期。正确对待心理健康教育模式的指导作用，保持开放的姿态和发展性眼光，不断优化和调整模式的建构，确保青春期教育方向的正确性和模式的可持续发展，从而合理疏导青春期能量，帮助职校生保持阳光心态。

（一）坚持理论联系实践的运作要求

操作的环节是在学校教育资源充足，教育主体多方配合，形成合力的前提下，将职校生的需求纳入青春期心理健康教育，通过一定的途径和步骤具体铺展开来，其运作要求是理论联系实践，目标是保健康、促发展、挖潜能。

1. 知识宣传与活动实践相结合

多渠道、多形式地进行职校生青春期心理健康教育，不仅可以通过静态的知识传授，也可以通过动态的活动开展来达到教育教学目标。静态宣传可以通过如性知识宣传、性道德教育、人际交往指导、情绪管理等方式告知职校生在青春期将面临的变化，帮助学生做好心理准备。职业学校除了编写一套具有科学性、系统性和可操作性的教材之外，还可以通过校本刊物、黑板报、知识展窗等进行知识宣传，建设健康文明的校园文化。除此之外，学校和教师应积极开展相关活动，如主题班会、团体辅导、专题讲座、辩论会、讨论组等，这些都可以丰富职校生学校生活，调动他们的积极性，学生在释放多余能量的同时还可以从同伴讨论和榜样学习中获益。

2. 全体教育与个别辅导相结合

青春期个体心理容易波动，个体内在可能会因为一个视频、一个误会或者

一封信件产生较大的情绪变化，这种内在能量如果处理不好，会导致职校生认知失衡，不仅消耗大量精力，而且会严重影响正常的学习和生活。因此对于职校生全体，学校要加强青春期心理健康教育，将科学合理的心理调适知识传授给学生，与此同时，对于因特殊情况需要个别辅导的学生，学校应创造条件，建设个别辅导需要的场所，教师应以平等接纳的态度答疑解惑，帮助其尽快恢复心理平衡。

（二）重视并引导教育对象的“反哺”

“反哺”是指受教育者的积极反馈对于教育本身的促进作用。“反哺”其实是一个转换环节，它一方面是将心理健康教育知识转化成教育实效，另一方面是将学生想法转化成改进动力。这一环节的运作要求是理论来源于实践，并且接受实践的检验。“反哺”的要旨是：坚持学生主体，积极反馈更新。

1. 积极发挥学生力量，维持教育可持续发展

以学生为中心的教育理念告诉我们：积极发挥学生的主体力量符合当代教育发展规律，要促进教育的可持续发展，最重要的是获得受教育者的拥护。对于自主意识不断增强的职校学生来说，信任是最好的激励机制。因此，学校可以在学生群体中发展一批具备阳光心态、积极品质、亲和举止的学生作为心理委员或者“知心小伙伴”，以每班一名的形式推荐上岗，通过专业培训，使他们成为一支拥有一定心理知识和助人愿望的学生队伍，将青春期心理健康教育渗透到学生工作的最前沿。

2. 加强“自我教育”，促进个性成长

职校生的个性多种多样，不能一概而论，但有一个共同点，就是不仅有独立的愿望，而且在不断发挥自主的能力，在正确的教育引导下，职校生完全能达到“自我教育”的目标。为此，学校和教师应精心选择合适的青春期心理教育读物、音像、图片等，利用现代化的传播通道，如教室多媒体、校园广播、网络，甚至利用学生使用较多的微博、微信等平台，供给职校生阅读和观看，这种方法更加适合一些性格较内向的职校生。

3. 保持渠道畅通，及时反馈更新

职校生在助人自助和自我教育的过程中，或多或少会有困惑和疑虑，这时，学校要创造条件，建立师生沟通的绿色通道，如心理信箱、心理咨询室、心理热线等，接收学生的来信并及时回复，接纳学生的来访并耐心倾听，接听学生的来电并有效回应。除此之外，建立教师与学生之间的稳定联系，让学生对于教育教学工作的一些意见建议以匿名的形式反馈到相关环节，这一部分同

样可以建立以新兴传媒为载体的平台进行操作，从而不断改进和更新青春期心理健康教育模式，让模式永葆青春活力。

（三）保持开放的姿态和发展性眼光

教育工作本身具有较强的灵活性，它的一般模式可能只对部分学生的相应问题产生效果，而随着学生个体的成熟和社会文化环境的影响，职校生青春期心理发展又会走向何方？青春期心理健康教育模式是具有较强开放性和发展性的体系，它需要不断补充新能量，才能整合教育经验，刷新教育形式，确保正确方向。

1. 教师教育要“加油”

教师的成长高度决定了学生的发展程度，一个好教师将会对学生的人生产生深远影响。首先，学校应考虑教师的专业成长，创造机会提高教师知识技能，为教师职业生涯“加油”。具体到青春期心理健康教育，排在核心地位的是青春期性知识的科学指导，这需要教师接受正规培训才能上岗。其次，学校应组织教师之间以老带新，也就是说，有经验的教师应在保护学生隐私的前提下，整理青春期心理个案并开展学术研讨，这种交流探讨可以是校际的，也可以是同地域的。最后，学校心理教师应定期接受督导，学校间心理健康教育工作者应相互鼓励和支持。

2. 学生成长需“锦囊”

由于受到个体成熟和知识经验的限制，职校生自主进行的自助活动或心理健康互助实践可能停留在较低水平，一旦遇到难题，学生就需要必要的帮助和支持。因此学校应定期开展多种渠道、多种形式的心理知识培训，为其提供青春期心理“锦囊”，提高职校生的心理健康水平。

四、职校生青春期心理健康教育模式建构的原则

职校生青春期心理健康教育模式建构的基本原则是在心理健康教育模式建构的整个过程中应该遵循的基本指导思想，针对职校教育教学特点，建构职校生青春期心理健康教育模式需要遵循以下原则。

（一）教育性原则

“十年树木，百年树人。”这句话说明教育是一个漫长的过程，整个过程需经历不同的阶段；而教育最终的目标则要使个体成为合格的接班人。在职业教育中，教育者对处于青春期的学生进行心理健康教育的整个过程，是要根据具体情况，提出积极合理的分析，始终注意培养学生积极进取的精神，帮助他

们树立正确的人生观、世界观和价值观。心理健康教育是社会精神文明建设的重要组成部分，要充分体现社会主义精神文明的特征，体现它的时代性和进步性。

职校青春期心理健康教育是针对职校生青春期阶段产生的种种心理问题所进行的教育。针对职校生全体，学校在创建轻松活泼的校园氛围的同时，不断改进课程建设，达到契合青春期学生认知特点的目标；教师紧随“e时代”步伐，刷新思维，更新知识，达到理解学生、信任学生、发展学生的目标；鼓励学生自主创建心理社团、讨论小组以及其他非正式组织，使得同伴互助形成潮流。

（二）社会性原则

职校生青春期心理健康教育模式将时代背景作为重点考察对象：当今中国已经进入了网络时代，网络信息对个体的影响日益增强。在职校生可接触的传播通道中，以手机、书刊、电脑、电视等传播通道为主，这些通道或多或少地将一些敏感信息传递到职校生的大脑中，其中，“黄色”信息对青少年影响极大。一些自制力不强的职校生可能会因此而误入歧途，甚至走向违法犯罪的深渊。针对学生不够成熟的性格，职校生青春期心理健康教育首先就要过滤可控制通道的信息传播，为学生创造绿色的学习环境；与此同时，培养学生辨明是非的道德观和抵制诱惑的优良品质。

处于青春期阶段的职校生，自主意识较强、情绪自控能力较弱，有时喜怒无常、感情用事，如何适应复杂的工作环境成为毕业生就业的重点问题。职校生青春期心理健康教育模式将教育范围拓展到学生的社会实践中，通过邀请“职场达人”深入学生群体分享经验和走进工厂生产前线体验工作，“一进一出”地贯彻落实青春期心理健康教育。

（三）针对性原则

职校生青春期心理健康教育是心理健康教育者针对职校生开展的青春期心理教育活动，该模式的建构是为了使教育工作者更好地针对职业学校的学生这一对象群体开展的心理健康教育活动。因此，该模式必须根据职业学校的教育目标和现实需要，有针对性地实施教育。

青春期是心理性征的觉醒期，处于青春期的职校生身体发育和心理发展急剧发生，因此常表现出热情洋溢、情绪多变、对异性好奇、自主意识增强等特征。职业学校要积极实施系统的青春期教育，促进职校生理性认识青春期的矛盾冲突与心理变化，直面青春期的尴尬与困惑，塑造学生积极向上的青春风采与阳光形象。与此同时，职校教师要树立教育发展意识，积极了解当代职校生青春期的心理发展和行为特征，从而理性反思、用心教育，引导职校生顺利跨越青春期。

职校生青春期心理健康教育对于教育工作者提出了更高的要求，首先应该知悉当代青少年的心理发展状况并有针对性的采取教育手段；与此同时要尊重学生的个体差异，将每一个学生看成一个不可重复的独特存在，灵活运用青春期心理健康教育的通用原理，扬长避短、因势利导、因材施教，这样才能收到好的教育效果。青春期心理健康教育还要关注和重视学生的个别差异，根据不同学生的不同需要，开展形式多样的、针对性强的心理健康教育活动，切实提高学生的心理健康水平。

（四）科学性原则

职校生青春期心理健康教育模式的建构，要以教育部颁发的《中等职业技术学校心理健康教育指导纲要》（2004 年）为基准，围绕职校学生所处的特殊发展阶段进行研究而形成的模式，必须遵循职业学校教育规律，遵循学生身心发展规律。职校生青春期心理健康教育模式是从职校生出发，探讨特定群体特殊阶段的具体模式，它将具体的实践经验和方法融入理论，使得该模式充满了时代特征和青春活力，因此，对于职校学生青春期教育具有较好的通用性和可操作性。

第三节　职校生青春期心理健康教育模式的实施策略

心理健康教育是职校培养高素质技能型人才的基础。只有心理健康，职校生的德、智、体、美才能得到全面的发展，只有心理健康，职业学校才能培养符合当前社会需要的技术人才，因此制订职校生青春期心理健康教育模式的实施策略就显得尤为重要。

一、职校生青春期心理健康教育的家庭策略

家庭教育是职校生接受青春期教育的重要来源之一，是职校生青春期心理健康教育的“先行者”，它的作用是不可替代的。因为父母是子女的第一任老师，父母的道德观念以及行为举止、生活作风对子女有着潜移默化的影响。因此家庭心理健康教育具有持续深入、具体细微、示范性强等特点。

（一）积极营造良好的家庭心理教育氛围

家庭道德状况对处于青春期的职校生的性角色意识、性个性心理、性道德观念的初始定势起着十分重要的作用。家庭青春期教育，就是帮助职校生在青春期树立正确的性意识，培养健全的性心理，获得科学的性知识。这是一种爱的教育、情感能力的教育以及完美人格的教育。在青春期心理健康教育中，家庭和家长承担着不可推卸的责任。家长要转变观念，用坦诚的态度讲授科学的性知识，引导处于青春期的职校生学会保护自己，树立正确的性观念、婚恋观，为职校生青春期心理健康教育营造积极良好的家庭环境氛围。

（二）倡导学校教育同家庭教育形成合力

职校生青春期心理健康教育，需要在学校和家庭之间建立起一种较为稳定的活动框架和活动程序。具体表现为学校与家庭之间互相学习、互相沟通、互相访问的互动模式。教师、家长、学生都是实践的主体，通过这种模式使职校学生健康成长，家庭受益，学校发展。具体来说，职业学校可以组织青春期心理健康活动，邀请校内外心理专家通过开展家长学校等活动指导家长，使他们树立正确的青春期教育观念，学习如何与孩子沟通交流，从而帮助他们渡过青春期；职业学校还应和家长建立密切的双向联系，及时沟通交流职校生青春期心理发展信息，互相理解、配合与支持，做到防患于未然。

二、职校生青春期心理健康教育的学校策略

职业学校是青春期心理健康教育的“主阵地”，教育的最主要内容是对职校生进行正确的恋爱观教育、性教育和人格教育。青春期性冲动是一种生理现象，青春期朦胧的爱情也是职校生身心发展特点的反应，这些都不是道德品质问题。职业学校应该将重点培养职校生健全的人格放在首位，引导学生处理好个人和他人及社会的关系，同时也要引导他们学会选择、学会自尊、学会自律、学会自我保护，使学生获得分析判断的能力、选择符合道德规范行为的能力，从而正确对待青春期性冲动，顺利渡过青春“危险期”。

（一）立足心理健康课程，教会学生把握异性交往的尺度

职校青春期心理健康教育，首先由受过专业培训、合格的教师，通过心理健康教育课程、讲座、宣传橱窗、宣传资料等方法对全体学生进行正面教育，把科学的心理知识和正确的道德观、价值观、伦理观传授给学生，以提高他们在实际生活中判断是非、抵制诱惑的能力；同时，要引导学生理解，职校阶段自己的人生观和世界观尚未定型，兴趣、爱好、志向、理想的可塑性还很大，

过早地谈情说爱，不仅成功率低，而且一旦感情冲破理智的堤防，便会酿成终身憾事；其次，要培养学生的责任意识，让学生懂得与人交往就得对他人负责、对感情负责、对青春负责、对生命负责；此外，与异性同学交往时要保持一定的距离，给他人留出足以保护自尊和安全感的空间。最后，针对处于情感萌芽恋爱中的学生，要做好深入细致的疏导工作，在异性交往原则、方式、态度，以及恋爱问题的应对处理等方面加强指导。

（二）积极建设校园文化，营造良好的心育环境

开展校园文化建设可以通过精心设计活动，为学生创造学习的机会。在具体的教育活动中，教育者应通过精心设计课堂内外的活动，培养学生多方面的兴趣和爱好，丰富学生的学习和生活内容，为学生创造快乐的源泉，转移学生对自我、对异性的过度关注。同时，学校可以开展青春系列专题活动，升华青春能量，营造良好的校园心育环境和宽松健康的异性交往氛围。制订专题活动月计划，开展青春期健康专题教育，围绕主题，通过讲座、活动课、个别咨询、游戏、同伴互助、宣传、影评、辩论等形式加强青春期教育。如每年春季可开展“青春行走”等专题活动月，让学生明白青春期身心变化，解决青春之惑；开展情绪情感管理类的辅导讲座或团体辅导活动，让学生了解并控制青春期情绪情感的变化；通过观看有关青春期的电影，让学生在同龄人的经历中获得感悟。

（三）坚持预防为主，完善个别辅导机制

青春期教育应更加主动，且具有阶段性、连续性。学校不能只做“消防员”要主动出击，更要防患未然。预防为主的青春期心理健康教育首先要帮助学生掌握一些正确的、科学的性生理、性心理知识，了解基本的性健康、性保健常识。要教育职校生树立健康的性价值观，帮助学生健康发展。与此同时，完善特殊个体的辅导机制，通过个别咨询，解决个性化问题。许多青春期的中学生对性问题非常敏感，心存顾忌和压力，因此可以通过个别咨询帮助其解决问题。个别咨询可采取面对面的形式，也可采取电话咨询、通信咨询和网上咨询等形式，促使他们及早走出困境。心理咨询部门应密切关注那些在心理咨询中发现问题的学生，及时给予必要的心理支持；同时应和各系科保持经常的联系，遇到学生处于情绪危机时，应严加注意，并通知各方做好预防应急准备。

三、职校生青春期心理健康教育的社会策略

在多元社会中，各种影视媒体、文艺节目、网络世界提供了大量信息，但

这些需要青少年进行比较、鉴别，筛选出有益于身心健康的内容去学习和接纳。社会是职校生青春期心理健康教育的“实践场”，职校生应努力掌握基础生存技能，积极投身社会生活实践。

（一）树立自我保护意识，规避不良影响因素

大众传媒是影响职校生性心理行为的主要渠道，他们获得性知识的一条主要途径便是性文艺作品。清新、健康的性文化能起到性的正面效应，如爱情影视、健美比赛、性学讲座、咨询门诊等。在现实生活中，只要引导得当，在一定程度上可以使职校生性心理问题得到调适，性紧张感得到缓解，性压抑感得到宣泄。但是，当前我国正处于社会变革时期，不可避免地出现了各种性文化环境污染。如西方“性自由”、“性解放”思想造成的观念上的性环境污染，“黄色”书刊、音像制品造成的文化上的性环境污染，而经济上的性环境污染是把商品经济中的某些原则渗透到两性关系，把严肃的两性关系变成了商品关系。性文化环境污染破坏了两性关系的合理秩序和性道德的纯洁性，也严重影响着职校生性心理的健康成长。实施有效的职校生青春期心理健康教育，我们必须坚持道德、知识、法制三位一体，标本兼治，建构以性道德与心理健康教育为基础的教育模式。青春期心理健康教育的内容除有关预防性病、艾滋病的知识教育外，尤为重要的是应加强科学的性道德教育，重构健康、文明的现代性道德观。我们要善于发挥各方面的力量，采取有针对性的青春期心理健康教育形式，引导职校生珍惜青春、珍爱生命，让他们学会用理性驾驭自己的本能，用科学的知识技能保护自己、发展自己。

（二）整合优势社会资源，促进心理健康成长

职校生的心理问题，有部分来源于他们的心理发展水平与社会要求之间的矛盾，处于青春期的他们，极易把社会上的一些不健康的生活方式及处事原则当做效仿的对象，这需要教育工作者，真正深入理解青少年职校学生心理状况，调整教育方式，减少简单说教式教育，从学生实际出发，采用具有时代特征和贴近学生日常生活的案例进行解读、分析，让学生感觉到青春期教育的必要性和适用性。与此同时，职业学校的教育是为社会输出技能型、实践型人才，因此政府、社区、街道及企业单位要增加同学校的对接，针对即将毕业的高年级职校生，创造参观访问、单位实习、社会实践以及其他接触社会的机会，让学生有机会走出校园，在老师的指导下体验社会生活，教会学生如何进行青春期自我保护和社会信息选择，这一环节将成为职校生进入社会之前的缓冲地带。

四、职校生青春期心理健康教育的自助策略

青春期是个体心理的“第二次断乳”，此时学生成人感较为强烈，希望通过自己的力量来达到目标；与此同时，他们的同伴关系逐渐发展到高峰，容易形成深厚的友谊，因此，职校生处于这个心理发展阶段时，学校可通过适当引导的方式，发挥学生的主观能动性，在提高职校生自助和互助能力的同时，实现青春期心理健康教育的目标。

（一）发挥朋辈群体的作用，倡导心理互助

“伙伴群体”亦称“同辈群体”，是一种适合个体身心发展、满足个体需要的非正式社会团体。由年龄、身份等相同要素组合形成，同伴群体对于每个成员的心理发展有着重要的影响。广泛进行同伴交流，可以提高教育的说服力。针对职校生的典型性问题，通过平等和谐的讨论，使学生自己得出正确的结论。由于这样的意见来自学生群体自己，对学生特别有说服力；在课程或讲座、辅导活动开展过程中，要注意面向全体学生进行正面引导，但针对每一个学生的具体情况，尤其是针对学生共同关心、普遍存在的问题，可以课堂讨论的方式，通过同伴作用来进行辅导，这样既使学生有了共同分担问题和困惑的机会，也使学生有机会分享同伴的经验，还避免了来自教师等成人的压力和可能出现的尴尬局面。如关于早恋问题，教师的讲座可能由于学生的逆反心理使效果大打折扣，但同伴的意见却非常有效，只要教师工作做在前面，引导得法，课堂讨论可取得意想不到的效果。

（二）发挥职校生的自主性，倡导心理自助

处于青春期阶段的个体，具有十分明显的自主意识。对于职校生，由于其已经具备了一定的自助能力，所以在正确的引导下，他们完全有能力通过自我学习来达到自我教育的目标。因此要加强对学生“自我教育”的指导，使不同个性的学生都得到适当的帮助。为此学校和教师应精心选择合适的读物，有条件的也可自己动手，编制、编写一些能把握时代特色，适合本校本地区学生的性生理、心理教育的读物、音像图片等，供那些性格比较内向，不愿意参加其他活动的学生阅读，并同时编写家长读本和教师读本，以提高家长和普通任课教师的性心理健康教育水平。

本章小结

青春期心理健康教育是职校开展职校生心理健康教育的重要内容。本章解读了职校生青春期心理健康教育模式的基本内涵，介绍了职校生心理健康教育模式的基本类型及意义，分析了职校生青春期心理健康教育模式的研究现状、理论基础以及建构原则，探讨了职校生青春期心理健康教育模式建构的实施策略，将培养全面发展的职业技术人才和职校生青春期心理健康教育紧密联系在一起，以职校生青春期心理健康教育为切入点，来促进职业学校人才培养方式的多元化。

（江苏城市职业学院武进办学点　孙桂英　宋家林　魏艳君　顾建丰　王华）

第十二章

职校生就业心理健康教育模式的建构

心理健康教育是现代职业教育的重要标志。职校生正处在身心发展的转折时期，随着学习生活由普通教育向职业教育转变，发展方向由升学为主向就业为主转变，以及将直接面对社会和职业的选择，面临职业竞争日趋激烈和就业压力日益加大的环境变化，他们在就业与择业等方面难免产生各种各样的心理困惑或问题。开展就业心理健康教育，可以让学生学会接受真实的自己，增强克服困难的信心和勇气，激发积极性和主动性，使学生认识自我，调整心态，树立积极乐观的人生态度，明确自己未来的理想和追求。建构职校生就业心理健康教育模式，就是要引导学生进行职业心理调适，帮助学生巩固和强化积极的情感体验，增强迎接职场挑战的信心，增强担当意识和社会责任感。

第一节 职校生就业心理健康教育模式的概述

“所谓职业，是指人们从事相对稳定的、有收入的、专门类别的工作。它是对人们生活方式、经济状况、文化水平、行为模式、思想情操的综合性反映。”❶ 而就业是指具有劳动能力的人在法定的劳动年龄内依法从事某种有报酬或劳动收入的社会职业。可见，就业既需要相应的职业技能、更需要作为职业人的职业素养，而健康稳定的心理素质是其中的重要组成部分。就业心理健康教育就是要培养学生积极向上而切合社会、家庭、自身实际情况的健康的就

❶ 马能和．就业与创业指导［M］．南京：江苏教育出版社，2008：34.

业心态，形成良好的就业心理适应能力，有效控制就业过程中因挫折而引发的不良心理状态甚至心理危机。就业心理健康教育模式的建构就是要以此为目标，寻找开展就业择业心理健康教育的心理学理论基础，探讨开展以就业为目标的心理健康教育的方式方法。

一、职校生就业心理健康教育模式建构的背景

就业的心理状态对成功就业影响很大。职校生面临就业择业时往往会出现多种心理状态，其中一些负面心态会对就业产生不良影响，需要在就业心理健康教育中加以重视和解决，这也是就业心理健康教育模式建构的出发点和背景。

（一）职校生就业过程中的不良心理

1. 就业的焦虑心理

职校生的就业是他们走出校门迈向社会的第一步，许多涉世未深、缺乏社会经验的职校生无所适从，有的会期望过高，不切实际；有的急于求成，却事与愿违；有的有为难情绪，迟滞不前。不管具体表现如何，在就业过程中普遍会出现焦虑和焦躁不安的情况。

2. 择业的矛盾心理

职校生在择业过程中，往往面临着种种剧烈的心理冲突，因而产生种种矛盾的心态：希望自主择业，但又不愿承担风险；渴望竞争，但又缺乏竞争的勇气；胸怀远大理想，却不愿正视眼前现实；注重专业能力的发展，但又互相攀比、爱慕虚荣；重事业、重才智的发展，但在实际价值取向上重物质利益；对自我抱有充足的信心，但在遇到挫折之后，又容易自卑；既崇尚个人奋斗、自我实现，又有较强的依赖感。职业目标上理想和现实的反差，自我认知上自傲与自卑并存，职业选择上独立性和依赖感错位，使得部分职校生在就业中感到十分迷惘和困惑。

3. 依赖社会关系的心理

在就业过程中，一些学生缺乏主动参与意识和竞争意识，信心和勇气不足。在社会为其提供的就业机会面前顾虑重重，不能主动地参与就业市场的竞争，向用人单位展示自我，推销自我，依靠自身的努力去赢得用人单位青睐；而是或寄希望于学校，或寄希望于地方毕业生就业主管部门，或寄希望于家庭，在就业行为上或静候学校和地方的安排，或依靠家长去四处奔波，缺乏择业的主动性，等靠思想和依赖心理严重，使自己在就业中处于劣势。

4. 自满自傲的心理

自满自傲心理在一些学业成绩或个人能力相对出色的学生身上反映最为突出。这些学生受陈旧观念的影响，自认为高人一等，过高地估计自己的知识和能力。在择业过程中，有的好高骛远，自命不凡，眼高手低，给用人单位留下浮躁、不踏实的印象，不受用人单位的欢迎；有的则期望值过高，择业脱离实际，怕吃苦，讲实惠，不愿到基层和艰苦地区等需要人才的地方工作，择业目标与现实之间存在着巨大的反差。

5. 自卑畏缩的心理

自卑心理也是职业学校学生就业过程中一种常见的心理现象。一些学生过低估计自己的知识和能力水平。表现在就业过程中，有的学生对自己缺乏自信，过于拘谨，缩手缩脚，优柔寡断，不能向用人单位充分展示自我，从而坐失良机；有的学生因为学历、成绩、能力、性格等方面的某些缺陷和不足丧失了勇气，悲观失望，抑郁孤僻，不思进取，觉得自己事事不如他人，不敢参与就业市场竞争。

6. 害怕挫折的心理

生活中有成功就会有失败。而职业学校许多学生由于一直囿于校园，生活经历比较简单，未曾经历过波折，没有经受过挫折的考验，所以心理承受能力和自我调节能力较差，情绪波动大，情感较为脆弱，缺乏应对挫折的准备。在就业过程中，他们往往希望一蹴而就，能够顺利就业，害怕失败。一旦受到挫折，往往感到悲观失望，或对自己、对未来失去信心、消极等待，或怨天尤人、顾影自怜。

7. 盲目攀比的心理

在就业过程中，由于每个人生活的环境、家庭背景以及能力和性格存在差异，机遇也不尽相同，因而在择业目标、职业选择上不具有可比性。而有些学生血气方刚，喜欢争强好胜、虚荣心较强，容易引发攀比心理。表现在求职择业过程中，往往无视自身特点，对自我缺乏客观正确的分析，不从自身实际出发，不考虑所选单位是否适合自己，而是盲目攀比，不屑到基层工作，总想找到一份超过别人的十全十美的工作，这种攀比心理使得不少毕业生迟迟不愿签约。

8. 无主见的从众心理

职校生正处于人格逐渐完善和成熟的阶段，容易受社会思想和社会观念的影响。人云亦云，缺乏个人主见，从众心理较为严重。表现在就业过程中，就是忽视所学专业的特点，过分追求实惠，盲目流向经济发达地区和中心城市就业，追求功利，一味追求所谓的热门单位、热门职业，没有从职业发展与个人前途、国家需要去考虑，求安稳，缺乏积极进取精神，功利主义、实用主义思想严重。[1]

这些心理状态是就业心理健康教育所要重视的，是职校生就业心理健康教育模式建构要解决的实际问题。

（二）就业择业不良心理的影响因素

1. 社会因素

（1）社会不正之风的影响。社会上存在的通过拉关系、走后门、钱权交易等方式找工作的现象，在一定程度上使部分学生认为只有这样才能找到工作导致部分学生在校期间学习不努力，不注重提高自身素质。

（2）大众传媒责任的缺失。一些大众传媒在赚取点击率与赢得关注度的利益驱动下，过分地宣传学生就业的压力和难度，导致学生在一定程度被误导，丧失自主择业的信心和勇气，甚至在就业面试时举止失措，发挥失常，最终错失工作机会。

2. 学校因素

（1）专业结构设置不合理。部分职校为了招生，一味地追求专业数量而忽视专业质量，对一些社会需求少的冷门专业不能做及时调整，盲目开设一些热门专业，专业设置与学生实际、学校实际以及社会实际相脱节。

（2）指导体系不健全。学生数量日益增多，而学校针对学生的就业择业指导体系不完善，机构不健全，就业指导教师队伍素质良莠不齐。很多学校的就业指导教师不是专职而是由辅导员兼任，他们往往盲目追求学生就业率，不看重职业素质学生的培养，这些在很大程度上导致了学生缺乏良好的就业择业心理。

3. 家庭因素

（1）传统家庭文化观念对当代职校生就业择业观的束缚。我国有着丰富多样的家庭观念。如孝悌纲常观念中的养儿防老；教育过程中的出人头地、光耀门楣等；家庭价值观中的万般皆下品，唯有读书高，学而优则仕等观念，经历千百年的历史洗礼至今仍影响着广大家庭。多数学生在择业过程中会考虑父母意见和家庭需要，如父母养老、家庭地位及名望，如果条件允许多数学生希

---

[1] 马能和．就业与创业指导［M］．南京：江苏教育出版社，2008：87－88.

望回到家乡就业或者到离家不太远的地方就业。

（2）家庭成员的职业价值取向影响学生就业择业倾向。一定程度上，父母的职业价值观念决定了子女未来的职业选择，父母依据自己的经验所获得的社会职业认知及职业理想来对子女进行有意识、有目的、有计划的择业教育，培养子女的职业理想和择业态度。

4. 个人因素

（1）思想道德素质方面的影响。作为择业价值观主体的学生的思想道德修养影响着主体价值选择的方向。思想道德素质高的学生往往会选择符合社会发展方向和时代发展要求的价值目标，从而为社会做出自己应有的贡献。而思想道德素质不高的学生会片面强调个人的需要，“以个人为本位”来追求经济利益和自我价值。

（2）个性因素方面的影响。个性因素包括兴趣、爱好、性格、气质等。不同个性的人适应不同的职业群。不同个性的学生对职业也有着不同的要求。而有些学生择业时不考虑自己的个性心理特征，不是选择自己适宜的职业，而是盲目择业，往往导致就业以后缺乏竞争力和发展空间。

二、职校生就业心理健康教育模式的现状分析

我国职校生心理健康教育起步较晚、基础较差，集中表现为职校生就业心理健康教育的现状不能满足高速发展、日益增长的现代职业教育的需要，忽视了职校生群体的普遍心理健康教育需求，对职校生心理健康教育本质认识不足，对职校生心理需要把握不到位，在实施过程中没有遵循职业教育的一般规律等方面。当前职校生就业心理健康教育存在的一些认识和实践的误区，需要引起人们的反思。

（一）教育目的趋于功利化

随着职校生就业压力的不断加大，学生的就业心理健康教育越来越受到教育行政部门的重视，开展就业心理健康教育已经成为职业学校必须承担的教育责任。但是，就业心理健康教育在某些职校并未得到应有的重视和真心的认可。就业心理健康教育在一些职校职中处于边缘的地位，表现为体制不完善，资金投入少，机构不固定，教育活动不系统。一些职校开展了一些就业心理健康教育，仅仅是出于应对教育行政部门的检查和评比，心理健康教育的形式大于内容；或是有意无意地将心理健康教育定位在“提高就业率、保证入学率”等功利化的目标上，并未真正地落到实处使学生受益。

（二）教育取向趋于工具化

随着时代多元价值观念的冲击，职校生本身所处的特殊心理时期和特殊就业、择业环境以及其他多方面因素的影响，职校生群体心理问题的集聚乃至爆发，越来越多地发生在学业中、后期和实习、择业阶段，这成为德育不能承受之“重”，素质教育难以维系之“痛”。一些职校就业心理健康教育的存在，主要是为了消解学校教育中出现的问题，使学生的问题少一些，使“问题学生”少一些，为学校日常教学扫清障碍，铺平道路。这一工具化的价值取向，把就业心理健康教育作为职业教育的附庸和补充，忽视了心理健康教育的根本目的在于人，是为了帮助学生理性地回答好“我是谁？我从哪里来？我想那里去”的人生课题，背离了职校教育“育人为本”、“先成人再成才”的核心旨趣。

（三）教育重点趋于病理化

一些职校认为，心理健康教育就是要“解决问题学生的心理问题”，把心理健康教育的重点放在解决学生的心理问题和心理疾病上，侧重于诊断和矫正性的“病理化”心理教育。这种片面的做法，直接导致了就业心理健康教育工作仅仅围绕所谓“问题学生”开展，这不仅不能从根源上预防心理疾病，也忽略了大多数学生良好心理素质的培养与提升，偏离了职校生就业心理健康教育“一切为了学生、为了一切学生、为了学生的一切”的本旨。开展职校生就业心理健康教育需要有“问题”意识，但不能唯“问题”是论，这种“头痛医头、脚痛医脚”的做法，由于忽视了职校生整体心理素质的提高，新的问题仍然层出不穷。

（四）教育内容趋于科普化

一些职校就业心理健康教育，与基础科学、实训技能等教育混为一谈，无论是通过课堂教学，还是心理健康知识专题讲座、心理健康知识宣传，强调的都是学生对心理健康知识的掌握，教育的方式主要是心理健康知识的普及。然而，学生对心理健康知识的内化不等同于学生心理素质的提升和完善，也不等同于学生心理调适技能的掌握和运用。用“填鸭式”教育模式将就业心理健康知识像传统的学科知识一样灌输给学生，没有体现就业与择业心理健康教育的本质和特色，是没有真正理解和掌握就业心理健康教育内在价值的深刻体现。

（五）教育方式趋于说教化

如果把职校生就业心理健康教育放到学校课程体系的重要组成中去看，就业心理健康教育作为一门新兴的课程，离不开课堂教学这一基本的教学形式。一些职校心理健康教育形式单一，以课堂教学为心理健康教育的唯一载体，把就业心理健康教育等同于学科教学，局限于心理学知识的传授，把学生的心理问题简单的归结为思想品德问题，将就业心理健康教育简化为课堂教学，走入了心理健康教育简单化的误区。就业心理健康教育与其他课程的最大区别在于，它是最需要触动人内心的教育，是一种最需要学生去体验、感受的教育，而单纯的课堂教学囿于条件的限制显然难以达到这一目标。

尽管职校生就业心理健康教育存在这样那样的问题，但这些问题在昭示不足与缺陷的同时，也提供了科学发展的专业挑战和实践机遇。剖析职校生就业心理健康教育模式的得与失，关键在于，职校教育工作者能否从诸多问题的背后看到发展希望和前进方向，进而匡正职业教育教学理念，优化心理健康教育实践。

第二节　职校生就业心理健康教育模式的科学建构

著名历史学家房龙在其《人类的故事》中开篇便说："我们究竟是谁？""我们来自何方？""我们到底要到什么地方去？"其实，每个人都要在漫长的人生旅途中解答类似于房龙的三个问题。我们在研究中等职业学校学生心理健康教育问题，特别是科学建构职校生就业心理健康模式的过程中，更应该深切意识到中职生所处在的身心发展的特殊阶段。职校生大都在 15 ~20 岁的黄金发展年龄段，正处在理性人格逐渐养成、身心发展逐渐成熟的关键时期，正是人生烦恼最多、心理冲突最烈、择业压力最大特殊时期。而恰恰在这个时期，职校生往往比同龄人更早地面对社会和职业的选择，更直接地面临日趋激烈的职业竞争、日益加大的就业压力。结合当前我国中等职业教育的实际，对现有的职校生就业心理健康教育模式进行研究和梳理，提出切合实际的职校生就业心理健康教育模式，以帮助学生做好就业心理准备，确立就业目标和发展方向，树立正确的择业观、职业观、创业观，保持健康、积极、向上的良好心态，满怀信心迎接职场的挑战、实现人生的转折、激发自身的潜能、创造事业的辉煌。

一、职校生就业心理健康教育模式的理论渊源

职校生就业心理健康教育模式的建构，需要从哲学的视域、心理学的框

架、教育学的方法，多学科关注、多元化参与，建立科学共识，形成综合视角，探讨职校生心理健康教育的核心价值，分析职校生就业心理健康教育模式的理论渊源、发展方向。

（一）人本主义心理学

人本主义心理学于20世纪五六十年代在美国兴起，七八十年代迅速发展，它强调人的尊严、价值、创造力和自我实现，把人的本性的自我实现归结为潜能的发挥，而潜能是一种类似本能的性质，主张心理学必须从人的本性出发研究人的心理。有学者提出，心理健康教育的本质是“人类有意识、有目的地促进自身心理发展的一种实践活动”。既然心理健康教育本质上是围绕着人而开展的一项活动，那么对人的关切就成了心理健康教育无法回避的主题，心理健康教育的全部价值也就在于人：“一种基于人性、张扬人性的教育”可以说，心理健康教育的核心价值就是发展和提升人性，塑造和完善人性，要“一切从人出发，一切为了人，一切服务于人，一切着眼于人的全面发展，重视人的生命和生活，关怀人的价值和使命，关照人的精神和信仰”的要求。

（二）发展心理学

发展心理学是研究心理发展规律的科学，它揭示了人的心理生成与发展的一般规律。研究心理健康教育、建构心理健康教育的模式，都必须从人的心理生成和发展的一般特征出发。每个人心理的发生与发展，都是遗传和环境相互作用的产物，不同的遗传素质，不同的成长环境，形成了个体独有的心理特征。开展职校生就业心理健康教育，既要抓好“面”，又要关注“点”；既要从职校生共有的心理特征出发，又要针对个体独有的心理特征开展有针对性的教育活动，唯有如此，才能真正使就业心理健康教育惠及每一个职校生。

（三）教育学

教育学为心理健康教育提供切实可行的方法和策略。它要求心理健康教育必须遵循教育的一般规律，明确具体的教育目标，制订可行的教育大纲，完善心理教育内容，开设心理健康课程，确定教育评价标准以及对教育成效的检验与考核等。教育学更为职校生就业心理健康教育模式的建构提供了可供借鉴的现代教育精神，即更加注重对人性的关照，对人的心理发展的关怀。另外，从教育学的视野审视就业与择业心理健康教育，还必须协调其与其他教育学科的关系，明确其在教育体系中的定位，这在某种意义上将直接决定就业心理健康教育实施的成效。从教育学的视野审视职校生就业心理健康教育模式，只是借鉴教育学的科学原理以及遵循教育实施的一般规律，并不意味着心理健康教育可以同其他的学科教育等同起来，职校生就业心理健康教育模式不等同于一般学科教育模式，应遵循其本身特有的规律。

二、职校生就业心理健康教育模式的理论建构

职校生就业心理健康教育模式是由理念、目标、条件、程序、评价五个因素所构成的一个系统。建构职校生就业心理健康教育模式，就离不开对这些因素的分析与把握。

（一）理念

1. “自我实现”的心理发展理论

“自我实现的需要”是马斯洛需要层次理论中需要的较高层次。按照马斯洛的观点，自我实现是指个人的潜在能力、天资在发展过程中的不断实现，是使命的完成，是个人对自身的内在价值更充分地把握和认可。基于他的“自我实现”的理论认识，他认为教育应使学生获得价值感，应该挖掘、激发学生的内在价值，使受教育者获得生存的意义。而对职校生进行就业心理健康教育的意义就在于帮助学生不断发掘自身的内在价值，最终获得在就业，甚至在人生发展中的成功，这与“自我实现”的心理学理论意义是一致的。

2. “以人为本”、“以生为本”的价值取向

人本主义心理学代表人物罗杰斯提出了“自由学习”和“学生中心”的学习观与教学观，旨在通过知情统一的方式，培养“躯体、心智、情感、精神、心力融汇一体”的人，即完人（whole person）。这种教育能“促进变化和学习，培养能够适应变化和知道如何学习的人”。

“以人为本”“以生为本”作为现代教育的核心理念和根本原则，对包括职业教育在内的所有教育层次、教育类别都具有普适性。教育部《中等职业学校学生心理健康教育指导纲要》（2004 年）也明确指出，职业学校心理健康教育“要立足教育，重在指导，以学生为主体，遵循学生身心发展规律”。

3. “发展、调适相结合”的心理辅导理念

教育部《中等职业学校学生心理健康教育指导纲要》（2004 年）指出，开展中等职业学校学生心理健康教育，必须坚持“面向全体与关注个别差异相结合；发展与预防、矫治相结合，立足于发展”的原则。因此，职校生就业心理健康教育就必须面对全体学生，采取多元化的辅导措施，开发个体潜能，提高职业心理素质，培养良好职业习惯，以发展学生的和谐人格。

职校生就业心理健康教育模式，要在人本主义心理学的基础之上，在

“自我实现”的前提下，体现现代职业教育的“以人为本”、“以生为本”的职业教育价值取向和“发展、调适相结合”的心理辅导的价值理念，不能只关注少数在就业中有心理问题的职校生，而应该面对全体，强调学生的发展性。

（二）目标

随着学习生活由普通教育向职业教育转变，发展方向由升学为主向就业为主转变，以及将直接面对社会和职业的选择，面临职业竞争日趋激烈和就业压力日益加大的环境变化，职校生在求职择业方面难免产生各种各样的心理困惑或问题。教育部《中等职业学校学生心理健康教育指导纲要》（2004 年）也指出要将“培养学生的职业兴趣和敬业乐群的心理品质，提高应对挫折、匹配职业、适应社会的能力”作为中等职业学校学生心理健康教育的目标。因此，职校生就业心理健康教育模式的目标就是要使职校生树立正确的职业价值观，养成良好的职业道德，塑造得体的职业气质，最终形成较好的职业心理素质，以实现个人职业生涯的最优化发展。

（三）条件

职校生就业心理健康教育不是一项简单、单一的教育活动，而是一项系统工程，要将其纳入职业学校教育教学活动的总系统之中，充分发挥教育的整体效果。职业学校要建立校长领导、学生工作处和招就处领头，专兼职心理教师主负责，班主任和各任课教师参加的就业与择业心理教育体系。在职校生中建立院系、班、寝室联系的学生系统，及时发现职校生中存在的就业与择业心理问题，进一步扩大就业与择业心理健康教育的范围。同时，职业学校也必须充分利用学校的硬件条件，创设良好的就业与择业条件，让学生在职业环境中体验就业与择业。

（四）程序

1. 独立与渗透

职校生就业心理健康教育模式，其主题是“就业”，因而它不同于其他的心理健康教育模式。首先，职业学校必须开设专门的职业教育课程，如职业生涯设计、就业与创业等。通过专业课程的教育，帮助学生掌握“就业”的相关知识，以提升职校生的理论知识。其次，要将职业心理健康教育渗透到各个学科教学过程之中，帮助职校生更好地认识专业和未来的职业，养成良好的职业习惯，树立正确的职业价值观，形成较好的职业心理素质。

2. 全过程与分阶段

为达到职校生就业心理健康教育模式所要求的目标，就业心理教育就必须从职校生入学的第一天开始直至毕业，贯穿整个职业教育全过程。同时，针对职校生不同阶段对就业的不同需要，分年级进行不同主题的职业教育，如低年级以提高对专业的认可度为主题，中年级主要是职业习惯和价值观的形式，高年级则将重点放在面试与创业等方面。

3. 全体与个体

职校生就业心理健康教育模式，是“教育”，而非“咨询”。因此，除针对个别职校生在就业方面进行必要的心理咨询以外，主要要面对全体职校生，通过职业心理课程、职业心理讲座、团体辅导等集体活动的方式，解决他们在就业与择业方面共同的问题，帮助他们形成良好的职业心理素质。

总之，建构就业心理健康教育模式，既要进行独立的、专门的就业心理健康教育，又要渗透到专业课程或技能课程教育的过程中，做到全面渗透。在实施中，既要将就业心理健康教育贯穿于职校生的整个学习阶段，也要针对不同年级职校生的职业心理需求，开展有针对性的就业心理健康教育。在参与方面，既要注意到个别职校生的个性需要，更要关注到全体职校生的共同问题。

（五）评价

评价对于职校生就业心理健康教育模式的建构而言，起到了反馈调节和激励强化的作用。为达到这一评价目标，心理健康教育的评价必须是多层次、多方面的。

评价主体，就必须根据实际需要，从职校生、家长、企业、社会和学校等维度来评价职校生就业心理健康教育；评价目标时，我们既要注重促进职校生就业心理的积极适应，也要强调促进职校生就业心理素质的主动发展；评价内容时，我们应该针对职校生在就业中的普遍存在或可能出现的问题进行综合评价，既要注意适应性的内容，也要强调发展性的内容；评价过程时，我们既要注重终结性评价，也要强调发展性评价、过程性评价；评价效果时，则要认识到效果的暂时性和延时性。

三、职校生就业心理健康教育模式建构的原则

开展职校生就业心理健康教育模式建构的研究，其目的在于帮助职校生实现个人职业生涯的最优化发展，需要遵循以下原则。

1. 与专业相结合性

在建构就业心理健康教育模式中，首先必须从职校生的专业入手，要体现

专业性。不同专业、不同职业对于从业者的职业心理要求是不同的。因此，职校生就业心理健康教育模式建构中，各校无论是职业心理课程教育还是各项职业心理活动，都必须紧密贴近专业、贴近职校生的未来职业，从而更好地帮助职校生提升对职业的认识，形成正确的职业观。

2. 全面参与性

职业学校与普通中学的培养目标不同，不是升学，而是造就职校生成为未来社会发展的主体，使他们成为会学习、工作，能够自立于社会的人，成为自觉探求新知不断完善自我，主动适应社会发展和职业变革的人。而职校生就业心理健康教育模式的目标与此也是一致的。因此，开展职校生就业心理健康教育，不仅仅是个别心理教师的事，而是要全校，从校长到普通教师，从心理教师到基础课、专业课教师，从班主任到任课教师，从学生管理部门到后勤保障部门，从心理活动到全校各项活动，都必须积极参与。全面参与、渗透，使职校生在良好的校园氛围中养成良好的职业习惯，树立正确的职业价值观，最终形成较好的职业心理素质。

3. 主体性

从未面对就业、择业的职校生在职业教育中出现这样或那样的关于就业的心理问题是必然的，也是正常的。解决这些心理问题，就要以职校生为主体，充分启发和调动他们的积极性。实践经验也证明，学生主动参与是心理健康教育成功实施的前提。因此，职校生就业心理健康教育就必须以职校生为主体，通过对职校生的调研，开设符合他们需要的就业心理课程，开展他们感兴趣的就业心理健康教育活动。

4. 开放性

“教育社会化、社会教育化”是职业教育的一大特点，体现了职业教育与社会生活紧密联系度。同时，造成职校生就业心理困惑的原因不仅仅来源于其自身，也与学校、家庭及社会有着密切联系。因此，职校生就业心理健康教育模式的建构，也不仅仅依靠职业学校本身，而是必须建立“学校—家庭—企业”三方合作的开放性结构。通过职业学校内部教育、教学、管理活动的全过程及通过指导家庭教育，充分利用企业资源，对职校生的就业与择业心理施加积极的、正面的影响。同时大胆吸收和借鉴家庭教育、企业管理以及企业员工职业生涯管理等经验，进一步完善职校生就业心理健康教育模式的建构。

5. 创新性

创新，是这个时代的标志。社会的发展与进步，离不开创新。而职业教育作为培养未来劳动者、建设者的中坚力量，也必须有所创新。因此，建构职校生就业心理健康教育模式，也需要创新。这要求模式中的指导思想、内容、方式等都有所创新，要将国外的心理学理论与我国的国情、本专业的职业要求、本行业的就业情况、本校的校情结合起来，建构有本校、本专业特色的职校生就业心理健康教育模式。

第三节　职校生就业心理健康教育模式的实施策略

通过就业心理健康教育，帮助职校学生树立正确的就业理念、培育良好的就业心态、增强自信心，缓解忧虑、抑郁、患得患失这些问题，实现自己的职业生涯设计。如何进行就业心理健康教育，职业学校可以从以下几个方面入手。

一、实施全程化职业生涯规划辅导

职校学生就业心理问题的解决首先是主体的自主解决，譬如正确的评价或者看待自己的个性，排除自身心理困扰，并在就业时积极进取，勇于自我改造。可以将心理学知识和职业生涯规划的相关知识融会贯通，帮助学生正确认识自我、评估环境，清醒认识自身的特点、优势和特长，确定明确的就业目标和合理的职业规划。

职业生涯规划的指导应该是有层次的。对于刚入学的一年级新生而言，“职业生涯规划”是宏观和“遥远的”。此时学生刚完成由初中学生到职校学生的角色转换，第一次接触“专业”这个名词，虽然也在报考之前向学校作了咨询，或许还有父母亲友的介绍，但总体而言学生对于角色的转变是懵懂而被动的。再加上中考失败的阴影会使其产生角色转变的抗拒心理，因此对一年级新生而言，职业生涯规划指导的重点应是引导学生正确认识和分析自我性格能力及环境的利弊，正确认识自我，重塑自信心。

对于二年级学生而言，他们已经基本适应和熟悉了新的学习生活，开始进入专业的学习，基本完成角色的转变，但是他们对于职业的认识还是比较模糊的。因此这一阶段职业生涯规划指导的重点应是通过专业教育引导学生正确认识专业和职业的重要意义，进行自我基本能力的培养，以形成合理的知识结构。

对于三年级学生而言，从生理上而言已基本进入成人阶段（18 岁），从学习上而言，学生已进入专业学习的成熟阶段，掌握了一定专业知识和技能，并开始工学交替（5 年制）或专业实习（3 年制）。这一阶段的职业生涯规划指导可重点帮助学生了解面试中可能出现的各种心理问题与解决技巧，从而让他们对求职过程中可能遇到的种种困难，形成初步的心理准备。同时，就业前也可进行心理潜能训练和适应性教育，把心理辅导融入学生的专业实习中，以利于毕业生能较好地适应工作环境。

在这一过程中，让学生认识到“你想干什么，你能干什么，怎么干”，通过层层深入，让学生认识到社会并不是不公平的，而是你是否具备相应能力的问题，从而纠正学生的人生观。不仅如此，还应注重学生的心理承受能力提升，可以通过一些实际案例引导学生从基层做起的意识，增强学生的吃苦耐劳精神和对抗挫折的能力，使学生掌握在应对就业压力时的方式方法，全面提高学生的就业能力，提升心理健康水平。

二、开展校家衔接的就业心理辅导

职业学校应面向全体学生进行就业的心理辅导。比如，开设就业指导课程，课程化是实施就业心理健康教育的主途径。按照人才培养方案开设就业心理健康教育活动课，一年级每班开设《职业生涯规划与就业创业》课程，课堂上通过组织生动有趣，丰富多样的演讲比赛、模拟岗位、角色扮演、游戏拓展、团体讨论等活动方式，使学生对职业道德教育、职业生涯规划产生了浓厚的兴趣。二年级开设团体心理辅导选修课程，通过带领学生进行自信心训练、语言表达训练、人际沟通训练、情绪控制训练、团队精神训练、潜能拓展训练等活动，使学生得到了切实的锻炼，岗位适应能力得到了提高，同时也增强了职业能力和专业自豪感。三年级以就业与择业心理健康教育主题班会为主，四年级开设《就业与创业培训》课程，把专业教育、就业政策、就业形势、就业、信息、应聘方式、创业过程等教学内容贯穿其中，提升学生的就业、创业能力。

兼职心理教师积极开展第二课堂，包括社团活动、心理讲座、心理游戏、读书分享等。例如，组织学生心理社团开展“职业竞争与合作”的团体辅导活动；在“周末大讲堂”安排《沟通从“心”开始》的讲座，邀请企业相关人士开展就业专场介绍；以《谁动了我的奶酪?》读书分享作为就业与择业心理健康教育的切入点。或者开展职业道德的探讨，让学生认识到，工作并不是为了贪图金钱和权利，从而正确看待工作，在工作中寻找快乐，从而纠正学生那种权利至上，金钱至上的价值观。

有些学生在就业过程中也会遇到一些诸如：继续升学与就业的矛盾；机电类专业女生就业困扰等问题，学校也安排辅导老师开展个别辅导，帮助学生解决心理困惑，寻找解决问题的方法、途径。

开展同伴辅导，各班挑选的组成的阳光使者发挥着关键的作用，而心理社团学生的自主管理能力直接影响着同伴辅导的效果。心理社团不仅有自己的组织徽章和宗旨，还有自己的章程。注重加强心理社团成员的培训工作。每次培训，会设计一定主题，如“哪些同学需要心理辅导”、“如何控制我们的情绪”等，还有一些是根据学生实际设计的主题，如“职校生交友面面观”、“我的人生我做主”等。组织社团成员观看心理电影并进行电影观后感分享。同时，由于有章程的约束，学生中的同伴辅导员主动对同学进行心理辅导的意识加强了，发现同学不良苗头的能力提高了，向心理辅导教师或班主任反映问题的积极性增强了，许多同学成了观测学生情绪的小哨兵，从而促进学校形成了覆盖面宽广的心理健康教育网络。

上述校内就业心理辅导工作，对职校毕业生形成良好的就业心态起到了相当的作用。同时，在开展教育过程中也发现部分学生依赖性强，在选择专业、就业做决策时，父母的价值观、人生观，对学生的择业观影响很大，因此，学校也需加强与学生家长的沟通，建立“学校—家庭”一体化合作机制，使其作为学校心理辅导一个不可分割的组成部分。

可以推选热心学校教育，关心子女成长，有一定的组织活动能力的家长成立家委会，搭建学校与家庭、社会沟通交流的平台和桥梁。通过组织实施家长学校教育培训活动，更新家长观念，加强对学校教育教学管理等工作的监督、参谋和指导；而且还可以整合、拓展社会资源，为学校建设和发展提供强有力的保障。

还可以召开新生家长会，召开各专业毕业班学生家长会，充分利用家长会，围绕职校办学思想、教育理念、职业道德教育、就业指导、专业情况、日常教育教学管理目标与要求等方面，进行“以就业为导向”的教育活动。特别是在毕业生就业期间，学校应主动与家长保持联系，及时转达、宣传毕业生就业工作中的有关政策、法规、形势等，要求家长结合学校的就业资料，开展学生毕业就业的心理疏导工作。这样，学校就业心理健康教育与家庭就业观保持同步，家校发挥各自的长处，从而形成教育的合力，共同引导学生择业就业。

三、全面提升职校生的职业心理素养

职业化素养是一种个人行为规范及行为本身，既包括外在形象、知识结构和各种技能，也包括职业道德、职业意识和职业态度等。职业学校可以通过各种活动培养学生积极上进的职业心态，和谐的人际关系，良好的人际沟通技巧，优秀的团队的精神等。

通过开展“十佳学生”年度评选表彰活动，让德有所养、学有所得、技有所长的学生脱颖而出，在学生中树立文明典型，充分发挥榜样的力量，发挥身边优秀学生的导向作用。用先进事迹感动学生，用身边的榜样打动学生，引导广大青年从平凡的小事做起，学会关爱他人、关爱社会，形成正确的积极的职业心态。

通过借鉴企业管理实施教室7S的教育管理活动。即“清洁、清理、清扫、整顿、素养、节约、安全”的宣传和规范，使学生充分体会“规则无小事”，形成良好的职业习惯，提高学生自我生存、自我调控的能力。

实行劳动礼仪值周活动。以班级为单位，有组织有计划地承担值周工作。学生在值周期间要承担的工作有文明示范，劳动保洁两项。通过活动培养学生自立、自律、自强的精神，树立劳动观念，强化服务意识，养成艰苦朴素的作风，促进学生心理健康成长，让学生遵礼、达礼、用礼，增强学生适应社会和自我心理调适的能力，以一颗平常心面对自己、面对集体、面对社会。

引导学生积极参加各类社团活动。如英语沙龙社、礼仪社、电子制作社、文学社、动漫社、音乐舞蹈社、学生心理社团、小记者站等。学生社团活动的开展可以让成员获得更多的成功体验。职业学校学生普遍存在一种自卑心理，自我评价偏低，缺乏自信心。在与他人的交流分享中，让社团成员产生强烈的归属感和认同感，了解并体验到自己是被其他人接纳和支持的，在真实的体验中改变对自我的消极评价和认知偏差。社团活动可以拓宽学生的视野，让他们获得新的经验，培养积极、稳定的心态和健全的人格。这样有助于帮助学生科学的确立人生目标，即使遇到心理危机的时候，也能够充满自信的理智地对待，保持心理的平衡。

职业学校有很多住宿生，通过成立学生宿舍管理委员会，探索自我服务、自我管理、自我教育的学生自治管理模式。晚自修的点名、学校校门的夜间管理、学校校园的夜间巡逻、宿舍各项文化体育活动的开展、住宿生节假日返家车票代购等工作都由宿舍管理委员会的同学开展完成。这些工作有利于培养学生“助人、主动、接纳、尊重、积极”五种良好心态，提高学生人际沟通能力，增强学生之间的相互交流。

目前，职业学校已经意识到建构有特色的职业心理健康教育模式，完善职业心理健康教育的理论建设对于建立现代职业教育体系有着重要的意义。职校生就业心理健康教育模式的建构是从学校教育实践中总结、提炼、归纳的，是帮助职校生正确对待就业与择业的方法论，为职校生成功的求职就业、择业、创业奠定心理基础。人与职业的结合是一个自然人变成社会人的必经阶段，是人类自我解放、自我完善、持续发展的基础，是形成社会现实生产力的主要途径，应该也是教育追求的终极目标。因此，进一步完善职校生就业与择业心理健康教育模式也是无止境的。

本章小结

开展职校生就业心理健康教育是职校心理健康教育的一大特色。由于社会因素、学校因素、家庭因素以及学生个人因素的影响，职校生在就业过程中容易产生种种不良心理，需要开展针对性的心理健康教育。建构职校生就业心理健康教育模式，要以人本主义心理学、发展心理学以及教育学的相关理论为基础，从理念、目标、条件、程序、评价等几个方面进行科学建构。在实施策略上，主要包括职业生涯规划的全程化、就业心理辅导的“学校—家庭”一体化以及学生职业心理素养的提升等。

（江苏省无锡机电高等职业技术学校　张旭　张以清　韩海侠　裴志明　陈岚）

第十三章

职校生心理健康教育文化模式的建构

2004 年颁发的《中等职业学校学生心理健康教育指导纲要》强调："在全面推行素质教育工作中，必须更加重视德育工作，加强学生的心理健康教育。"[1] 2012 年颁发的《中小学心理健康教育指导纲要》也明确指出，心理健康教育的目标就是要提高全体学生心理素质、培养他们积极向上的品质、促进身心和谐可持续发展。[2] 然而，随着社会的飞速发展，各种新型文化不断涌入我国，青少年作为当代文化的传递者和受益者，不仅要面临网络文化、非主流文化、性文化的冲击，更要面对传统文化和现代文化碰撞后带来的矛盾心态。维果斯基在其文化历史发展论中就曾指出，不同的文化模式对人的心理和行为有着不一样的影响，心理健康具有文化的相对性。职校作为职校生成长和发展的重要基地，其文化环境深刻影响着当代职校生心理健康水平。因此，建构一个积极的心理健康教育文化模式，对职校生的心理和谐发展和现代人格完善有着极其重要的意义。

第一节 职校生心理健康教育文化模式的概述

随着时代的发展，心理健康教育的重要性越来越得到学校和社会的认可，心理健康教育已经成为教育的重要组成部分。经过近 30 年的发展，心理健康

---

[1] 教育部：《中等职业学校学生心理健康教育指导纲要》（教职成［2004］8 号，2004 年 7 月 5 日印发）.

[2] 教育部：《中小学心理健康教育指导纲要》（教基［2012］14 号，2012 年 12 月 7 日印发）.

教育的实践日趋成熟，许多研究者从各自不同角度积极建构心理健康教育模式。职校作为培养人才的摇篮，其校园文化环境对学生心理的发展有直接的影响。

一、职校生心理健康教育文化模式建构的基本内涵

职校生的心理发展离不开学校大环境的影响，而校园文化正是影响职校生心理发展的重要因素。校园文化是在当今社会各种文化不断碰撞的背景下，以校园精神为主要特征，以全体师生为主导，形成的反映师生共同信念和追求的校园精神和物质文化的总和。广义的校园文化包括三部分：校园物质文化、制度文化、精神文化。狭义的校园文化仅指校园精神文化，包括办学理念、校风、校训、学风、学纪等。[1]

学校心理健康教育是在心理学理论基础之上，广泛运用心理学的各种技术，以培养学生良好心理素质，促进个体生理、心理社会协调发展的教育活动。[2] 职校生心理健康教育应该根据职校学生生理心理发展的规律，融合多种心理学的技术和手段，创造适合职校生发展的环境，促进职校生身心协调发展的教育活动。

心理健康教育的文化模式是从外部环境入手，系统研究心理健康教育的一种方式，它把心理健康教育置于文化的角度进行审视，寻找学校心理健康教育与文化的最佳契合点，从而探索其模式的主要内容。[3] 职校生心理健康教育文化模式的建构正是通过校园文化建设的内在和外在的影响，把职业学校的心理健康教育置于职校生所处的时代和社会环境中进行审视，使师生的行为、思想和心理品质与学校的要求相一致，为学生营造一个积极向上的环境，从而帮助学生解决成长中遇到的各种心理问题，促进学生的身心和谐发展。

二、职校生心理健康教育文化模式建构的教育背景

在我国，职业学校的生源质量要比普通高中低一些。一方面，进入职校的学生普遍成绩不理想，文化素质较低；另一方面，职校生的行为问题比较严重，心理问题也更加突出。作为当代的职校生，不仅要面临比以往更为激烈的社会竞争，还需要面对社会发展给人们所带来的内心孤独、茫然、无助、冷

---

❶ 夏宝慧．高校校园文化模式构建研究［D］．哈尔滨：哈尔滨工程大学，2005.

❷ 陈家麟．学校心理健康教育——原理与操作［M］．北京：教育科学出版社，2006：26.

❸ 任其平．文化视域中的心理健康教育［J］．安庆师范学院学报，2011，26（2）：123－124.

漠、压抑等情绪。由于职校生正处在生理、心理发展的重要阶段，半成熟半幼稚的特点明显，情绪不稳定、耐挫力弱、团队合作意识差、以自我为中心，这对职校生心理的健康发展不免会产生不良的影响。

我们正处在一个文化开放的时代，一个多元文化激烈碰撞的年代，随着信息化的不断推进，各种文化理念也在飞速影响着职校生的心理发展，像备受职校生推崇的网络文化、非主流文化等。职校生一方面享受着积极文化带来的成果，另一方面又面临着消极、低俗文化对自身冲击的影响。行为主义代表人物华生认为：环境对人心理的发展有着决定性的作用，什么样的环境能培养什么样的人。因此，将职校生心理健康教育置于文化学的视野中来审视，积极建构心理健康教育的文化模式，探索校园文化和班级文化对学生心理发展的影响，有助于更好地把握心理健康教育的内在规律，更加清晰地认识心理健康教育的文化属性，对于职校生心理健康教育模式的构建也有重要的意义。

三、职校生心理健康教育文化模式建构的意义

职校生心理健康教育文化模式的建构，不仅丰富了职校心理健康教育途径，完善了心理健康教育的研究内容和研究手段，更重要的是，从文化的视野来审视心理健康教育，把学生的心理发展置于整个社会大环境中，积极构建和谐的校园环境，为职校生心理发展开辟了另外一条道路，有利于职校生心理整体的发展、健全的发展、和谐的发展。

（一）有利于培养学生良好的行为习惯

对进入职业学校的学生而言，有部分就是因为在中学没有养成良好的行为习惯，耽误了学习，影响了自身的发展。因此，许多职业学校都把培养在校生良好行为习惯作为教育工作的重心。马克思曾经说过："好的校园环境能提高学生的审美情趣，激发学习热情，塑造良好的行为习惯。"优美的校园环境、科学的管理制度不仅能为职校生提供良好的学习环境，更能激发学生的主人翁意识，促进良好卫生习惯的养成。苏霍姆林斯基非常重视环境育人，他提倡要让学校的每堵墙都会说话，让每一个角落都能言语，从而营造出适合学生心理发展的氛围；相反，如果学生经常处在脏乱差的校园环境中，必然会滋生许多不良行为习惯，如懒惰、不爱干净、厌学等，这些不好的习惯和行为又可能影响学生心理的发展，不利于将来的工作和生活。

（二）有利于促进学生人格的发展

所谓人格，是构成一个人思想、情感和行为的特有模式，这个模式包含了

一个人区别于他人稳定而统一的心理品质。青春期是人格形成和发展的重要阶段，学生人格的发展离不开家庭教育，但更离不开其长期所处的校园环境。一所学校的精神氛围和整体风尚不仅对学生知识的掌握，更对学生人格的发展起着重要的作用。校风、学风作为校园的隐性环境，既是一种独特的群体文化，更反映了一所学校的精神面貌。如果学校有优良的校风和科学的规章制度，那么学生就容易形成良好的纪律观和团结友爱、乐于助人的人格，而这正能量又会传递给身边的同学和朋友，从而促进更多学生人格的健康发展。

（三）有利于促进学生心理的和谐发展

一方面，优美的校园环境可以提升学生的审美观，学生通过欣赏美，感受美，不仅可以缓解压抑、失落等消极情绪，还可以培养乐观向上、积极进取等情绪。另一方面，良好的校园环境，可以增进学生彼此的人际关系。个体心理的发展不仅在社会发展中，更是在人际交往中实现的。学生拥有良好的人际关系，不仅心情舒畅，更会大大减轻内心的心理压力，促进积极情绪的体验，从而产生自尊、自立、自信的心理反应。

第二节　职校生心理健康教育文化模式的科学建构

职校生所处的文化环境是职校生心理发展的一个重要外部条件。当代职校生正处在文化浪潮的风口浪尖上，面临着各种文化的冲突和考验，而目前关于职校生心理健康教育文化模式建构的研究又很少，因此，只有对职校生心育文化模式的现状进行充分分析、总结和反思，并以扎实的心理学理论作为支撑，积极寻找模式建构的方法和原则，才能对心育文化模式进行科学合理的建构。

一、职校生心理健康教育文化模式建构的现状分析

搜索 CNKI 中关于职校生心理健康教育的文章，有 352 篇，其中关于职校生心理健康教育模式构建的文章有 33 篇，其余都是职校生和心理健康教育类的文章；而直接论述职校生心理健康教育文化模式构建的文章比较少，大多数文章都是从校园文化的角度来阐述职校生的心理健康教育。综观近年来文化和职校生心理健康教育的研究，主要有以下几个方面。

（一）文化对职校生心理的影响

维果斯基的文化历史发展论强调社会文化对人的心理产生的影响和作用。人的心理不仅具有人类共有的性质和特点，还具有文化特有的性质和特点。积

极向上的文化能对人的心理发展产生一种正向的引导作用：培养积极的情感，乐观向上的精神、树立正确的人生观和价值观；而消极低俗的文化会对人心理的发展产生不良的作用：养成不良的习惯、形成低俗的审美观、产生负面心态。从培卿、周莹指出当代职校生正处在文化浪潮的风口浪尖上，面临着各种文化冲突的考验：传统文化与现代文化、大众文化与精英文化、东方文化与西方文化、科学文化与人文文化。[1] 崔景贵指出部分学生对文化的两极态度比较明显：要么过于迷恋，要么过于冷漠，这样会造成个性的扭曲，影响心理的健康成长。陈庆华在其研究中指出我国职校心理健康教育普遍缺乏自身特有的文化内涵，学校的心理健康教育工作没有特色，缺乏实效性。

根据以往研究可以看出，文化对职校生心理发展有很大的影响作用，但许多职校心理健康教育的文化内涵不高，没有形成自身的职教特色，导致部分学生在面对不同文化冲击的时候显得无所适从。

（二）校园文化的心理功能

广义的校园文化包括物质文化、制度文化和精神文化，它是校园生活方式的总和，狭义的校园文化是学校在长期发展过程中积淀而成的有自己特色的价值取向、行为规范和思维方式。申小莹、李静、刘晓瑞在研究中指出校园文化作为一种环境文化，它的心理功能主要包括五个方面：示范功能、凝聚功能、心理调适功能、扬弃与创造功能、约束和熏陶功能。徐玲认为校园文化的心理功能有激励功能、社会化功能、教育促进功能、凝聚功能和塑造功能。李继兵在其博士论文中指出大学校园文化具有四个功能：精神品性的引领功能、价值观的导向功能、理想人格的范型定位功能、教与学场域的构建功能。

综上所述，校园文化的心理功能主要有激励功能、社会化功能、教育促进功能、凝聚功能和塑造功能。

（三）文化环境下职校生心理健康教育的对策

许多研究者从文化环境构建的角度提出了有利于职校生心理发展的对策。陈庆华认为要从四个方面着手：建设多元化的心理健康教育环境、树立生态化的心理健康教育理念、探索发展性的心理健康教育模式、构建具有自身校园特色的心理课程。刘晶提出了加强校园文化建设的三个心理学对策：优化校园文化环境、内化校园文化理念、提高校园文化层次。徐玲指出环境是影响学生心

---

[1] 从培卿，周莹，杨菁．冲突与融合：论多元文化背景下的校园文化［J］．工会论坛（山东省工会管理干部学院学报），2007，13（2）：100.

理健康的重要因素，因此，校园文化心理功能的实现可以通过加强校园物质环境建设、重视校园精神文化建设、树立优良校风三方面入手。

综上所述，为了更好地促进职校生心理发展，要积极构建适合职校生发展的环境，内化校园文化理念，加强校园物质文化和精神文化建设。

（四）职校生心理健康教育文化模式的建构

关于职校生心理健康教育文化模式构建的系统性文章还是很少，许多文章从职校生所处的校园环境入手，提出了校园文化模式构建的方法，通过校园文化模式的构建来为学生的心理发展营造一个良好的氛围和环境，从而达到促进学生心理健康的目的。叶仙虹研究指出，职校生心理健康教育模式的建构要考虑职校生自身所处的时代环境和校园环境。夏宝慧指出职校生校园文化模式的构建可以从四方面入手：校园精神文化、校园行为文化、校园制度文化、校园物质文化。尹秋云指出高职校园文化模式的构建要通过健全心理健康教育文化的载体，包括心理物质环境、心理健康课程、个别心理辅导和心理健康制度。

心理健康教育文化模式的建构应该包括物质文化建设、制度文化建设和精神文化建设，并根据当代职校生的特点，结合各自学校自身发展的特色，有选择地进行相应的文化建设，从而营造一种积极向上的氛围，提升学生的心理水平。

二、职校生心理健康教育文化模式建构的理论基础

任何一种模式的建构都有其相应的基础，理论是实践的源泉，没有理论作为指导，就好比一座房子，少了稳固的地基，必然风雨飘摇。因此，为了更好地建构职校生心理健康教育文化模式，必须以相应的心理学理论作为基础。

（一）维果斯基的文化历史发展论

维果斯基认为，人的心理机能是随着文化活动的发展而发展、变化而变化的。文化和心理有一种天然的、密不可分的联系，文化是心理的外化，而心理是文化的内化。文化由人的观念、激情与意志创造，反映人的价值意识；同时文化又塑造人的心理行为。不同的文化模式对人的心理和行为的影响是不同的。从文化的作用机制来看，人的心理是在社会文化环境的制约和作用下建构起来的。人有怎样的心理世界，在很大程度上取决于其置身于何种社会文化环境之中。人的心理健康总是被赋予一定的文化内涵，不可能有脱离特定文化意味的“纯粹”的心理健康，也就是说，心理健康具有文化的相对性。

（二）班杜拉的观察学习理论

班杜拉认为，人的大多数行为都是通过观察学习而来的，人们通过观察他人的行为，可以获得榜样行为的符号性表征，并可以间接的学习，产生与之相似的行为，而这一切的发生都离不开其所处的环境。因此，如果学生处在一个积极的文化环境中，他必然能有机会模仿一些积极的行为，这样不仅可以促进其养成良好的行为习惯，更能促进其人格的完善和心理的和谐发展。

另外，班杜拉还强调“榜样”的重要作用。在学校经常开展各类文化心理活动，努力形成一种积极向上的文化氛围，不仅可以促进学生正常的人际交往，更重要的是学生可以通过这些活动寻找一个积极的榜样作为其发展的目标，这样对学生行为和心理的发展都有一个正向的引导作用。

（三）罗杰斯人本主义理论

罗杰斯的人本主义强调人的尊严和价值，强调无条件地积极关注，他认为，在对待学生的时候，无论其品性如何，作为老师，都应该给予积极的关注，并且要主动挖掘学生身上的闪光点，促进学生的自我实现。另外，罗杰斯还强调来访者中心原则，即老师对待学生的时候，必须从学生的角度来考虑问题，而不能只从自己的角度出发，要充分考虑学生的心理发展和需要，给予学生足够的关怀和照顾，让每一个学生都有机会获得发展和自我实现。

三、职校生心理健康教育文化模式的理论建构

职校生心理健康教育文化模式是当今心育文化模式建构的一种形式，本文从模式建构的理念、目标、条件、程序和评价五个方面，对职校生心理健康教育文化模式的建构进行相应的分析与研究。

（一）职校生心理健康教育文化模式建构的理念

心理健康教育文化模式的提出，有其坚实的理论基础。维果斯基在其文化历史发展论中指出，人的心理是在社会文化环境的制约和作用下建构起来的，不同的文化模式对人的心理和行为的影响是不同的，不可能有脱离特定文化意味的“纯粹”的心理健康，职校生心理健康模式的建构必然离不开职校生所处的环境。其次，苏霍姆林斯基在其和谐教育思想中指出，学生良好的发展离不开一个好的教育环境，而教育环境是由自然、社会和家庭协调统一而成，教育就是要促进学生个性全面和谐的发展，而积极为学生营造一个理想的环境尤为重要。另外，积极心理学创始人赛里格曼提出，要从积极的层面来探讨心理健康问题，培养人们的积极心理品质，积极构建自我心理，以积极的眼光来审

视文化因素带来的机遇和挑战，从而达到促进学生心理健康的目的。

（二）职校生心理健康教育文化模式建构的目标

心理健康教育目标是整个心理教育活动的灵魂，目标是否具有科学性，将直接影响心理健康教育的效果。通过职校生心理健康教育文化模式的建构，一方面可以进一步推进校园文化建设，构建良好的校园环境，打造以美为核心的校园文化；另一方面，以良好的育人环境影响学生的心理，促进职校生的人格完善。

1. 推进校园文化建设

校园文化建设是职业学校建设的重要内容，良好的校园环境有利于职校生的成长和发展。一是要大力推进职业学校环境建设，构建美丽校园；二是要加强职业学校制度建设，积极创立适合全校师生发展的人文制度；此外，还要积极开展适合职校生身心发展的校园文化活动，创建良好的活动氛围。

2. 促进职校生人格的完善

在我国，相比普通高中的学生而言，职校生的生源和质量比较低，一般而言，考不上高中的学生才会选择职校，而在这些学生中，有许多学生不仅成绩不佳，还存在行为习惯不良的问题。据统计，职校生的家庭有许多是单亲或离异家庭，许多职校生从小就生长在没有完整的父爱、母爱的环境中，这也成为他们成绩不佳，行为习惯差的重要原因。通过职校生心理健康教育文化模式的建构，在学校中营造良好的育人文化、包容文化，打造适合职校生发展的活动文化，形成积极的正能量，让更多的职校生在校园文化建设的过程中，完善自己的人格，促进心理健康和谐的发展。

（三）职校生心理健康教育文化模式建构的条件

任何模式的建构都必须具备相应的条件，条件的好坏往往关系到模式建构的程度，要建构职校生心理健康教育文化模式，最主要的条件有三个。

1. 领导的高度重视

任何模式要在学校进行建构，都离不开校领导的大力支持。只有获得了领导们的支持，心理健康教育文化模式的建构和推广工作才能进行得更快、更顺利。首先是经费的支持。职校生心理健康教育文化模式的建构不同于其他模式，它包括物质文化、制度文化和精神文化的建设，每一项校园文化建设要想得以顺利开展，都需要相应的经费作为基础，尤其是校园环境的建设，投入的资金更大，因此，只有获得了领导们的支持，在开展心理健康教育文化模式建构的时候才能更加顺利。其次是相应的组织保障。心理健康教育文化模式的建构不单单是通过几个心理教师就能完成的工作，它需要全校师生和各机构的大力配合，成立以校领导为首，各部门领导和心理教师协同配合的组织管理机构，不仅能获得更多部门的支持和配合，更可以进行合理分工，保证心理健康教育文化模式科学有序地建构。

2. 教师的积极配合

心理健康教育文化模式的建构，除了需要领导的大力支持外，还需要一定的师资力量作为保障。作为模式的实行者，师资队伍的水平和能力在很大程度上决定了该模式建构的水平和质量。一般而言，心理健康教育文化模式的建构需要两支队伍：一是学校专职的心理教师，他们科班毕业，拥有扎实的心理学功底，不仅能为该模式的建构提供科学的理论框架，还能把相应的心理学知识传递给其他老师，提升整个队伍的理论水平；二是学校的班主任、辅导员、团委老师等，他们拥有丰富的一线教学管理经验，可以配合专职心理教师，把心理健康教育文化模式建构的理论推向实践。

3. 学生的主动参与

心理健康教育文化模式建构的落脚点是促进学生心理的发展，要做到这一点，学生的主动参与也非常重要。因此，学校可以成立专门的心理社团或由学生组成的心理队伍，充分发挥朋辈影响作用，积极配合老师开展各种文化活动，积极发动学生参与学校组织的各种活动。

（四）职校生心理健康教育文化模式建构的程序

关于职校生心理健康教育的文化模式的建构，主要包括物质文化建设、制度文化建设、精神文化建设，其中物质文化建设从校园环境和教学设施的角度进行研究；精神文化建设从理念渗透和活动渗透的角度研究。

1. 物质文化建设

校园物质文化是人们通过感觉器官可以感受到的一切物质对象的总和。职校校园物质文化建设主要包含校园环境、校园设施两方面。根据职校生的特点，打造适合职校学生发展的内外环境：包括校园建筑的改造、校园人文环境的布置、校园设施的新增等。

2. 制度文化建设

没有规矩不成方圆，校园制度建设是校园文化的重要组成部分。先进的校园制度会对师生人格的发展产生不可磨灭的影响。结合职业学校学生自身发展特点，积极建构和谐的校园制度：教学管理制度、日常生活管理制度、环境管理制度等。

3. 精神文化建设

校园精神文化是校园文化的内在表现形式，它是全体师生在学校发展过程中积淀而来的文化传统、价值体系和精神氛围。校园精神文化建设主要包括艺术文化活动和心理文化活动，其中艺术活动主要包括社团、主题教育活动、品牌活动；心理文化活动主要包括团体心理辅导、心理健康调查、心理课程的开设和心理知识普及。

（五）职校生心理健康教育文化模式建构的评价

任何一种模式的建构都离不开一定的评价标准，健全的机制往往更有利于保证模式建构的效果，职校生心理健康教育文化模式建构采用如下评价方法和标准。

1. 评价方法

为了更好地了解心理健康教育文化模式的效果，学校可以采用访谈和问卷调查的方法进行相应的效果评价。一方面在全校各个年级抽取相应的学生进行访谈，了解学生对校园文化建设的满意度以及反馈意见；另一方面，自编关于校园文化建设的问卷或采用已有相应常模的问卷，在不同年级进行随机发放，了解反馈效果。

2. 评价标准

根据心理健康教育文化模式建构的目标和条件，采用两种评价标准。一是全校学生对文化建设的满意度。人本主义心理学倡导以学生为中心，因此，文化建设是否取得了不错的效果首先应该了解学生的满意度；二是文化建设是否促进了学生心理的成长。心理健康教育文化模式建构的宗旨是希望通过积极的环境建设影响学生的心理，促进职校生的人格完善，因此，是否有利于职校生心理的发展也是一个重要的评价标准。

四、职校生心理健康教育文化模式建构的原则

原则是行动的导向，根据职业学校自身的发展状况和当今职校生的特点，建构适合职校发展的生心理健康教育文化模式，必须具备以下几个原则。

（一）主体性原则

学生是心理健康教育的主体，学校心理健康教育必须充分尊重学生心理发展的规律，在构建学校物质、精神和文化建设的时候，必须充分考虑职校生的特点，了解其所处的社会和校园环境，这样才能将文化模式的建构内化为学生的信念追求，达到预想的效果。

（二）渗透性原则

文化和心理有一种天然的、密不可分的联系，文化成为心理的外化，而心理成为文化的内化。心理健康教育文化模式的建构就是把心理健康教育的理念渗透到校园文化建设中，使校园文化建设和心理健康教育相互渗透、相互促进，并通过物质文化、制度文化和精神文化建设来推动职校生心理素质的发展。

（三）可操作性原则

心理健康教育文化模式建构的最终目的，是希望通过文化与心理的相互作用，来促进学生心理的发展，因此，模式建构的内容应该都是可以实际操作的，只有通过亲自实践，学生才会有所收获和体验，所以，学校应该积极开展各种文化和心理活动，并引导学生积极参与，以此来提升学生心理素质。

（四）发展性原则

人的心理发展是个体与环境相互作用的结果，每个人的心理品质都是在其生活环境中逐渐形成的。建构心理健康教育文化模式，需要考虑不同年级学生的特点，并根据其发展特点有针对性地选择相应的心理和文化活动，通过这样的方式，激发学生的积极性和主动性，促使其心理矛盾得以解决、个性品质和谐发展。

第三节　职校生心理健康教育文化模式的实施策略

建构职业学校心理健康教育文化模式，建设符合职校要求的校园文化，必须充分考虑职业学校的自身特点，并顺应时代发展的需要，从物质文化、制度文化和精神文化三个层面入手，打破传统模式的单一粗放、内涵缺失、理念淡薄、层次不高的缺点，积极建构优质的物质文化，合理的制度文化以及深刻的精神文化。

一、建构优质的职校物质文化

在学校物质文化建设中，职业学校根据自身特色，做好规划，努力创造一个和谐优美的物质文化环境。

（一）建筑规划讲究个性特色

建筑设计和规划是校园物质环境建设的一个重要方面。有研究表明，单调的建筑设计往往容易使学生缺乏创造力，不合理的建筑规划更容易让学生产生压抑感。学生每天穿梭于不同的建筑中学习和生活，若校园建筑的布局缺乏科学性，不仅无法增加学生的文化认同感以及审美意识，还会影响学生心理的发展。

（二）环境布置彰显艺术特色

校园自然环境是学校物质建设的潜在因素，优越的校园自然环境对校园内师生的心灵都有很好的陶冶作用。学生长期处于单调的校园环境中更容易产生焦虑、紧张等心理问题，单调的校园环境往往无法更好地激发学生的审美感和创新意识。职校生经常需要技能训练，这些高强度的训练往往容易导致学生生理和心理的疲劳，影响训练水平，因此，积极构建适合职校生发展的人文自然环境，可以更好地缓解学生的疲劳，陶冶师生的情操。

（三）教学设施突出职业特色

教学设施是学校硬件建设的成果，集中体现了学校的办学水平和实力。职业学校教学设施和训练场地的好坏往往关系到职校生在校的学习质量和将来对就业环境的熟悉程度。完善的教学设施不仅能提升课堂效率，更能激发学生的学习动机，促进良好职业心理的养成。

二、打造合理的职校制度文化

在学校制度文化建设的过程中，要根据全校师生的实际需求和学校近期发展的情况，制订科学合理的制度，这样才能符合学生发展的需要，从而促进学生的更好发展。

（一）坚持制度的人性化

职业学校制度文化建设要倡导“以学生为本”的理念，各项规章制度和管理条例，应当维护学生的合法权益，这不仅符合罗杰斯人本主义的教育理念，更重要的是，青春期是每个学生心理发展和人格塑造的重要时期，而职校生相比普通高中学生，往往存更多的心理和行为问题，因此，在制度文化建设中，应体现包容性，处处渗透人文关怀，一方面能为职校生的成长提供宽松的环境，另一方面，让职校生感到被重视，增强自信心，有利于职校生人格的塑造和心理的健康成长。

（二）提升制度的执行力

班杜拉在其观察学习理论中强调了榜样示范的作用，良好的榜样对学生心理的发展有积极的影响作用。作为职校生，学校的一言一行，对其心理的发展有潜移默化的作用。如果学校制度执行力较低，做事拖拉，或经常不能按规章制度办事，那么必然会影响学生将来的制度执行力，导致其不良行为习惯，影响心理健康的发展。

（三）体现制度的职业性

相比普通高校而言，职校生未来的发展趋势较明显，基本都以就业为导向。因此，学校制订相关制度的时候，应该多考虑自己学校专业的特点，多创造一些有利于本校学生获得专业实践和发展机会，多举办一些职业类的校园文化活动，一方面能为学生将来的职业发展提供平台，另一方面让学生有更多的锻炼机会，可以更好地磨炼学生的心理品质，减轻正式踏入工作岗位时可能产生的焦虑情绪，增加自我效能感。

三、创建深刻的职校精神文化

精神文化建设主要通过活动渗透的方式展开，一般而言，一个学校文化活动开展的好坏对学生心理的发展有很大的影响作用，优质校园文化活动的开展不仅可以陶冶情操，发挥个体的潜能，更能提升学生的心理品质。职校生校园文化活动主要包括艺术文化活动和心理文化活动。

（一）积极开展各种校园艺术文化活动

精心组织社团活动。社团是职校生课外活动的重要基地，学生通过社团不仅能获得充分的人际交往，锻炼自己的能力，更能磨炼自身品质，挖掘自身潜能。职业学校在进行社团建设的时，一方面，可以把社团纳入学分制，让每一个学生都参加到社团活动中来，通过这样的方式，促进人际交往；另一方面，坚持学生自主创建、教师指导的原则，调动学生的积极性和主动性，激发学生的创造力，通过教师的适当指导，保证社团活动的有效性和针对性，从而促进社团中每个学生的成长。

积极开展主题教育活动。主题教育活动是学校教育的一个重要契机和平台，通过有针对性的主题教育活动，可以增强学生对某一主题的深刻认识，提升学生的心理品质。职业学校在开展主题教育活动的时，一方面，要注重主题的新颖度，只有贴近学生生活的主题才能更受学生欢迎，学生在参与这些活动的时候往往动机更强，有利于培养积极品质，塑造健康的人格；另一方面，要注重学生自主体验，说一百次不如做一次，只有学生亲自体验过的活动，才能印象更深刻，学生通过自我体验的方法，可以更好地塑造自身品格，提升自我心理素质。

以创新、创意理念为引领，打造品牌活动。品牌活动是每个职业学校的特色活动，也是最有影响力的活动。通过品牌活动的开展，一方面可以提升学生的专业技能，锻炼学生的能力，如独立思考的能力、团队协作的能力；另一方面也可以通过不同类型的品牌活动，培养学生的积极情绪，提升自我效能感，形成正确的自我认识。

（二）积极开展各种校园心理文化活动

学校把心理健康教育活动作为校园活动的一个重要方面，把心理文化的营造作为学校文化建设的一个重要方向，根据职校生不同年龄阶段的特点，开展有针对性的心理健康教育活动，旨在构建一种积极向上的心理文化氛围，促进学生的心理健康和人格的完善。

个性心理测试。心理调查是了解学生心理发展状况最直接也最客观的一个方法，可以根据不同年龄的特点，开展相应的心理健康调查工作。一方面可以建立学生的心理档案，了解学生的心理发展状况，及时发现心理有问题的学生，做到及时发现，及时反馈，及时治疗；另一方面，通过职业类心理测试，如霍兰德职业兴趣量表，让学生更好地了解自己的职业兴趣、职业性格，为将来的就业发展做指导。

团体心理辅导。团体心理辅导是学校心理工作的一个重要方面，通过体验式互动的方式，让学生在人际互动中有所收获，进而达到改善学生心理，促进其身心发展的目的。职校生团体辅导可以从以下方面开展，根据前期心理健康调查的结果，学校心理工作室筛选出相应的学生，开展团体心理辅导工作。通过这样的方式，一方面可以有针对性地选择个体，另一方面，让学生能有一个充分体验和受训的时间，在团辅结束后，可以再进行相应的心理测试，从而了解整个团辅的效果。另外，由于当代的职校大多是独生子女，并且又处于青春期阶段，可能更加的自我，情绪情感不稳定，人际关系不和谐，所以有针对性地开展适合学生成长需要的团体心理辅导工作，做到有的放矢，更有利于促进职校生心理的成长。

开设心理课程。要在学校营造良好的心理氛围，让更多学生了解心理、参与到心理活动中来，心理课程的开设无疑是一个非常好的平台。目前，很多职校也开设了心理健康课程，但更多的是以心理讲座或心理选修课的形式展开，虽然受众面广，但持续性效果并不明显，许多学生往往当时很受启发，但之后又回到了原样。另外，许多职校的心理健康课程针对性并不强，往往难以体现职业学校的特色。因此，要根据不同年级学生发展的特点，各学校选定专门的心理教师，开设长期的心理健康教育课程，让学生感受到心理健康教育的重要性。心理老师在选用教材或编写教案的时候，要充分考虑本校学生发展的特点，在上课前先了解学生发展状况以及学生的关注点，并结合学校的办学理念、职业方向，有针对性地设定心理健康课程。

心理知识的普及。心理学对于学生而言是一门既陌生又神奇的学科，许多学生听到“心理”这个词，都觉得很神奇，但同时也会有些忧虑，担心是不是有心理问题的人才要上心理类课程。因此，要在职校构建一种心理健康的氛围，必须大力普及心理知识，让学生了解心理学，走近心理学。例如，积极开展心理类讲座，利用校园广播进行心理知识的宣传，开展心理知识竞赛等。

本章小结

职校生心理健康教育文化模式旨在通过校园文化建设的内在和外在的影响，把职校心理健康教育置于职校生所处的时代和社会环境中进行审视，为学生营造积极向上的环境，从而促进学生的身心和谐发展。建构该模式，要以维果斯基的文化历史发展论、班杜拉的观察学习理论和罗杰斯的人本主义理论为基础，从目标、条件、内容、评价等方面系统建构。在该模式的实施方面，必须充分考虑职业学校的自身特点，从物质文化、制度文化和精神文化三个层面入手，针对传统模式的单一粗放、内涵缺失、理念淡薄、层次不高等缺点，积极建构优质的物质文化、合理的制度文化以及深刻的精神文化。其中，物质文化建设包括环境建设和校园设施建设；制度文化建设要体现人性化、职业性，并富有执行力；精神文化建设包含艺术文化活动和心理文化活动。通过这些工作的开展，建立以教师为主导、学生为主体、各方面协调一致的心理健康教育文化模式，促进职校生素质的全面协调可持续发展。

（常州艺术高等职业学校　高慰　杭国金　叶民　左逸清）

第十四章

职校生心理健康教育家校合作模式的建构

教育部《中等职业学校学生心理健康教育指导纲要》(2004 年)明确指出:“建立学校与家庭密切联系与沟通机制,通过家长学校、家长会、教师家访等各种形式,加强与学生家长的沟通,发挥家庭的作用,使学校和家庭形成合力,共同做好心理健康教育工作。”这为职校生心理健康教育家校合作提供了“法理”依据,但要科学地开展职校生心理健康教育家校合作,还需探明其“学理”依据,即明确职校生心理健康教育家校合作的内涵,把握职校生心理健康教育家校合作的特征和规律,并在此基础上建构科学的职校生心理健康教育家校合作模式。

第一节 职校生心理健康教育家校合作模式的概述

苏联教育家苏霍姆林斯基曾说过:“教育的效果取决于学校和家庭教育影响的一致性。如果没有这种一致性,那么学校的教育和教学过程就会像纸做的房子一样倒塌下来。”职校生心理健康教育也是如此。家庭教育和学校教育对职校生的心理发展都具有重要的作用,只有确保二者在教育过程中协调一致才能产生教育的合力,从而实现心理健康教育效果的最大化。

一、职校生心理健康教育家校合作模式建构的教育背景

职校生心理健康教育家校合作模式的提出是立足于当代教育理念的发展、职校生心理健康教育实践的要求以及职校生心理发展的现实需要做出的理性抉

择。基于这样的教育背景，家庭和学校合作开展职校生心理健康教育的必要性和重要性日益凸显。

1. 顺应家校合作发展的需要

20世纪后期，教育领域的一个重大思潮就是大教育观的兴起，以此为基础构建大教育体系成为教育领域的一项重要工作。所谓的大教育体系，就是将教育视为一个系统工程，形成家庭教育、学校教育和社会教育的三位一体，而家校合作就是这一大教育体系中不可或缺的组成部分。为响应这一教育发展趋势，推动人的全面发展，各级各类学校在德育、智育、美育等方面都纷纷开展起了形式多样的家校合作，并取得了不错的成效。作为职业教育重要组成部分的职校生心理健康教育，理应紧跟教育改革发展的新趋势，顺势而为创新举措。

2. 实现人的全面发展的需要

从教育的目的来看，现代教育的核心旨趣是促进人的全面发展，家校合作也不例外。人的全面发展，实质上就是各方面素质的全面发展，就是各方面素质的协调发展，就是各方面素质尽可能多的发展。人的整体素质分为生理素质、心理素质以及社会文化素质，其中心理素质在整个素质结构中占据了重要地位："心理素质是核心素质；心理素质是基础素质；心理素质是第一素质。"当前职业教育家校合作的内容体系，多集中在道德素质和社会文化素质上，体现在学科上，就是包括了德育、智育、技能教育在内的三大方面的内容，而偏偏缺少了心理素质也即心理健康教育这一重要板块。"不重视良好心理素质培养的素质教育是不完整的素质教育，不从实施心理教育的角度去全面推进素质教育，人才素质的全面提高只能是一句空话。"❶ 因此，将心理健康教育纳入职业教育家校合作体系，对于家校合作致力于人的全面发展目标的落实，全面素质的提高，具有不可或缺的重要意义。

3. 提升心理健康教育成效的需要

学校和家庭是职校生最重要的两个成长环境，都会对职校生的心理发展产生重要影响。申继亮教授曾指出："只有学校心理辅导者、教师、家长和教育决策者形成强大的合力，才能有效地实施心理健康教育。"然而在现实的心理健康教育过程中，尽管职校非常努力，但由于缺少科学的家庭教育的支持，尤其受家庭不良育人环境、不当教育方式的影响，学校心理健康教育的效果往往

❶ 崔景贵. 素质教育场域中的心理教育［J］. 中国教育学刊，2003（7）：30－34.

大打折扣。现实已经表明，学校单方面的力量在现代教育的生态环境中日显单薄，仅靠学校的教育力量已无力支撑起完整的心理健康教育空间，要想推动职校生的健康成长，必须优化家庭教育的环境，提升家庭教育的质量，以形成和学校心理健康教育的积极呼应。为此，学校必须联合家庭共同致力于职校生心理健康教育，消除教育断层，加强教育时空的链接，形成教育合力。唯有如此，才能真正提高职校生心理健康教育的成效。

4. 推动职校生人格现代化发展的需要

职校生心理的发展，在很大程度上就是职校生人格的发展，因为人格是一个人心理面貌的集中反映。人格是在先天遗传因素的基础上，经过后天环境因素多方面综合作用的结果。其中，“家庭对学生人格发展的影响，从某种意义上来讲比学校更为持久和深远”。[1] 这就要求在进行心理健康教育的过程中，必须格外重视家庭因素，包括家庭结构、家庭成员的关系、家庭的氛围以及父母的教养方式等对职校生人格发展的影响。家校合作开展职校生心理健康教育，可以使家长在和老师的交流互动中渐渐弥补自身原本在这方面意识、知识与技能的不足，促使家长认识到家庭在职校生心理成长中的重要性，推动家长主动改善家庭教育环境，自觉提升家庭教育的针对性和科学性。而当家庭教育和学校教育形成合力，必将大大有助于职校生人格的现代化发展。

二、职校生心理健康教育家校合作模式的基本内涵

心理健康教育家校合作是指“家庭和学校围绕‘帮助学生解决成长过程中的心理问题，促进学生心理素质提高和心理健康发展’这一目标，形成一种相互支持，相互补充的协调关系，从而实现心理健康教育效果的最优化”[2]。家庭和学校合作开展职校生心理健康教育，从根本目的上来看虽然都是为了推动职校生的心理发展，但二者在具体的教育环境、内容、方法等方面都存在很大的差异，甚至存在着对立和冲突。职校生心理健康教育家校合作模式的提出，就是试图在心理健康教育过程中，通过家庭教育和学校教育有效的互动实现双方的优势互补和自我优化，在一定的竞争冲突中寻求双方的沟通协作与共存共赢。因此，理解职校生心理健康教育家校合作模式，“合作”二字是关键。

---

[1] 徐光兴主编．学校心理学——教育与辅导的心理（第二版）［M］．上海：华东师范大学出版社，2009：288.

[2] 伍新春主编．中学生心理辅导［M］．北京：高等教育出版社，2010：252.

合作是家庭和学校在平等的基础上，通过家校双方的联系、沟通、协调等一系列互动环节实现的。第一，在心理健康教育活动中，家庭和学校的地位是平等的，双方应该视彼此为教育过程中的伙伴，这是合作的前提。第二，家庭和学校需要通过各种渠道发生直接的联系，这是合作的开始。第三，家庭和学校需要针对心理健康教育过程中的问题进行沟通和探讨，双方能够自由地表达自己的观点、看法，这是合作的重要一步。第四，家庭和学校需要在沟通中不断调整自己的教育理念和教育方法，使双方在一些具体问题上达成共识，在教育活动中协调一致。只有这样，家庭和学校才能在心理健康教育的过程中步调一致，形成教育合力，真正实现职校生心理健康教育家校合作。

作为一个教育整体的职校生心理健康教育家校合作，具有以下几个方面的含义：

1. 家校合作意味着双方教育优势的互补

家庭和学校是两个截然不同的育人环境，有着各自的优势。学校教育在科学性、系统性、专业性上强于家庭教育，但“家庭教育具有亲和性、即时性、恒常性特点，这决定了它具有其他教育形式不可替代的优势”。[1] 家校合作，意味着家庭和学校可以在相互沟通、交流、学习的过程中，互通有无，借助对方的优势，弥补自身的不足，形成心理健康教育优势的互补。

2. 家校合作意味着双方教育责任的共担

心理健康教育是一项需要高度责任感和使命感的活动，家庭和学校是承担这一责任的共同主体。虽然在家校合作开展心理健康教育的过程中，家庭和学校承担的具体任务有所差异，但是二者的责任是对等的。家校合作开展职校生心理健康教育的过程，就是唤起二者心理健康教育责任意识的过程，就是共同承担教育责任的过程，同时也是履行各自教育责任的过程。

3. 家校合作意味着双方教育合力的形成

家庭教育和学校教育原本分属于两个不同的教育时空，二者基本上是各自为阵、各自为战。家校合作，就是家庭和学校各自的心理健康教育理念、方式、方法等经过碰撞和交锋后，各自反思并寻求共同的立场，互相配合，密切合作，“心往一处想、劲往一处使”，形成心理健康教育合力。

---

[1] 杨雄，刘程. 关于学校、家庭、社会“三位一体”教育合作的思考［J］. 社会科学，2013（1）：92－101.

三、职校生心理健康教育家校合作模式的基本类型

职校生心理健康教育家校合作本无固定的模式，因各个学校教育理念、教育目标、教育条件等的不同而有所差异。为方便论述，从联系和实施两个角度对职校生心理健康教育家校合作模式进行分类。

（一）职校生生心理健康教育家校合作的联系模式

健全家校联系途径，探索有效的联系模式是家校合作开展职校生心理健康教育的前提。联系模式主要包括以下三种：

1. 基于常规活动的联系

常规活动的联系模式包括家访、家长来访以及家长会等。这一模式有助于全面了解职校生校内外的行为表现和心理动态，把握学生的个性心理特征，同时在一定程度上改变部分家长在心理健康教育过程中对学校过分依赖心态。但对教师而言，由于涉及的学生面广，工作费时费力，需要付出较多的时间和精力。

2. 基于专题研究的联系

该模式是指教师就心理健康教育实践中的某一问题开展问卷调查，进行定性或定量的研究分析。在此过程中，教师与家长及时有效地互通信息，有针对性地与家长共同研究有效的教育方式。该模式能在确保一定科学性的前提下调动家长参与心理健康教育的积极性，培养家长参与心理健康教育意识和责任。由于研究性的家校联系模式针对性强，处理问题及时，因而效果比较明显，同时也有助于提高教师的心理健康教育科研能力。

3. 基于特定群体的联系

该模式是就某一特定类型的职校生群体，教师与家长共同探讨教育方法，进行针对性的心理健康教育的一种模式。比如，针对具有某一文体特长的职校生群体、面临升学或求职的职校生群体等，教师与这部分学生的家长一起协商讨论家庭教育的方式和方法，为这部分学生的发展创造条件。

通过以上联系模式，教师和家长经过不断的沟通和反馈，密切了彼此之间的关系，加强了彼此之间的互信，在教育理念、教育方法上彼此共享，这些都将有助于家庭和学校教育合力的形成，共同促进职校生的心理发展。

（二）职校生心理健康教育家校合作的实施模式

实施模式重在整合学校与家庭的教育力量，把家庭心理健康教育看作学校心理健康教育的一个重要组成部分，提高心理健康教育的实效。

1.“以校为本”的模式

该模式从学校心理健康教育改革与发展的需要出发，根据学校自身的实际情况和学生共性的心理特点，在学校开展心理健康教育活动的过程中联合家庭一同参与的一种模式。该模式旨在发挥学校心理健康教育在科学性、系统性、专业性方面的优势，同时兼顾家庭对学校心理健康教育的支持作用，以弥补学校心理健康教育的不足。

2.“以家为本”的模式

该模式以家庭为中心，由学校根据家庭的具体情况，通过各种形式的指导和培训，促使家长改善家庭育人环境，提高家庭心理健康教育质量的一种模式。该模式的重点是学校通过多种形式的活动培养家长心理健康教育的意识，学习心理健康教育的知识和简单技能，充分发挥家庭心理健康教育的优势，学校在家庭开展心理健康教育的过程中给予充分支持。

3.“以生为本”的模式

理论上讲，任何一种职校生心理健康教育家校合作模式都要以职校生作为根本出发点，围绕职校生的心理发展来实施。但“以生为本”的模式主要强调的是根据每一个学生不同的个性心理特征和心理需要，帮助家长在了解自己子女独特性的基础上，与家长共同探讨有效的教育措施，以达到发展学生个性的目的。

家校合作开展职校生心理健康教育的模式很多，理论上讲只要是对学生的心理发展有益的模式都可以在实践中探索运用。另外，不同的心理健康教育模式往往是基于一定的理念结合某些具体的情境逐步提炼而成的，因而对模式的选择不宜机械照搬，要结合学校和家庭的实际，在运用中不断创新模式、超越模式。

第二节　职校生心理健康教育家校合作模式的科学建构

开展系统的职校生心理健康教育家校合作，需要以一定的心理健康教育模式为依托。模式的建构，既要根植于教育现状，又要有一定科学理论作指导。

一、职校生心理健康教育家校合作的现状

总的来看，当前职校生心理健康教育家校合作大多尚处于尝试摸索的阶段，家庭与学校在心理健康教育方面的互动层次较低、形式单一、缺乏规划，暴露出诸多的问题亟待解决。

1. 家校缺乏互信，合作基础不佳

家庭和学校双方的互信是家校合作开展职校生心理健康教育的前提。但是一些家长心理健康教育的意识淡薄，甚至对心理健康教育存在偏见。对部分家长来讲，他们主要关心的是子女的职业技能发展和就业问题、学业进步和升学深造问题，而对学校开展心理健康教育不理解、不支持。并且，由于他们自觉心理健康教育专业性太强，自身不具备相关的知识，因而认为开展心理健康教育是学校应该主动承担的责任，联合家长开展心理健康教育是学校推卸责任、无能的表现。从职校方面来看，一些教师认为家长受教育程度参差不齐，教育理念千差万别，并且对子女进行心理健康教育的意识薄弱、技能缺乏，与家长探讨心理健康教育无疑是“对牛弹琴”、“自讨苦吃”，从而在心理健康教育家校合作上产生了畏惧、畏难情绪，不愿意与家长在这方面进行合作。带着这种对立态度的家长和教师，缺乏合作中必要的互信，很难真正建立良好的合作关系。

2. 教育理念滞后，合作内容狭隘

职校心理健康教育理念在很大程度上决定了家校合作的内容。部分职校自身的心理健康教育理念比较落后，固守着“问题解决式”的心理健康教育，体现在家校合作中，往往是等到学生出了严重的心理或行为问题，教师才想起家长、家教，缺乏必要的基于学生心理发展的常规联系和常规活动。这不仅导致家校合作只集中在少数问题学生身上，造成家校合作内容狭隘，另外还容易造成一旦问题得到缓解，合作就不再继续下去的局面。

3. 组织不力，缺乏计划

完善的活动计划是达成家校合作目标的基本保证。系统、周密、科学和具体的活动计划不仅是活动开展的指南，而且能促进活动的顺利进行。然而，目前大多数家校活动在开展前缺乏针对合作内容的细致准备，也未就活动中可能出现的状况做缜密的推敲，甚至对活动结果的预测也只是想当然，使得整个合作过程常常处于放任随意的状态之中。这种准备不足、组织不力的家校活动，不但收到的效果微乎其微，还会极大地挫伤教师和家长对家校合作的积极性，影响家校合作的连续性、长期性。

4. 单向灌输多，互动交流少

家校合作是一个双向互动的过程，是家长和教师相互了解、相互配合、相互支持的过程。然而在具体家校合作活动中，一些职校将单向的知识传输作为主要的甚至是唯一的形式。如许多教师为帮助家长树立正确的心理健康教育观念，把一些心理健康教育的知识发到家长手机上，或者把家长会仅仅当成对家长的教育。由于缺乏必要的沟通与交流，这些内容的针对性和实用性不强，加上缺乏深入浅出的举例说明，很难被家长真正接受并内化为自觉教育理念和教育行动。

问题在向人们昭示着职校生心理健康教育家校合作不足与缺陷的同时，实际上也意味着这项工作大有可为。科学建构职校生心理健康教育家校合作模式，是开展这项工作的必由之路。

二、职校生心理健康教育家校合作模式建构的理论基础

建构职校生心理健康教育家校合作模式离不开科学理论的指导，从心理学的视野来看，主要包括艾里克森的自我同一性理论、班杜拉的社会学习理论以及布朗芬布伦纳的生态系统理论。

1. 艾里克森的自我同一性理论

美国心理学家艾里克森（E. Erikson，1902—1994）认为，人的心理发展可以分为八个不同的阶段，贯穿于人的一生，发展的过程就是解决特定阶段“心理危机”的过程。危机的解决，需要依靠心理结构中的“自我”这一重要力量。艾里克森将青春期作为人的心理发展的第五个阶段（12～18 岁），其发展的主要任务是形成“自我同一性”，避免“统合危机”，为进入成年期打好基础。艾里克森指出，青少年之所以出现统合危机主要基于两方面的原因：一是“社会文化急剧变迁所带来的价值观方面的矛盾使青年人无法适应”，二是“父母和其他老一辈人本身缺乏牢固的信念基础，因而无法给青年人提供适当的指导”[1]。职校生正处于青春期，同样面临着艾里克森所说的发展危机。因此，开展职校生心理健康教育必须重视家庭教育的重要作用，通过家校合作，提升家长的教育水平，发挥好家长在职校生适应社会变迁方面的重要指导作用，使职校生顺利实现自我的发展。

2. 班杜拉的社会学习理论

美国心理学家班杜拉（Albert Bandura，1925—　）通过一系列的实验研究指出，人类的大多数行为是通过观察学习得来的，即通过观察模仿榜样的行为而获得新的行为，并且榜样行为所导致的后果，只会影响人在该行为方面的表现，但不影响该行为的习得。家庭作为职校生成长的最初的环境，父母作为

---

[1] 叶浩生．西方心理学理论与流派［M］．广州：广东高等教育出版社，2004：334－335.

职校生最初的榜样，职校生的许多行为都是从父母处习得的。但是父母往往意识不到这一点，当职校生出现种种问题行为时，往往对他们横加指责，却没有意识到也许“问题父母”才是“问题子女”的制造者。家校合作开展心理健康教育，就是要发挥职校的主导作用，通过对父母进行一系列的培训，使父母意识到自己的言行对职校生的示范作用，从而促使父母改进自己的言行，为职校生的健康成长树立良好的榜样。

3. 布朗芬布伦纳的生态系统理论

美国心理学家布朗芬布伦纳（Urie Bronfenbrenner，1917—2005）提出了人的心理发展的生态系统理论，把正在成长中的个体看成受他人周围环境多种水平影响的复杂关系系统。他把环境看成互相关联的从内向外的一层包一层的结构系统，每一层环境与人的关系都是双向的和交互作用的，都对心理发展有重要影响。完整的生态系统由内向外包括四个层次：一是微观系统，是个体直接接触的环境以及与环境相互作用的模式，包括学校家庭等；二是中介系统，指促进儿童发展的各种微观环境之间的联系，比如学校和家庭对儿童教育的一致性程度；三是外层系统，指儿童生活的社会环境，如邻里社区、亲戚朋友等；四是宏观系统，指社会文化价值观、风俗法律以及其他文化资源。该理论关于前两个系统的论述对建构职校生心理健康教育家校合作模式具有直接的指导意义。在开展职校生心理健康教育的过程中，不仅要重视家庭环境和学校环境对职校生心理发展的重要影响，同时还要通过有效的合作使家庭教育与学校教育保持较高度的一致性，也就是要发挥二者的教育合力，共同推动职校生的心理成长。

三、职校生心理健康教育家校合作模式的理论建构

建构科学的职校生心理健康教育家校合作模式，把握教育的科学性，提高家长的积极性，确保模式的针对性。完整的职校生心理健康教育家校合作模式主要包括理念、目标、条件、程序和评价等五个方面。

1. 职校生心理健康教育家校合作模式的基本理念

明确职校生心理健康教育家校合作模式的基本理念是科学建构该模式的首要前提。心理健康教育理念是对全部心理健康教育实践的凝练和总结，同时又是在此基础上进行提升与超越，它反映了心理健康教育的应然走向，表达了教育者的教育理想和教育信念。首先应当明确，人永远是心理健康教育的核心旨趣，实现人本身的价值是心理健康教育永恒的价值追求。通过家庭心理健康教

育与学校心理健康教育的合力，使职校生成长为既适应于社会发展的人，又充分自我实现的人，也即社会价值和个人价值和谐发展的人，这应该是职校生心理健康教育家校合作本真的追求。其次，人的心理发展是多方面因素综合作用的结果，忽视任何一种因素都会造成人心理发展的不平衡。家校合作开展心理健康教育，就是要将家庭和学校这两种对职校生心理发展影响最大的力量紧密联系到一起，通过二者的相互沟通相互协作，最终实现“1+1>2”的教育合力，推动职校生心理的和谐发展。

2. 职校生心理健康教育家校合作模式的主要目标

明确的目标是职校生心理健康教育家校合作模式的核心要素，所有的教育活动都是围绕着一定的教育目标来开展的，具有指向性的作用。职校生心理健康教育家校合作模式的目标主要包括以下几个方面：一是提升学校心理健康教育的针对性和实效性。家校合作就是要让教师在和家长的互动中，全面地了解职校生各方面的心理特征，及时掌握职校生的心理动态，从而提高学校心理健康教育的针对性和实效性。二是提升家庭心理健康教育的质量。学校要通过各种家校合作活动的开展，提升家长关于家庭心理健康教育的意识，强化家长家庭心理健康教育的责任感，为家长提供必要的心理健康教育知识和技能，帮助家长改善家庭育人环境，从而提高家庭心理健康教育的质量。三是要推动职校生心理的全面发展，和谐发展。这也是该模式最重要的目标。职校生心理的全面发展，就是要使职校生心理的各个方面，包括知、情、意、行等全部能够发展，并最大化地发展；职校生心理的和谐发展，就是要让职校生心理的各个方面协调发展。

3. 职校生心理健康教育家校合作模式的主要条件

职校生心理健康教育家校合作的顺利开展离不开各方面条件的支持，其中比较重要的包括：①组织保障。组织保障是为了确保职校生心理健康教育家校合作的规范性和连续性。如成立专门的职校生心理健康教育家校合作委员会或是工作领导小组，由教师和家长共同组成。②制度保障。制度保障有利于形成规范的工作程序，确保工作的条理性，同时对家长和教师的教育行为起到激励和约束的作用。③师资保障。职校生心理健康教育家校合作对教师提出了更高的要求，需要教师既有家校合作的热情，又要具备较高的专业水平。这就要求要对教师进行专门的培训，强化教师的合作理念，提升合作能力，增强开展心理健康教育的业务素质。④物质保障。家校合作的顺利开展离不开必要的物质基础，经费投入。学校可以发挥家长的资源优势，寻求社会的支持，为家校合作活动的开展提供必要的物质保障。

4. 职校生心理健康教育家校合作模式的实施程序

职校生心理健康教育家校合作的顺利开展，需要一系列系统的规划。第一，成立专门的教育组织，如职校生心理健康教育家校合作委员会或是工作领导小组，由教师和家长共同组成。有条件的学校可以聘请专家顾问来指导。第二，制定基本的规章制度，包括组织的组成方式、领导的职责、家长与教师的基本权利和义务等。第三，编写整体规划，制定教育计划。整体规划包括大的模块的建设；教育计划包括总的教育目标的设定、具体的活动次数、可以采取的活动方式，等等，可以以学期为周期制订，内容较为宏观。第四，根据教育计划设计具体的活动方案，内容要详细具体。包括具体的活动目的、参与的人员组成、活动的具体形式、活动的步骤、需要的物质条件、对可能出现的意外的应对等，要详细具体。第五，组织开展活动，落实活动方案。第六，对活动效果进行评估。在开展职校生心理健康教育家校合作的全部过程中，家长和教师都要全程参与，充分沟通，体现合作精神。

5. 职校生心理健康教育家校合作模式的评价策略

教育评价对教育活动的开展具有指挥棒的作用。但由于职校生心理健康教育家校合作模式尚处于探索之中，涉及诸多因素，面临诸多困难，基于该模式的教育评价尚处于建设之中，因此不管建立何种评价体系，首先是要澄清几个问题。一是基于心理健康教育的特点，对职校生心理健康教育家校合作的评价要有别于基础教育领域家校合作的评价。二是职校生心理健康教育家校合作的评价要有别于一般心理健康教育家校合作的评价，要体现职业学校职业教育的特色。三是要对家长进行评价。既然是家校合作，那么家长和教师都要承担一定的职责，要将家长纳入到评估体系中来。

应该说，如果能将理念、目标、条件、程序、评价等因素精心设计，协调完善，必将有助于提高职校生心理健康教育家校合作模式的系统性，使该模式在教育实践中发挥应有的作用。

四、职校生心理健康教育家校合作模式建构的原则

建构职校生心理健康教育家校合作模式是一个系统工程，需要协调方方面面的因素。总的来说，重点要把握以下几个方面的要求。

1. 以学校为主导

职校生心理健康教育家校合作模式虽然将家庭教育纳入了职校生心理健

康教育的体系中，但是这一模式仍是职校心理健康教育的一部分，必须以学校为主导。“学校是从事教育的专门机构，拥有大量的教育专职人员，能按教育规律科学地对学生施以教育。这些专职人员懂得教育学、心理学的知识，懂得儿童的身心特点和发展规律，掌握科学的教育方法”[1]，正是学校的这种特殊性，赋予它主导家长参与学校心理健康教育活动的使命。学校的主导作用体现在使家长不仅懂得在家庭中怎样开展心理健康教育，而且了解学校是如何教育学生、按照怎样的规律教育学生、家长又当如何配合和参与学校工作等。只有学校为家长提供广泛的参与学校心理健康教育活动的机会和渠道，使家长获取学校的各种信息，了解并逐步掌握学校心理健康教育的规律与方法，才有可能提高家长参与学校心理健康教育水平，提高家校合作的实效。

2. 以家庭为主体

建构职校生心理健康教育家校合作模式，家庭教育是基础。家庭教育在教育者的权威性、教育过程的感染性、教育内容的丰富性、教育策略的针对性、教育方法的灵活性、教育环境的连续性等方面优势明显，无论学校教育多么重要、不可缺少，也不可能代替家庭教育的影响和作用。因此，家校合作开展职校生心理健康教育必须以家庭为主体，学校要在调动家长参与的积极性以及提高家长的教育水平上多下功夫，使家庭教育本身具备的优势得到科学系统的、淋漓尽致的发挥。家庭教育的水平提升了，家校合作开展职校生心理健康教育的质量才能有所保证。

3. 以学生为核心

之所以要家校合作开展职校生心理健康教育，不只是为了学校与家庭教育愿望的统一，也不只是出于双方教育方法的完善，而是基于共同服务于职校生健康成长的需要，是以人为本、以学生为本理念的要求，其根本的出发点以及最后的落脚点都是为了实现职校生心理的全面和谐发展。作为家校合作关注的中心人物，职校生对家校合作的认识与态度显然影响着活动的实效性。如果合作仅仅停留在家长与学校对话的层面上，忽视职校生的核心地位、忽视职校生的内在需求、忽视挖掘职校生自我教育的主动性和积极性，这样的合作往往会遭到职校生的抵触和排斥，很难取得良好的教育效果。这就要求家长和教师既要认识到职校生是有意识、有思想、有个性的独立个体，尊重职校生的独立

---

[1] 马忠虎. 基础教育新概念：家校合作［M］. 北京：教育科学出版社，1999：44.

性；同时要让职校生理解家校合作的意义与价值，使广大职校生群体理解和接受家长与教师的努力，接纳家校合作的形式，家校合作开展心理健康教育才有可能达到最初的目的。

4. 体现模式的“本土化”

职校生心理健康教育家校合作模式没有“放之四海而皆准”的固定套路。在建构这一模式的过程中，要基于学校的特色、家庭的特征、学生的特点，从具体的实际出发，不断发挥家庭和学校的智慧，在借鉴现有模式的基础上不断实现创新与超越，建构富有自身特色的职校生心理健康教育家校合作模式。

5. 确保模式的整体性

职校生心理健康教育家校合作模式作为一个整体，涉及家庭和学校两个大的子系统，包含了理念、目标、条件等各种因素，如果不能协调好子系统之间以及整个系统内部各因素之间的关系，势必造成该模式内部的冲突与紊乱，不但不可能发挥该模式在教育实践中应有的作用，甚至可能会造成新的教育问题，导致双方教育力量的消解。确保该模式的整体性，就是要处理好各方面的关系，在该模式内部形成有序的结构，使各因素之间产生有机的联系，最终使该模式的整体功能最大化。

第三节　职校生心理健康教育家校合作模式的实施策略

开展职校生心理健康教育家校合作，既要充分利用好已有的家校合作的平台，将心理健康教育的内容有机地渗透到现有的家校合作内容体系中去，使心理健康教育家校合作成为整个家校合作体系发展过程中新的增长点和突破点；又要保持心理健康教育家校合作的相对独立性和完整性，这应该是当下职校生心理健康教育家校合作应该坚持的总原则。职校生心理健康教育家校合作模式的实施策略主要包括以下几个方面。

一、提高认识，营造家校合作氛围

家长与教师能否建立并维持良好的合作关系是开展职校生心理健康教育家校合作的前提条件。因此，采取有效的策略，加强家长与教师的沟通和理解，成为开展职校生心理健康教育家校合作的一项重要任务。营造良好的家校合作氛围，主要有以下策略：

（一）加强制度建设，明确学校和家庭必备的职责与义务

家校合作开展职校生心理健康教育中暴露出的诸多问题，很大程度上源于缺乏制度的保障，只有加强职校生心理健康教育家校合作相关制度的建设以及相关政策的宣传，明确学校、教师和家庭三者在职校生心理健康教育中的责任和义务，使合作中的各项工作有章可循，才能够从根本上解决当前职校生心理健康教育家校合作缺乏规范性的问题。因此，教育主管部门应该抓紧建设和完善相关规定和相关制度，并将这项工作列入职校日常管理工作，使职校生心理健康教育家校合作制度化、规范化、常态化。同时，要加强职校生心理健康教育家校合作相关制度的宣传，明确家庭和学校在合作中各自的责任和义务，避免家长和教师在开展职校生心理健康教育家校合作过程中责任的错位与失位。比如，职校可以制订专门的《心理健康教育家校合作制度》，由分管德育的学校领导主抓，以专职心理健康教育教师为核心、全体教师为基本力量，明确教师和家长的基本职责，确定心理健康教育的主要内容，并通过家长会、家长学校等途径，在家长中做好相关宣传工作。

（二）营造合作氛围，为教育活动的开展奠定良好的基础

家校合作开展职校生心理健康教育的重要前提之一是建立良好的合作关系。家长和教师由于教育理念、教育视野、知识背景等方面的差异，处理不当容易影响双方合作关系的形成和维持。这就要求教师和家长要学会彼此尊重，抛弃成见，敞开心灵去彼此倾听，乐于接纳对方的意见或建议，善于反思自己教育理念、教育方法、教育行为。教师要摒弃对家长教育知识、教育能力方面的怀疑，重新认识家长在育人过程中的独特价值，把家长当做平等的合作伙伴和得力助手，主动接受家长的监督。家长既要避免教育活动中对教师过于依赖、盲目信从的心理，又要防止对教师过度怀疑、全然否定的心态，在家校合作活动中抱着平常心与教师进行交流互动。为了与家长建立良好的合作关系，职校可以充分利用自身的网络资源，通过“校信通”搭建学校与家长之间沟通的平台，共同探讨家庭教养的方式、方法以及效果。学校还可以在已有的心理健康网站中开设专栏，将最新的家庭教育理念与方法等陈设在专栏中供家长查阅，让家长分享教子心得，也可以就自己遇到的问题向学校心理健康教师咨询。

二、加强培训，提高家校合作水平

职校生心理健康教育家校合作的效果在很大程度上取决于双方的教育水平。

因此，通过有效的途径提高家长和教师的教育素养，成为亟需解决的问题。

（一）加强教师培训，提高教师合作能力

教师的教育观念和工作方式直接影响着家长参与职校生心理健康教育家校合作的态度和效果。教师不仅要认识到家校合作的重要性，而且要掌握一定的与家长交流沟通、协作对话的技能。加强教师培训，提高教师合作能力，学校责无旁贷。

1. 提升教师的合作意识，服务于家长

教师既要把家长当做心理健康教育中得力的合作伙伴，又要看作自己服务的对象，遇到问题要及时与家长交流，多倾听家长的意见，放下成见，换位思考，让家长感受到教师的诚意，确保双方的交流在信任的基础上顺利进行下去。尤其值得注意的是，部分教师在以往的心理健康教育家校合作中曾有过一些不愉快的经历，对与家长的合作有抵触情绪，学校要帮助这些教师树立起恰当的家校合作信念，增强家校合作的信心，让教师感受到学校的支持。

2. 提升教师的合作能力，服务好家长

提升教师的合作能力，一是要提高教师的沟通技巧。首先，与家长沟通的内容应该有所选择，主要包括：学生的学习情况、行为习惯、个性和人际交往情况、兴趣爱好、成长经历和家庭背景等方面。其次，要保持足够的耐心。受文化水平的制约，有些家长口头表达能力较差，不能集中围绕一个问题来谈自己的看法，时常出现“东拉西扯”的情况，此时教师要有足够的心理准备，帮助家长厘清思路，同时在诸多头绪中找到问题的关键点。最后，要体现专业性。教师要在沟通中让家长清楚自己孩子的优缺点，明确教育的目标，提供教育对策的建议，让家长信心百倍地投入到孩子的教育中去。二是要提升教师的心理健康教育业务素质。心理健康教育家校合作是一项需要全体教师共同参与的活动，因此提高不同学科教师的心理健康教育知识和能力成为一项重要的工作。为此，职校可以定期或不定期地邀请专家学者做相关的讲座，对教师进行再教育，提升教师整体在心理健康教育方面的意识和能力。

（二）重视家长培训，提升家长合作能力

家长的心理健康教育意识和水平，是影响家校合作开展职校生心理健康教育成效的关键。学校要发挥自身的主导作用，通过多种形式的培训，提升家长的合作能力。

1. 多渠道地组织不同层次的家庭心理健康教育培训

学校可以依据家长、家庭的不同情况，举办有针对性的活动，如开办家长学校、专题讲座、分享优秀家庭心理健康教育案例、印发资料供家长自学等活动，让家长自主选择适合自己的学习方式。这其中，尤其要重视家长学校的建设。开设家长学校，就是要将家长学校作为职校常规教育管理的一部分，每学期为家长学校制订专门的教学计划，对家长进行定期培训。特别是为了提升家长培训的系统化水平，可以组织编写诸如《职校生心理健康教育家长手册》之类的材料作为校本培训教材。教材的内容应包括当代职校生的心理特点，家庭教育的重要性及现实中误区，家校合作开展职校生心理健康教育的重要性等等。为了体现针对性，可以将职校生中常见的包括“手机综合征”、“情绪暴躁”、“惰性心理”、“性格孤僻”、“过度消费”、“亲子关系不和谐”、“男女生交往过密”、“职业理想不明确”等心理行为问题具体呈现出来，以“现状分析”、“案例再现”、“为您支招”的形式，对每一种问题进行细致分析，指出问题背后的心理症结，对家庭心理健康教育进行科学引导。

2. 积极带动家长参与学校的心理健康教育家校活动

家长参与学校的心理健康教育活动是家长体验学校心理健康教育，了解学校心理健康教育的一种重要手段，如让家长走进职校生心理健康教育课堂，或是参与职校生心理剧的排练演出等。切实地参与进学校活动，可以提高家长参与家校合作的主人翁意识，还可以就学校教育提出自己的建议，促进学校心理健康教育质量的提高。同时家长也获得了心理健康教育知识，借以提升自己，改进自己的教育方法，最终实现家校良性互动，促进教育合力的形成。

比如，职校可以充分利用“5·25”心理健康月，邀请家长参与到学校的心理健康教育活动中，通过各种展板，向家长介绍学校心理健康教育工作的开展情况、学生心理健康维护的知识和技巧。班级还可以组织家长参与到学生心理剧的表演中，让学生和家长再现家庭教育的场景，针对问题由家长和学生共同参与讨论，教师在其中对双方进行引导。通过这样的活动，可以增强家长和子女的亲子关系，使家长反思自己的教育理念，并在老师的指导下改进教育方法，可谓一举多得。

三、拓展途径，确保家校合作实效

目前，学校合作的方式种类较多，常用的如家长会及家长开放日活动、打电话沟通、家访、编辑出版心理健康教育报等形式；同时也有基于现代网络平台的合作形式，如利用学校网站开设“家长留言板”、建设班级博客或班级QQ 群等；正式组织上的合作形式由家长委员会组织开展工作，如家长讲坛等。但保障和提升已有家校合作形式的有效性，拓展新的家校合作方式，仍需要不断摸索。

（一）利用多种合作形式，增强互动

家长会是家校合作中最常使用的合作方式，也是家长比较喜欢的交流方式。一次成功的家长会，会让家长和教师都会觉得很有收获。会前，教师应该与家长委员会成员确定会议主题，并提前通过班级博客、QQ 群等途径告知家长，让家长在会前有所准备。会议不应该只是教师的一言堂，教师要注意发言技巧，在向家长介绍学校活动、职校生的学校表现之后，留给家长一定的提问、探讨的时间，实现真正意义上的交流。会后，教师、家长都应该及时总结和反思，借以更好地改进职校生心理健康教育工作。

网络资源是现代教育中的一笔重要财富，它为家校合作提供了交流平台。班级博客、QQ 群等基于网络平台的家校合作方式是家长经常使用的家校联系方式。较之其他合作方式，网络有其独特的优越性。网络方式不受时间和地域限制，更加灵活，正好可以解决家长、教师工作太忙没有时间沟通的问题。不仅是单独的交流，教师和家长也可以就一些教育中的问题和困惑一起讨论，解决家庭和学校教育中存在的问题，实现资源共享。

除了利用好家长会、网络平台与家长进行沟通交流外，“家长访校日”活动也是加强家校双方互动的一种有益方式。家长访校就是让家长进一步走进学校，走进课堂，走进实训车间，走进宿舍，走进食堂，近距离了解子女全方位的表现。要让家长明白，在学校这个小社会中，子女俨然是能够处理很多事情的独立个体，因此在家庭生活中也要民主平等地对待孩子，促进亲子关系的发展。

（二）健全家长委员会制度，提高实效

心理健康教育家长委员会是全体家长的“代言人”，是在学校领导下，家长直接参与学校心理健康教育的一种组织形式，是对学校心理健康教育的监督和有益补充。学校工作通过该委员会传达给家长，便于家长更全面、更深入地了解学生在校的情况、学校的教育情况，为家长更好地配合和督促学校心理健康教育工作提供便利。促进家长委员会发挥实效性，主要包括以下几点：一是家长委员会和学校管理层共同协商，明确家长委员会在心理健康教育过程中的职责、权利和义务，制订活动的章程和制度，学校从办公地点、物力以及政策上给以支持。二是保证家长委员会委员选举的透明性，保证委员代表全体家长的利益，从而更好地服务于家长。三是学校和家长委员会要在家长中做好宣传，让更多的家长找到自己的组织，参与到有计划的职校生心理健康教育家校合作中来。四是家长委员会每学期都制订自己的工作计划，学期末都有总结和汇报，接受学校管理层和教师代表的监督。

总的来看，职校生心理健康教育家校合作还处在探索阶段，在教育实践过程中面临着许多的问题与困难。但是，只要坚持在教育行动中汲取养分，在实践中不断反思探索，积极创新家校合作开展职校生心理健康教育的举措，保持对家校合作开展心理健康教育的不懈追求，就一定能推动心理健康教育家校合作的发展和完善，更好地服务于职校生心理的全面和谐发展。

本章小结

职校生心理健康教育家校合作模式是顺应当代教育理念的发展、职校生心理健康教育实践的要求，以及职校生心理发展的现实需要而产生的一种新的心理健康教育模式，具有家校双方教育优势互补、共担教育责任、形成教育合力等深刻意蕴，包括联系模式和实施模式两种基本类型。当前，职校生心理健康教育家校合作存在一些问题，如家校缺乏互信，合作基础不佳；教育理念滞后，合作内容狭隘；组织不力，缺乏计划；单向灌输多，互动交流少等。建构富有成效的职校生心理健康教育家校合作模式成为当务之急，要以相关心理学理论为依据，从理念、目标、条件、程序、评价五个方面系统建构。在该模式的实施方面，要有策略地进行：一要提高认识，营造良好的家校合作氛围；二要加强培训，提高家校合作的水平；三要拓展途径，确保家校合作的实效。

（江苏省高邮中等专业学校　陈同清　徐鸿洲　王曦）

第十五章

职校生心理健康教育整合模式的建构

职校生心理健康教育是职业学校德育工作的重要组成部分，如何开展面对全体职校生的心理健康教育，探索符合职校生心理发展规律的整合教育模式，成为一个十分重要的研究课题。系统科学的整体性原理表明，教育模式是一个有机的整体，模式的性质、特点和功能都是由这个整体决定和体现的，因此必须科学建构心理健康教育整合模式，从而发挥心理健康教育的整体功能，保持心理健康教育系统的最大活力，最大限度地开发职校生的心理潜能，全面提升职校生的心理素质，从而实现心理健康教育过程和效果的最优化。

第一节　职校生心理健康教育整合模式的概述

职校生心理特征的发展性、职业教育活动的多样性以及社会教育环境影响的复杂性，决定了职业学校心理健康教育模式固有的复杂性和多样性。开展中等职业学校心理健康教育整合模式研究有助于建构完整的职业学校心理健康教育操作体系，有助于促进中等职业学校学生心理健康教育的发展，有助于推进中等职业学校全面实施素质教育，将对继续深化职业学校教育教学改革产生积极作用。

一、职校生心理健康教育整合模式的基本内涵

（一）职校生心理健康教育整合模式的概念

心理健康教育中“整合”的词义通常是表示“整体、综合、渗透、重组、

互补、凝聚”等意思，其意蕴主要体现在：整体协调，即将心理健康教育的各学科视野和具有独立功能的心理健康教育各要素组成有结构的整体，协调运转，产生最大化的功能；渗透融合，即从内容到形式密切联系，形成不可分割的心理健康教育整体；过渡衔接，即促使各阶段的心理健康教育形成有机的整体，合理衔接，连续过渡，减少断层；互补互促，即心理健康教育各要素互相补充，互相促进，共同发展；持续发展，即实现人的整体素质和谐发展，促进人的心理素质可持续发展。

心理健康教育的整合就是把心理健康教育作为一个系统，把系统内各学科视野、各种取向、各要素，通过有机联系、渗透、互补、重组综合起来，形成科学合理的结构体系，实现整体优化、协调发展，发挥心理健康教育整体的最大功能。心理健康教育的整合既是过程，又是结果。作为过程，心理健康教育整合是指总体联系，渗透互补，过渡衔接，重组聚合等；作为结果和目标，心理健康教育整合是指整体协调，和谐发展。

基于实践中各职校心理健康教育模式多元分化的现实倾向，以及职校教育对象和教育环境的复杂性，通过整合职校生心理健康教育各要素，形成科学合理的结构体系，实现整体优化、协调发展，以最大限度地发挥心理健康教育的整体功能，从而建构全方位、多渠道、立体化的职校生心理健康教育模式。

（二）职校生心理健康教育整合模式的基本类型

整合模式是从心理健康教育的多层次、多侧面、全方位出发，建构出适合职业学校心理健康教育基本要求的基本模式。我们既要把心理健康教育与职业学校教育、教学、管理工作等融合起来，也将心理健康教育作为专门的职业教育工作或活动开展，还要努力营造物质形态和精神形态的心理健康教育氛围，从而真正形成整合形态的职业学校心理健康教育模式。[1] 从整合模式的理念来设计，职业学校心理健康教育整合模式至少可以有四种基本类型：

1. 学科渗透整合模式

学科渗透整合模式是整合和开发利用学校学科心理健康教育资源优势，将心理健康教育与学科教学有机融合，在学科教学中渗透心理健康教育。学科教学渗透心理健康教育既有理论依据，也有实践应用价值。学科教学与心理健康教育的渗透与融合，不仅为心理健康教育开拓了更为广阔的实践领域，也为学

---

[1] 崔景贵．中等职校心理健康教育整合模式的建构［J］．职教通讯，2006（4）：20－22.

科教学提供了变革的空间，真正体现了“以人为本”的教育思想。[1]

2. 课程教育整合模式

课程教育整合模式是指显性课程的心理健康教育与隐性（潜在）课程的心理健康教育相结合。显性课程的心理健康教育根据职校生人格和心理发展的特点，可整合学校各部门的师资力量，有针对性地开设心理健康教育系列课程，形成传授心理健康教育知识的主要渠道，同时还应辅之以各种专题的心理健康教育讲座。隐性课程（implicit curriculum）是学校隐含于课堂内外的、可能为学生所习得的文化。心理健康教育隐性课程的建设包括开展发展性的团体辅导，将心理学技术融入第二课堂，以及专题实践活动等。[2]

3. 结合教育整合模式

结合教育整合模式是指职业学校的心理健康教育构建“学生—家庭—学校—社会”的整合模式，即学校教育、家庭教育、社会教育与自我心理健康教育四方面的有机结合。本模式是以培养学生健全的心理素质为基本目标，有效发挥学生、学校、家庭、社区等基本教育要素的作用；着眼于“自我认知—晓理动情—行为导向—反思内化—形成品质”等学生心理素质形成的内部过程的基本环节；重点突出学会学习、学会生存、学会交往、学会做人、智能发展、个性发展、社会性发展和创造性发展等方面的基本内容。[3]

4. 综合教育整合模式

综合教育整合模式是面向全体，以发展和教育为主，将心理健康教育与教育教学、班级管理以及其他管理工作有机结合。职业学校可以将心理健康教育的对象分别定位于个别、部分和全体，教育内容由基础知识、专题再到重点、难点以及热点问题。多样化教学方式与心理学技术相结合，各种教育途径由点到面，由浅入深，由表及里，建构起一个分层重点强化和全方位综合的心理健康教育整合模式。

二、职校生心理健康教育整合模式建构的背景

提出职校生心理健康教育整合模式是基于近年来国内外心理教育实践的创

---

[1] 万晓冬，邓志军．心理健康教育与学科教学的渗透与融合［J］．黑龙江高教研究，2006（2）：35－37.

[2] 齐平，蔡宝鸿．以发展人格为核心的高校心理健康教育整合模式研究［J］．中国电力教育，2011（13）：129－130.

[3] 张大均．大学心理健康教育若干理论的探讨［J］．西南师范大学学报（人文社会科学版），2006，32（3）：130－136.

新探索，有着比较广泛而扎实的心理健康教育实践基础。

郑和钧教授提出心理教育协同发展模式的建构，这一模式的目标建构着重围绕“六个学会”进行，即学会生活、学会学习、学会创造、学会关心、学会做人，学会自我教育，并将这一模式积极付诸实践。❶

国内有学者在综合分析各学科模式的利弊后，提出并实施生理—心理—社会—教育协调作用的整合模式。该模式以促进学生积极适应和主动发展为目标；根据教育对象已有心理素质水平和发展需要，以指导学生学会学习、生活、交往、做人，促进智能、个性、社会性和创造性发展为基本教育内容；运用专题训练、学科渗透、咨询辅导等基本方式，从自我认识—动情晓理—策略导行—反思内化—形成品质等主体心理素质形成过程的五个基本环节，创设适宜的教育干预情境，设计有效的教育策略，最终达到培养健全心理素质，保持心理健康发展的根本目的。❷

上海的一些学校已经形成有特色的心理辅导模式，可以用六句话来概括：以了解每个学生为前提；以创设良好氛围为基础；以班级为管理单位；以小组为基本活动形式；以帮助、互助、自助为基本原则；以每个学生参与并发展为基本目标。浙江省祝新华、陈群等通过在中学开展心理教育的实验，提出了心理教育“四结合”的教育模式。

林建华等在总结课题的基础上，认为要建立全方位的心理教育模式，即以学校校长为龙头，以班主任为基本队伍，以心理辅导教师为中坚力量，采用“问题导入—师生互动—感悟反思”的教法模式。成都市盐道街中学在整合思想指导下，自1993年始开展心理教育实验研究。还有人提出构建“四结合”全方位、立体式的心理教育模式。❸

重庆市农业学校杨国峰提出了职业学校的心理健康教育必须做好“一资格、一中心、一课堂、五室以及一张网”建设，从多个角度出发，采用多样化手段，进行模式整合，这样职业学校的心理健康教育工作才会取得显著成效，使得学校的管理能够利用低成本来达成高效率，为职校学生的健康成长提供保障。

以上这些心理健康教育模式正是对教育实践中心理教育整合模式的归纳，

---

❶ 郑和钧．学校心育系统协同构建的理论与实践［M］．长沙：湖南师范大学出版社，2000.

❷ 陈旭，张大均．心理健康教育的整合模式探析［J］．教育研究，2002（1）：71－75.

❸ 祝新华，陈群．中学生心理素质教育的理论思考与实验探索［J］．教育研究，1998（2）：42－48、76.

反映了心理教育实践对整合论心理教育思想的呼唤，为我们进一步探索和建构职业学校心理健康教育整合模式奠定了实践基础。

三、职校生心理健康教育整合模式建构的意义

整合态心理健康教育模式理论的分析和实践的探索都已表明，单一学科视野的心理健康教育不可能取得令人满意的效果，借鉴其他学科的长处去弥补某一学科视野的不足已成为当下心理健康教育的现实走向。同时，从人的心理发展的整体性以及教育的整体目标来看，心理健康教育需要站在更高的层面上来确定其目标体系，以最大限度地发挥心理健康教育的整体功能。因此，整合态心理健康教育模式的出现成为一种必然。

首先，从字面意思来看，整合态心理健康教育模式就是心理健康教育模式的整合。但这种整合不是实现心理健康教育模式的大一统，不是各学科视野下的心理健康教育模式的机械拼凑、平均用力，而是强调整体协调、重心突出、特色分明，最终实现整体大于部分之和的效果。其次，整合态强调了心理健康教育模式的存在状态——动态性，这就意味着心理健康教育模式不能“画地为牢”、“固步自封”，而应随着时代的变迁、理念的更新、技术的进步不断发展变化。第三，构建整合态心理健康教育模式要以科学的系统论为依据，不仅要实现课程的整合、内容的整合、学段的整合、资源的整合，更要实现理念的整合、目标的整合、学法的整合以及视野的整合。总之，要构建起全方位、立体型的心理健康教育模式，就要把心理健康教育作为专门的教育活动来开展，同时也要与职业学校教育、教学、管理等工作融合起来，还要努力营造物质形态和精神形态的心理健康教育氛围，从而真正实现职校生心理健康教育模式的整合。

职业学校心理健康教育整合模式体现了全方位、多渠道、立体型的心理健康教育方略，也是适合现代职业学校教育特点、适合我国基本国情、易于操作和推进的心理健康教育模式，其目的是最大限度地发挥理念、目标、课程、内容、学法、学段、资源及视野等要素的积极作用，整体优化心理健康教育的过程与特色，全面实现既定的心理健康教育目标，提高职业学校心理育人的水平和质量，它必将在我国职业学校心理健康教育的理论建设与实践探索方面产生积极的影响。

第二节　职校生心理健康教育整合模式的科学建构

心理健康教育模式是心理健康教育理论与实践相结合的产物，是心理健康教育理论应用于心理健康教育实践的中介环节和桥梁。

一、建构职校生心理健康教育整合模式的理论基础

（一）学科间的逻辑整合是心理健康教育实现整合的科学论依据

科学综合是国际化、信息化时代科学发展的重要特点之一。学科从原先的分化趋向新的整合是当代科学发展的一种必然趋势，也是现代心理健康教育发展的一种现实的和必然的选择。马克思指出："正像关于人的科学将包括自然科学一样，自然科学往后也将包括关于人的科学：这将是一门科学。"[1] 普朗克曾经说过："科学是内在的统一体，它被分解为单独的部门不是由于事物的本质，而是由于人类认识能力的局限性，实际上存在着从物理学到化学，通过生物学、人类学到社会科学的连续链条。"[2] 莫尔顿·怀特也说："当我们一旦弄清楚学科之间没有明确的分界线，而且没有一门学科可以称得起在认识分类表中占有一个唯我独尊的位置时，当我们弄清楚了人类各种经验的形式也和认识同样重要时，只有到那个时候才算打通最广义的、关于人的哲学研究的道路。"[3] 这足以说明现代科学发展的历史趋势就是从分化甚至对立的状况走向真正的融合，这为整合论心理教育的"问世"创造了可资借鉴的宏观视野和浓厚的学术氛围。

（二）整体教育论的主张是心理健康教育实现整合的教育学依据

整体教育理念是20 世纪80 年代末兴起的新人文主义教育思潮的典型代表，已经成为全球教育改革和发展的新趋向。多年来，整体教育论者从不同于旧教育的崭新视点出发，开始了一系列的理论研究与实践探索，迈开了新型教育的第一步。它强调"以人为本"，强调"人文"、"科学"与"创造"的和谐统一，认为未来的教育必须是整体教育，现代教育必须向整体教育转型，必须重视教育过程的整体性。这种整体教育的范式是同当今世界广泛渗透的分割与细分化的教育范式针锋相对的，它从最广泛的意义上把握科学与人类的可能

---

[1] 马克思．1844 年经济学—哲学手稿［M］．北京：北京人民出版社，1979：82．

[2] 张澎军．试论德育哲学建构的几个问题［J］．教育研究，2001（7）：48－51．

[3] 从怀特．分析的时代——20 世纪的哲学家［M］．北京：商务印书馆，1981：243．

性，旨在修正偏重还原主义倾向的教育。

（三）心理的整合性发展是心理健康教育实现整合的人性论依据

讨论心理教育的整合发展，我们可以从格式塔心理学和人本主义心理学理论中获取一些有益的启示。格式塔心理学最明显的特征就是它的整体心理观，就是它的完形与整体内涵。对于人类的心理结构而言，整体绝不等于部分之和；对于人类的心理发展而言，只有整体的心理而没有部分的心理。整体的许多特性实际上都是突现的新事物，这些整体的新特性不依赖于单一的部分，而是在各部分构成整体时新生或突现出来。格式塔心理学一再强调，整体不等于部分的相加，整体具有整体的新的意义。人本主义心理学家普遍赞同这样一个原则：我们必须努力研究和理解整体的人。在研究方法上，人本主义采取开放、兼容和整合的态度，主张以统合的范式建立人的科学，说明人的本质特性，研究人的需要、潜能、价值、尊严、创造力和自我实现等。人本主义心理学反对两极对立的思想模式，反对研究中的元素主义，强调整体分析的方法论的意义，认为真正科学的理论绝不是极端的、片面的，而应该是一种整合的科学。

（四）系统科学的基本思想是心理健康教育实现整合的方法论依据

系统科学的产生和发展对人类的思维方式产生了极大的影响。系统科学的思想原则和方法主要体现在整体性、有序性、动态性、开放性和最优化等几个方面。系统具有一定结构，相联系的结构不同，所构成的系统的整体性质、特点和功能也就不一样。系统论的核心思想即“整体大于部分之和”。系统科学的研究方法始终立足于从要素、结构、功能与所处环境的相互联系和制约的关系中，分析系统中各要素的结构与功能，有意识、有目的地使系统内各要素达到最佳建构和配置，以求使系统形成结构最优和功能最优的整体优化效应。从系统科学的观点来看，心理健康教育是社会大系统和教育大系统的一个子系统，具有整体性、协同性以及适应性、目的性的特点。因此，系统科学理论中的系统整体性原理、动态平衡原理以及等级结构原理，在心理健康教育系统中也同样适用。

二、建构职校生心理健康教育整合模式的现状分析

随着心理健康教育越来越受重视，各职业学校都采用多种途径和多样化的方法开展心理健康教育，如开设心理健康教育课，保证课时，并纳入学校正规教学计划中；组织心理健康教育活动，如组织创新比赛、科技活动、社会实践

等，让学生参与到活动中来，通过亲身体验来提高心理素质；利用班主任工作、班级或团队活动和校园文化活动，有意识地开展一些有利于培养学生心理素质的活动；开展心理辅导与咨询，对学生的共性问题进行团体辅导和教育干预，对个别问题进行个别辅导和咨询；通过互联网进行超时空的对话与交流，建立网上心理咨询站、辅导站，及时解决职校生在学习和生活中所遇到的各种问题和困惑。有些学校也正在尝试整合这些途径和方法，以形成富有本校特色的心理健康教育模式。现阶段，职业学校探索实践的心理健康教育模式主要有六种：一是从课程实施的视野进行探究的心理健康教育课程模式；二是以组织心理活动体验为中心，旨在训练职校生心理机能的心理健康教育活动模式；三是在常规的职业教育教学活动中注重帮助职校生提高各种认知技能、完善情意品质和人格特质的心理健康教育渗透模式；四是针对职校生身心发展成熟的需要，以性生理与性心理健康教育为重点的青春期心理健康教育模式；五是以预防职校生心理障碍与疾病、调控心理发展问题为基本目标的心理健康教育矫正模式；六是通过建立或健全专门的心理工作机构来开展心理健康教育的管理模式。

建构职校生心理健康教育整合模式必须紧紧依靠科研，必须在科学的心理健康教育理论指导下才能避免走弯路。职业学校必须下大力气做大量深入细致的专题研究工作，在心理测量和心理辅导的科学基础上，对职校生的学业焦虑、人际交往障碍、情绪障碍、人格发展障碍、恋爱误区及择业就业等方面的问题进行系统研究，制订出更适合中等职业学校校情和职校生身心发展特点的心理健康教育整合模式实施方案，从而取得心理健康教育整合模式建构的更高起点和更大成效。同时，职业学校每一位教师要树立关心学生心理健康问题的自觉意识，使心理健康教育渗透到学校教育的各个方面、各个环节。

职校生心理特征的发展性、职业教育活动的多样性以及社会教育环境影响的复杂性，决定了职业学校心理健康教育模式固有的复杂性和多样性。由单一化向多样化发展是现代职业教育模式发展的一个明显趋势。职业学校心理健康教育模式不可能是单一的，必然是多样的。实际上，心理健康教育是一门科学，也是一门艺术，在实践中我们不可能只采用某一种模式。职业学校心理健康教育模式的未来，必然是“建构模式，超越模式，善于变换，整合互补”❶。无论是哪一种心理健康教育模式，在一定条件下都有合理性、科学性和实用

❶ 崔景贵．论心理教育的分化与整合［J］．教育研究，2005（2）：83－89．

性，不能简单地加以否定。心理健康教育的对象不同、目标不同、内容不同，心理健康教育过程的组织形式就应当有所不同，即职业学校心理健康教育模式应当有所变化、灵活运用。同时，我们应当看到每一种心理健康教育模式都各有所长、各有所短，把各种模式整合起来，相互补充，相互协调，这对实现职业学校心理健康教育的理想目标是必不可少的。这也决定了职业学校心理健康教育模式不可能是单一的、固定的，必须走向理性的多元整合。

三、职校生心理健康教育整合模式的理论建构

从目前中等职业学校心理健康教育的实际情况看，很多职业学校已经开始意识到心理健康教育整合模式的重要，但由于缺乏系统深刻的理论支撑和方法论指导，对于如何科学建构心理健康教育整合模式，规范运用心理健康教育整合模式，都还缺乏深入的思考与研究。因此，有必要从模式的五要素（理念、目标、条件、程序、评价），对建构职校生心理健康教育整合模式加以探讨。

（一）建构职校生心理健康教育整合模式的理念

心理健康教育的整合模式已经在一些职业学校教育实践中生根、开花，还有一些职业学校虽然没有明确提出“整合”的心理健康教育思想，但富有成效的心理健康教育实践往往与整合模式的理念不谋而合。若撇开观点表述和主张上存在着的一些差异，我们可以抽取其中共同的理念：通过职业教育系统各要素的相互联系、渗透、互补、重组、综合、协调等过程，形成合理的心理健康教育结构体系，实现心理健康教育的整体优化，促进职校生心理素质全面和谐发展。

职校生心理健康教育整合模式，应从整体上对什么是职校生心理健康教育，也即职校生心理健康教育的本质、功能、属性等形成科学合理的认识，对模式的组成要素审视、选择、整合，以形成完整的体系。

心理健康教育不是诊疗般矫正、干预和预防，职校心理健康教育工作者要树立以人为本的教育价值观、与人为善的教育人性观、助人自助的教育过程观和育人至上的教育目标观，立足于促进职校生的心理和谐和人格健全，注重心理建设、心理成长和心理资本发展，引导职校生有特长、个性化地发展。

（二）建构职校生心理健康教育整合模式的目标

建构职校生心理健康教育整合模式要实现的目标具有以下三个方面：一是发展性目标。面向全体学生开展心理健康工作，提高全体学生的心理素质，使其具有正确处理好学习、生活、择业、人际关系等方面的心理矛盾和问题的能

力。二是预防性目标。面对的是部分在学习上、心理及生活适应上有可能发生问题或问题刚出现苗头的学生，有计划、有步骤地进行系统的心理健康教育，使其能掌握有关心理健康知识，培养自我心理调节能力，减少或避免心理疾患的产生。三是治疗性目标。及时矫正学生的心理疾患，排除其心理障碍，帮助他们作心理康复。

（三）建构职校生心理健康教育整合模式的程序

职校生心理健康教育走向多元整合是一个动态的发展过程。参考国内学者的相关观点❶，我们可以把心理健康教育的整合过程分为包容、定位和融合三个基本的阶段。

包容是心理健康教育实现整合的最为基本的要求。它所展现的是心理健康教育的宽阔胸襟，要求的是心理健康教育能够容纳人之为人的一切本性，接受与人的本性相适应的一切研究方法和教育实践，存留各种学科取向、学派、理论中蕴含的那些或多或少地展示了人的真实本性，有助于人的心理发展的片段真理。

定位是实现心理健康教育整合的第二步，它并非要求将各种学科取向的视野固定化、机械化，而是要求我们立足于人的本性，实事求是地评估多种学科、视野、方法、理论的合理之处，界定它们有效发挥作用的边界与条件，使它们在心理健康教育整体中获得各自合理存在的空间。

融合是心理健康教育整合的最后一步，也是心理健康教育走向整合的目标所在。它的任务就在于，以新的研究视野去填补现有各种学科取向、方法、理论和模式之间的缝隙甚至裂痕，找寻并架构它们之间的关联，从整体上构建出人这一“否定性的统一体”的完整形象。当然，融合并不意味着心理教育整合的最后终结。心理教育的整合是一个多次循环往复、螺旋上升的发展过程。

从根本上说，心理健康教育的整合视野要求的是心理健康教育研究立足于对人的整合本性的完整把握，据此框定心理健康教育的研究范围，确立心理健康教育的方法，构建心理健康教育的理论，批判地吸收心理健康教育的历史遗产，以期构建出人的完整形象，促进心理健康教育的整合。从包容中见胸襟，从定位中显边界，从融合中出整体，是心理健康教育整合视野的具体内容，也是它实际运用于心理健康教育研究的基本步骤。

我们要从大职业教育的视域建构起全方位、立体型的心理健康教育模式，

---

❶ 彭运石．心理学的整合视野［J］．湖南师范大学教育科学学报，2002，1（1）：107－112.

既把心理健康教育与职业学校教育、教学、管理工作等融合起来，也将心理健康教育作为专门的职业教育工作或活动开展，还要努力营造物质形态和精神形态的心理健康教育氛围，从而真正形成整合形态的职业学校心理健康教育模式。

四、建构职校生心理健康教育整合模式的原则

心理健康教育的多元整合，绝不仅仅是从一个方面入手就能解决的，它既是一个系统工程，是发展中的多元整合，也是一种动态性、历史性的整合，需要我们宏观地把握，深入地思考，多维地努力。建构职校生心理健康教育整合模式，应遵循以下四个原则：

（一）以科学的哲学思想为指导

真正的哲学是时代精神的精华和升华。心理健康教育自始至终与哲学有着密切的联系，哲学思想为心理健康教育提供方法论基础，并决定着心理健康教育的本体。因此，心理健康教育的多元整合与发展，要以马克思主义哲学为基础，以辩证唯物主义和历史唯物主义为指导，合理吸收和借鉴现代西方哲学流派和思想的精华。

（二）以现代人性观为依据

只有树立正确的人性观，才能形成科学的心理健康教育观，才能完整地把握人的心理世界和促进人的心理发展。以往心理健康教育不同学科取向的研究，只是抓住人性的某一方面展开理论和实践的研究，人在这样的心理健康教育中只是“单面人”、“机器人”、“抽象人”或“自然人”的存在。我们需要建构一种积极定向的全面的人性观，实现对现代人性认识视野的根本转换和整体把握。

（三）以促进多学科间的对话交流为载体

按照释义学的观念，“对话的理解”是解决矛盾的关键。经常开展多学科间的接触和对话，引导各学科取向的心理健康教育形成合理的“自我意识”，学会倾听“他者的声音”，促进彼此间的换位思考和相互理解，推动心理健康教育不同取向的“视界的融合”。可以相信，这对于形成心理健康教育的共同基础，实现心理健康教育的多元化整合是大有帮助的。

（四）以构建完整的心理健康教育体系为目标

目前，不同学科取向和视野的心理健康教育在体系上都存在着或大或小的问题与缺陷，它们都只是抓住心理健康教育领域中的某一部分或某一方面大做

文章，并视之为心理健康教育的全部内容和领域。虽然这对心理健康教育的发展有所贡献，但毕竟不是心理健康教育的全部，也不可能实现心理健康教育的整合。因此，在建构心理健康教育的体系时，我们要有整体的观点和全局的观点，用大心理健康教育的思路来统整各学科视野的心理健康教育。

第三节 职校生心理健康教育整合模式的实施策略

建构心理健康教育整合模式已经成为学校心理健康教育的现实走向。建构心理健康教育整合模式要以科学的系统论为依据，不仅仅要实现课程的整合、内容的整合、学段的整合、资源的整合，更要实现理念的整合、目标的整合、学法的整合以及视野的整合。

一、职校生心理健康教育理念的整合

心理健康教育理念是学校心理健康教育的核心因素，也是其出发点和归宿，它客观上决定了学校心理素质教育的目标、原则、内容、途径、操作与评价。目前，不同的研究者提出了不同的心理健康教育模式，理念各不相同，无论是“三全”心理健康教育观（面向全体职校生，全员参与，全过程和全方位进行），还是人本化心理健康教育观、生活化心理健康教育观、自主化心理健康教育观以及本土化心理健康教育观，它们都有各自的特色。强调心理健康教育理念的整合，但绝不是各种心理健康教育理念的机械拼凑、平均用力，而是强调各种心理健康教育理念的有机结合与和谐发展，追求整体协调，贵在彰显重心，重在体现特色。从整合的视野建构职业学校心理健康教育模式，与其说这是一种教育模式，不如说是一种常规性的内在教育要求，是职业学校心理健康教育的一种指导思想或先进理念，是心理健康教育理论建构和实践探索应有的一种学术视野和现代职业教育信念。[1]

二、职校生心理健康教育目标的整合

心理健康教育目标的整合模式是指在学校心理素质教育中学生在心理素质上应得到怎样的发展的理念体系范型。强调心理健康教育目标的整合，原因在

---

[1] 崔景贵．解读心理教育：多学科的视野［M］．北京：高等教育出版社、广州：中山大学出版社，2004：385.

于：一方面，从中职学生的心理发展现状来看，中职学生中存在程度不同、类型各异的心理障碍，常见的有厌学、逃学、角色紧张和冲突、自我中心、挫折耐受力差、过度依赖、过度焦虑、情绪脆弱、攻击性行为、人际交往障碍、孤独与冷漠，等等❶。另一方面，心理健康教育在实践中有若干误区，如医学模式化、过于简单化、学科化等，忽视了学生心理素质在其心理健康中的基础作用，曲解了心理健康教育的任务要求。因此，从人格现代化和个性社会化的要求出发，要求促进职校生心理的全面和谐发展，不仅要帮助学生学会生活、学会学习、学会创造、学会关心、学会做人、学会自我教育，还要使他们面对学习情境、任务要求、目标内容的变化，生活历程、内容、环境的变化，交往环境、交往对象、交往规范的变化，身体生长发育的变化，能表现出与这些变化相适应的心理和行为，更要促进他们完善人格，积极开发自我潜能，从而形成积极的心理品质，这是心理健康教育目标整合的重要标志。

三、职校生心理健康教育课程的整合

心理健康教育课程的整合包含两个维度，一是心理健康教育课程的整合探讨具体学科中的学习与教学的心理学规律。心理与教育的整合使得教育心理学拥有了持久、深入发展的资源与动力，并直接导致了学科教学心理学的形成与发展。学科教学心理学即探讨具体学科中的学习与教学的心理学规律，如探讨阅读、写作、数学与科学问题解决等过程中所蕴涵的基本学习规律以及相应的教学规律。❷ 与以往脱离具体学科而泛泛描述学习规律的教育心理学研究相比，心理健康课程的整合体现了教育心理学研究的情境取向、整合取向，能够更为确切地反映人们在具体学科领域中的学习规律。二是心理健康教育课程的整合把心理辅导的内容和方法渗透到各科教学中，探索不同类型课程之间心理健康教育的相互协调、积极融合。学科渗透是指在学校的学科教学中注重引入心理学知识、方法与技术，在帮助学生形成知识技能的同时形成良好的认知技能、意志与人格品质等心理素质。学科渗透因为具有跨学科、跨专业的特点，对学科教师的要求较高，要求教师具有心理健康意识，所以，要实现这一目标，要求心理素质教育工作者与学校的学科教师共同合作，在教学要素、教学设计与教学过程中将学科教学活动与心理素质训练整合于教学过程之中，让学

---

❶ 陈旭，张大均．心理健康教育的整合模式探析［J］．教育研究，2002（1）：71－75.

❷ 姚梅林．教育心理学的整合与超越［J］．北京师范大学学报（社会科学版），2005（6）：5－10.

生在自然的教学活动中了解心理学规律，缓解自身的心理压力，提高学习效率，形成良好的心理素质。[1] 在实践操作中，充分重视职业学校文化基础课程、心理健康教育专门课程、专业理论与实践课程和潜在隐性课程这四类课程的整合，探索不同类型课程之间心理健康教育的相互协调、积极融合。

四、职校生心理健康教育内容的整合

心理健康教育内容的整合，应以心理健康教育的理念为指导，以心理健康教育的目标为主线。具体而言，心理健康教育的内容由以下八个部分组成：①适应学习，如学习环境的熟悉、学习任务要求的了解、学习时间的合理安排等。②适应人际交往，学会处理与各种交往对象的关系，如师生关系、亲子关系、同学关系等。③适应生活，如生活环境的熟悉、生活内容的调整、生活方式的改变等。④学会做人，如处理个人与集体规范、他人要求、社会公德的关系，处理自己的各种社会角色之间的关系等。⑤发展个性，培养学生的自我认识和评价能力、自信心、自尊心、自控力、独立性、成就动机，能够接纳自我、发展自我、超越自我等。⑥发展能力，以思维能力的培养为核心，掌握基本的思维方法、思维策略，同时着力培养观察能力、记忆能力、想象能力等。⑦发展社会性，发展学生的责任感、义务感、荣誉感、友谊感、奉献感、竞争和合作意识等。⑧发展创造性，培养学生创造的动机、创造的兴趣、创造的愿望，认识自己创造的潜能，掌握创造的思维方法与策略，发展创造性想象，进而培养创造意识和创造能力。上述八个方面的内容体现总目的要求，形成一个有机的内容体系，促成内容之间的协调整合。[2]

五、职校生心理健康教育学法的整合

心理健康教育学法是多种多样的。从方法上看，有认知领悟式，如启发思考、专题讨论、小组讨论、认知矫正、辩论、评价法等；有活动体验式，如反思体验、移情体验、换位体验、情境感受等；还有行为类，如行为训练、角色扮演、行为示范等。各种方法在心理健康教育中都有一定教育效果，但将各种心理健康教育学法整合，充分发挥各种策略整合后的综合效益，是增强心理健康教育针对性和实效性的必要条件。在整合的框架内来探讨各种学法之间的相

---

[1] 徐小军，张大均，李雪梅．心理素质教育分层整合模式体系探析［J］．理工高教研究，2003，22（5）：29－32.

[2] 陈旭，张大均．心理健康教育的整合模式探析［J］．教育研究，2002（1）：71－75.

互作用、相互依存关系，这是揭示心智机能的形成与发展规律的必然要求，因为心智机能的形成、发展取决于多种心理成分的协同作用，取决于个体特性与外部因素之间的互动。

六、职校生心理健康教育学段的整合

心理健康教育学段的整合探索不同层次学段之间的连贯性，探索入学适应阶段、专业发展提高阶段以及毕业离校阶段心理健康教育的有效沟通和科学衔接，以提高心理健康教育的实效，真正优化职业学校心理健康教育。心理健康教育学段的整合模式可以分为总学段模式和分学段模式。前者指的是研究者从连续的学段上进行建模，要求在整体上突出各学段模式的特点、重点。同时，由于学生心理素质发展亦具连续性特征，这也要求在各学段模式上体现连续性，体现在实际的教育中就是要求注重各学段模式的衔接与一致。不同年龄段学生心理健康教育策略的区别与衔接，富有启发，重在内化体验和品质形成。但贯穿各年龄段的主线都应该体现积极适应与主动发展的要求，既要体现阶段特点，又要考虑与整体目标一致。

七、职校生心理健康教育资源的整合

要实现家庭、学校、社会和自我这四大场域中心理健康教育资源的全面整合，探索和建构职业学校心理健康教育合力的形成机制。从学校系统的角度出发，心理健康教育资源的整合包括以下学校内部心理健康教育要素的整合和潜在要素的整合。

首先，整合学校内部心理健康教育要素。建立由心理教师、心理健康教育的对象（即学生）、心理健康教育目标、心理健康教育内容、心理健康教育途径与方法等要素构成的心理健康教育系统。心理健康教育系统与学校各项教育并行，心理健康教育还渗透融合于各项教育中。学校主要领导亲自挂帅和参与心理健康教育工作，并通过学工处、教导处、团委、各系学工、心理健康教育课题组、心理咨询室等层级管理和合作协调，保证学校心理教育研究与实验工作的顺利进行，促进学校的科学化管理。

其次，整合学校潜在心理健康教育资源。营造具有正面导向意义的校园文化氛围，是培养中职学生积极健康心理的重要内容之一。在健康、积极、优美的校园文化生活中满足需求，增长知识，发展能力，陶冶情操，培养他们的积极心理品质。一方面，引导学生自发组建学生社团，内容从文化学习、专业技能培养，到礼仪训练、体育锻炼、创业实践等，涉及学生校园生活里的方方面面。学生通过这些活动飞扬他们的青春，展示他们的才华，促进个性发展，实现精神成长，使心理健康教育融入这些参与和成长之中。另一方面，开展丰富多彩的文化活动。举办的班级文化评比、大合唱比赛、“校园文明之星”、“校园十佳歌手”、法制教育主题书画评比、心理主题手抄报比赛、生命教育、感恩教育、朗诵比赛、书法比赛、技能比赛、文化艺术节、阳光体育运动等，富有个性、充满文化气息，使心理健康教育无形地贯穿于其中，起着“润物细无声”的作用，也使学生在实践中找到了自信，提高了能力。

八、职校生心理健康教育视野的整合

建构职校生心理健康教育整合模式，需要借鉴后现代主义的思维方式，对职业教育心理学传统的理论体系进行解构、建构和重构，以崭新的视角和思路重新审视职业教育心理学的研究成果。“心理科学不同分支学科之间、心理科学和认知、智能、生物等学科之间的相互交叉、渗透、融合的研究逐渐加强，已开始使得人们在思想方法和技术上更加需要并已有可能从整体上和复杂性上来统一地思考心理学问题。”❶

心理健康教育视野的整合，实现心理教育学科与其他相关学科的科际整合。❷具体来讲，即把心理学、教育学、社会学、医学等学科对心理健康教育的研究成果加以整合，形成全方位、多层次、立体化的职业学校心理健康教育结构体系。最大限度地拓展心理教育学科接受和选择相关学科的范围，既要主动吸收心理学、教育学、哲学、医学等紧密相关学科的知识资源，也要善于把社会学、历史学、文化学、人类学、管理学等外围层多学科的资源融入并转化为心理教育学科的内部资源，更新、建构自己的学科体系，努力拓展学科的生存空间。

职业学校心理健康教育模式系统的结构要素当然不只这些，还有心理健康教育队伍、心理健康教育评价、心理健康教育管理、心理健康教育研究、心理健康教育硬件设施等。职业学校心理健康教育模式系统的要素虽然复杂多样，但最主要、最活跃，也最有潜力的要素就是理念、目标、课程、内容、方法、

---

❶ 谈加林. 论心理学的新一轮革命——从心理学内部来看［J］. 长沙电力学院学报，1997（1）：52－57.

❷ 李政涛. 教育学科与相关学科的“对话”——从知识、科学、信仰和人的角度［M］. 上海教育出版社，2001：142－147.

过程、资源和视野等。

整合模式是建立在丰富多彩、各具特色的职业学校心理健康教育模式基础上的。强调职业学校心理健康教育模式的整合，是从大职业教育的视域建构起全方位、立体型的心理健康教育模式，既把心理健康教育与职业学校教育、教学、管理工作等融合起来，也将心理健康教育作为专门的职业教育工作或活动开展，还要努力营造物质形态和精神形态的心理健康教育氛围，从而真正形成整合形态的职业学校心理健康教育模式。从心理健康教育的发展趋向看，整合形态的职业学校心理健康教育是最有发展潜力、最具代表性的理想模式。可以说，职业学校心理健康教育整合模式体现了全方位、多渠道、立体型的心理健健康教育方略，也是适合现代职业学校教育特点、适合我国基本国情、易于操作和推进的心理健康教育模式，它必将在我国职业学校心理健康教育的理论建设与实践探索方面产生积极的影响。

本章小结

心理健康教育整体功能的发挥需要建构整合的心理健康教育模式。职校生心理健康教育整合模式的建构，要以学科间的逻辑整合、整体教育论、人的心理的整合性发展以及系统科学的基本思想为理论依据，从理念、目标、条件、程序等方面进行科学建构，最终实现心理健康教育理念、目标、课程、内容、学法、学段、资源以及视野的整合，更好地促进当代职校生的心理健康和谐发展。

（江苏省昆山第一中等专业学校　王文　赵珏　梅娟）

参考文献

一、著作教材类

[1] 班华. 心育论［M］. 合肥：安徽教育出版社，1994.

[2] 班华，郭亨杰，陈家麟主编. 中小学心理教育丛书［M］. 南京：南京师范大学出版社，2002.

[3] 班华. 学校道德生活教育模式的探寻与思考［M］. 镇江：江苏大学出版社，2010.

[4] 崔景贵. 职校生心理教育论纲［M］. 北京：科学出版社，2013.

[5] 崔景贵. 解读心理教育：多学科的视野［M］. 北京：高等教育出版社、广州：中山大学出版社，2004.

[6] 崔景贵. 职业教育心理学导论［M］. 北京：科学出版社，2008.

[7] 崔景贵. 心理教育（职业学校）［M］. 南京：南京师范大学出版社，2002.

[8] 崔景贵. 心理教育范式论纲［M］. 北京：社会科学文献出版社，2004.

[9] 查有梁. 教育建模（修订版）［M］. 南宁：广西教育出版社，2003.

[10] 刘翔平. 当代积极心理学.［M］. 北京：中国轻工业出版社，2010.

[11] 林孟平. 辅导与心理治疗［M］. 香港：商务印刷社，1996.

[12] 联合国教科文组织总部中文科. 教育——财富蕴藏其中［M］. 北京：教育科学出版社，1996.

[13] 周德孚，殷建平，蔡贵奇. 学习型组织［M］. 上海：上海财经大学出版社，1998.

[14] 姜伟东，叶宏伟. 学习型组织——提升组织的学习力［M］. 南京：东南大学出版社，2003.

[15] 张人杰. 中外教育比较史纲［M］. 济南：山东教育出版社，2001.

[16] 任俊. 积极心理学［M］. 上海：上海教育出版社，2006.

[17] 莫雷. 青少年心理健康教育［M］. 上海：华东师范大学出版社，2003.

[18] 陈家麟. 学校心理健康教育——原理与操作［M］. 北京：教育科学出版社，2006.

[19] 樊富珉. 大学生心理健康教育研究［M］. 北京：清华大学出版社，2002.

[20] 吴增强．现代学校心理辅导［M］．上海：上海科学技术文献出版社，1998.
[21] 徐光兴．学校心理学——教育与辅导的心理（第二版）［M］．上海：华东师范大学出版社，2009.
[22] 伍新春．中学生心理辅导［M］．北京：高等教育出版社，2010.
[23] 马虎忠．家校合作［M］．北京：教育科学出版社，1999.
[24] 黄河清．家校合作导论［M］．上海：华东师范大学出版社，2008.
[25] 从怀特．分析的时代——20 世纪的哲学家［M］．北京：商务印书馆，1981.
[26] 李政涛．教育学科与相关学科的“对话”——从知识、科学、信仰和人的角度［M］．上海：上海教育出版社，2001.
[27] ［美］彼得·圣吉．第五项修炼——学习型组织的艺术与实务［M］．郭进隆译．上海：生活·读书·新知三联书店，2003.
[28] ［法］佩鲁．新发展观［M］．张宁等译．北京：华夏出版社，1987.
[29] ［美］马斯洛．人的潜能和价值［M］．林方译．北京：华夏出版社，1987.
[30] ［苏］苏霍姆林斯基．帕夫雷什中学［M］．赵玮等译．北京：教育科学出版社，1983.

二、期刊论文类

[1] 班华．再论“心理—道德教育”［J］．教育科学研究，2010（6）：27－30.
[2] 班华．对“心理—道德教育”的探索［J］．教育科学研究，2010（1）：25－30.
[3] 班华，崔景贵．心理教育与道德教育关系研究综述［J］．当代教育论坛，2003（7）：38－41.
[4] 崔景贵．建构职校生心理健康教育模式的理念与路径［J］．职业技术教育，2013，34（8）：77－80.
[5] 崔景贵．中等职校心理健康教育整合模式的建构［J］．职教通讯，2006（4）：20－22.
[6] 崔景贵．职校生心理健康教育模式建构的现状与策略［J］．江苏教育（职教版），2013（5）：12－16.
[7] 崔景贵，黄亮．当代职校生心理健康教育模式的理论建构［J］．职教论坛，2013（7）：4－9.
[8] 崔景贵，黄亮．职校生心理健康教育的理性反思与模式建构［J］．职教通讯，2013（16）：26－31.
[9] 崔景贵．建构职校生心理健康教育模式的理念与路径［J］．职业技术教育，2013（8）：77－80.
[10] 崔景贵．聚焦 90 后“职校门”事件：心理分析及教育启示［J］．职教论坛，2012（22）：48－53.
[11] 崔景贵．解读职校生“习得性无助”现象：心理症结与教育策略［J］．中国职业技术教育，2013（12）：65－72.
[12] 崔景贵．职校问题学生心理与积极职业教育管理［J］．中国职业技术教育，2013

(33)：53－59.

[13] 崔景贵.90后职校生心理发展表征与青春期教育 [J]. 职业技术教育，2010，31 (4)：66－69.

[14] 崔景贵.90后职校生青春期心理特征与教育策略 [J]. 职教论坛，2010 (09)：77－79、85.

[15] 崔景贵. 中等职业技术学校心理教育的问题与策略 [J]. 职业技术教育，2003，24 (22)：59－62.

[16] 崔景贵. 论心理教育的分化与整合 [J]. 教育研究，2005 (2)：83－89.

[17] 崔景贵. 助人自助：学校心理教师专业化的理念与策略 [J]. 思想理论教育，2007 (12)：4－8.

[18] 崔景贵. 文化学视野中的心理教育 [J]. 现代教育科学，2005 (3)：3－7.

[19] 崔景贵. 转型与建构：心理教育范式的发展趋向 [J]. 上海教育科研，2005 (7)：33－35.

[20] 崔景贵. 职校生心理发展与职业学校心理教育 [J]. 职业技术教育，2004，25 (31)：64－66.

[21] 崔景贵. 积极型心理教育的信念、目标与建构 [J]. 当代教育论坛，2006 (7)：33－35.

[22] 崔景贵. 积极型心理教育：21世纪的主导范式 [J]. 江苏教育学院学报（社会科学版），2006，22 (5)：17－20.

[23] 崔景贵. 心理—道德教育模式的建构策略 [J]. 教育科学研究，2010 (6)：41－44.

[24] 贺文瑾，崔景贵.90后职校生心理发展的问题分析与教育策略 [J]. 教育与职业，2009 (30)：20－23.

[25] 黄亮.SFBT的理念技术与职校生心理健康教育 [J]. 当代职业教育，2013 (4)：80－83.

[26] 黄亮. 存在主义视域下的职业教育问题与变革策略 [J]. 河南科技学院学报，2013 (4)：8－11.

[27] 贾仕林. 分化·趋向·整合——当代职校生心理健康教育与道德教育整合模式的研究 [J]. 职教通讯，2011 (33)：70－72.

[28] 杨永年. 中等职业学校自助式心理健康教育模式建构 [J]. 职教通讯，2013 (16)：37－40.

[29] 杨琛. 积极心理治疗范式与职校生心理健康教育策略 [J]. 职教通讯，2013 (16)：32－36.

[30] 王希永. 论自助式心理健康教育 [J]. 中国教育学刊，2005 (2)：26－28.

[31] 周琢虹. 职校生发展性心理健康教育模式的建构 [J]. 职教通讯，2005 (12)：50－52.

[32] 王芳．埃里克森的人格理论对高职生心理健康教育的启示 [J]．职业教育研究，2009 (1)：21－22.
[33] 王小棉．发展心理健康教育模式与构建过程 [J]．学术研究，2002 (11)：129－132.
[34] 徐锦俊．家校合作推进学习型家庭的创建 [J]．教育发展研究，2005 (9)：100－101.
[35] 邵泽斌．国内学习型组织研究综述 [J]．河北师范大学学报（教育科学版），2007，9 (3)：5－11.
[36] 顾明远，石中英．学习型社会：以学习求发展 [J]．北京师范大学学报（社会科学版），2006 (1)：5－14.
[37] 王国光，田静．关于职校生学习力的调查报告 [J]．职教论坛，2011 (21)：88－90.
[38] 沈贵鹏．刍议心理—道德教育课程 [J]．现代教育论丛，2001 (1)：17－21.
[39] 刘晓明．心理—道德教育的实践模式 [J]．思想理论教育，2011 (11)：11－15.
[40] 巢小莉．发挥辅导员优势 建构心理—道德教育模式 [J]．中国校外教育，2008 (6)：69－70.
[41] 邓寿群．“心理—道德”教育模式的建构 [J]．河南职业技术师范学院学报（职业教育版），2005 (6)：33－35.
[42] 刘翠英．教师人格魅力对学生的心理与道德教育影响浅析 [J]．江苏教育（职教版），2012 (4)：61－62.
[43] 杨韶刚，万增奎．中国青少年道德观念现状与特点的调查研究 [J]．广东外语外贸大学学报，2008 (5)：83－86.
[44] 王坦．合作学习——一种值得借鉴的教学理论 [J]．普教研究，1994 (1)：62－64.
[45] 王丽荣．“心理—道德教育”的理论探析 [J]．思想理论教育，2011 (11)：7－10.
[46] 崔丽娟，张高产．积极心理学研究综述——心理学研究的一个新思潮 [J]．心理科学，2005 (02)：402－405.
[47] 李蔚．学校文化与心理健康教育特色研究的思考 [J]．中国教育学刊，2010 (3)：30－31.
[48] 孟万金．论积极心理健康教育 [J]．教育研究，2008 (5)：41－45.
[49] 潘柳燕．心理健康教育的文化基础和价值目标探析 [J]．湖北社会科学，2012 (4)：184－186.
[50] 张敏．论校园文化对学生心理的影响与教育作用 [J]．西南民族大学学报，2002 (23)：124.
[51] 刘翠兰．影响家校合作的因素分析与对策研究 [J]．当代教育科学，2006 (20)：13－16.
[52] 叶一舵．家校协同开展心理健康教育的若干模式 [J]．教学与管理，2002 (10)：37－39.

[53] 刘衍玲，臧原，张大均．家校合作研究述评［J］．心理科学，2007，30（2）：400－402.

[54] 席春玲．家校合作理论研究述评［J］．当代教育论坛，2010（4）：21－23.

[55] 张澎军．试论德育哲学建构的几个问题［J］．教育研究，2001（7）：48－51.

[56] 彭运石．心理学的整合视野［J］．湖南师范大学教育科学学报，2002，1（1）：107－112.

[57] 陈旭，张大均．心理健康教育的整合模式探析［J］．教育研究，2002（1）：71－75.

[58] 姚梅林．教育心理学的整合与超越［J］．北京师范大学学报（社会科学版），2005（6）：5－10.

[59] 孟万金．积极心理健康教育润泽幸福人生［N］．中国教育报，2013－7－19（6）.

后 记

《职校生心理健康教育模式研究》是2011年教育部人文社会科学研究规划基金项目《当代职校生心理健康教育模式的建构研究》（项目批准号：11YJA880014，项目负责人崔景贵）的研究成果，也是国家哲学社会科学基金"十二五"规划2013年度教育学一般课题《职校生心理与积极职业教育范式研究》（课题批准号：BJA130094，课题负责人崔景贵）的阶段性研究成果。

做好职教课题研究，我们的感悟和体会集中在三方面：第一，职业教育有规律，科研有原则，管理有规范，只要遵循规律，坚持原则，规范过程，扎扎实实地进行科学研究，就一定能够取得预期效果。第二，职业教育科研要有底气，更要接地气。职教科研离开职校实践，可能就没有地气；职校实践离开教育科学研究，或许就没有底气。只有相互支持支撑，积极开展协同创新，才能做到"顶天立地"，携手合作共赢。第三，职校教育科研要苦练内功，真的在做职业教育研究，在做真的职业教育研究；实实在在地做研究，做实实在在的研究；在积极行动过程中做研究，在研究过程中积极行动。

教育部颁发的《中小学心理健康教育指导纲要（2012年修订）》指出："要在普遍开展心理健康教育工作的基础上，继续推进和深化心理健康教育工作，努力提高质量和成效，率先建立成熟的心理健康教育服务体系。"本书力求贯彻《中等职业学校学生心理健康教育指导纲要》（2004年）等文件精神，服务当前职业教育改革创新发展大局，坚持理论研究和实践研究相结合，定性研究和定量研究相结合，宏观研究和微观研究相结合，树立"精品"意识、"服务"意识和"行动"意识，注重提升课题研究的学术水平、实践价值和教育效益。在内容框架设计上，切实把握研究视角，重在心理健康教育模式的建构研究；注重现状调查分析，重点关注职校生心理健康教育的创新研究；促进职校工作实践，突出心理健康教育模式的行动研究。

本书是课题组精诚合作、分工协作的研究成果。各章具体编写人员如下：第一章，崔景贵；第二章，崔景贵、黄亮；第三章，崔景贵；第四章，崔景贵；第五章，黄亮、杨琛；第六章，周一平、马学果；第七章，杨永年、洪夏丽；第八章，李加平、崔益祥、戴玲、吴迎春；第九章，黄志良、毛浩生、蒋丽琼、钱少月；第十章，黄学勇、刘翠英；第十一章，孙桂英、宋家林、魏艳君、顾建丰、王华；第十二章，张旭、张以清、韩海侠、裴志明、陈岚；第十三章，高慰、杭国金、叶民、左逸清；第十四章，陈同清、徐鸿洲、王曦；第十五章，王文、赵珏、梅娟。崔景贵、顾进法、陈同清担任本书主编，黄磊、杨永年、贾仕林担任本书副主编。

本书写作框架和具体编写内容由江苏理工学院副校长、职业教育研究院院长崔景贵教授拟定。在各章初稿完成后，崔景贵教授向作者反馈修改意见。在对各章书稿多次修改的基础上，负责全书统稿和最终定稿。研究生黄亮协助完成书稿编排、参考文献整理、注释校对及参与统稿等工作。江苏理工学院张冬梅教授、胡维芳教授、蒋波博士、方翰青副教授、张长英博士等参加课题研讨会，并提出建设性的指导意见。历时三年的课题研究始终得到各协作单位的支持和帮助。其间多次召开课题工作研讨会，专著各章的编写人员也数易其稿。江苏省职业技术教育科学研究中心、江苏职业教育与终身教育决策咨询研究基地、江苏省昆山第一中等专业学校、江苏省高邮中等专业学校、江苏省武进中等专业学校和连云港广播电视大学等为课题研究提供支持。

本书是江苏理工学院江苏省重点（培育）一级学科教育学学科建设规划的“现代职业教育研究”系列丛书之一。本书的顺利出版，得到江苏理工学院教育学院及应用心理学学科的支持。感谢江苏理工学院心理教育研究所、常州市青少年心理研究与指导中心各位同仁的帮助。

著名心理教育学家、江苏省教育学会心理教育专业委员会名誉理事长、南京师范大学资深教授、博士生导师班华先生在百忙中通读全书并提出指导意见，在此深表谢意。

课题组

2013 年 12 月 28 日